시각적 이미지와 종교적 경험

종교적 이미지의 형상적 기능

* 이 책은 2010년 정부(교육부)의 재원으로 한국연구재단의 지원을 받아 수 행된 연구(NRF-2010-812-A00082)의 결과물인『종교적 이미지의 형상적 기능: 시각적 이미지와 종교적 경험』(2016년 대한민국 학술원 인문학분야 우수학술 도서 선정)의 개정판이다.

시각적 이미지와 종교적 경험

종교적 이미지의 형상적 기능

정형철 지음

연구분야 분류표에 의하면 인문학에 속하는 주요 학문분야들은 역사학, 철학, 미학/예술학, 종교학, 언어학, 문학 등이다. "종교적 이미지의 형상적 기능"이라는 연구주제는 이 인문학 영역들을 이른바 통섭concilience의 방식으로 종합할 수 있게 해 준다. 다양한 학문분야들의 존재양식은 상호의존과 상호침투일 수밖에 없다. 그런데 영성spirituality을 약화시킨 우리 시대의 포스트모던 문화적 조건, 즉 깊이와 연속성 의식과 진정한 감동 혹은 애정이 약화된 탈중심화와 화려한 표면들의 세계에서는 무엇보다도 종교에 대한 심층적인 이해를 통해 새로운 학문과 삶의 창조적 가능성을 모색할 수 있을 것이다. 미르체아 엘리아데Mircea Eliade가 말했듯이, 우리는 도구를 만드는 인간Homo faber, 놀이하는 인간Homo ludens, 사유하는 인간Homo sapiens이면서 동시에 종교적 인간Homo religious이기 때문이다(『세계종교사상사』 1, 29).

이 책은 우리나라의 영문학 관련 학술지들에서도 대체로 적용하고 있는 『엠엘에이 핸드북』*MLA Handbook*의 연구 논문 작성 양식을 이용하고 있다. (2009년 이후 출판 미디어까지 부기하는 것을 포함하여 보다 더 정교하게 되었지만, 기본적인 틀만 따르기로 한다.) 본문 속에 저자의 이름이 언급된 경우 인용된 그 저자의 책의 제목과 페이지 수를, (『세계종교사상사』 1, 29)와 같이, 괄호에 넣고 본문 속에 명시하는 방식이다. 본문 속에 저자의 이름이 언급되지 않은 경우는 괄호에 저자의 이름과 인용된 책의 페이지 수만 쓴다. 저자의 이름과 책의 제목이 함께 언급된 경우는 페이지 수만 쓰고, 같은 저자의 책이 2권 이상인 경우는 책의 제목을 그대로 혹은 줄여서 괄호에 넣고 페이지 수를 쓴다. (책이 아닌 논문의 경우도 마찬가지이다.) 인용문 다음의 괄호 속에 『세계종교사상사』와 같이 우리말로 옮긴 책 제목을 쓰고 옆에 페이지 수를 부기한 경우는 외국 책의 우리말 번역본에서 인용한 것이다. 인용된 책들이나 논문들에 대한 정보는 이 책의 마지막 부분에 일괄 정리한 인용문헌 목록을 통해 알 수 있다. 편의상 이 책에서는 외국 저자의 이름은 처음 나올 때와 장이 바뀐 경우는 우리말 옆에 원명을 부기한다. 같은 장에서는 처음 나올 때를 제외하고는 우리말로 성만 표기한다. 주요 번역 용어들은 대부분 옆에 해당 원어를 기입한다. 이 책에 포함된 그림들은 위키피디아Wikipedia에 의하면 대체로 공적 영역public domain으로 편입된 것들이다. (저작권이 불확실한 것들에 대해서는 계속 확인하여 적법하게 조치해야 할 것이다.)

이 책의 IV장의 일부와 V장의 내용은 이 인문저술 연구를 수행하는 동안에 내가 발표한 논문들인 「표현예술치료를 위한 가이디드 이미저리의 적용가능성 고찰」(『예술심리치료연구』 제7권 제1호 2011년)과 「시각적 이미지와 식민주의적 응시」(『비교문학』 제53집 2011년)를 보완한 것이다. 「형상적 사유의 존재양식:『달마가 동쪽으로 간 까닭은?』의 들뢰즈적 이해」(『비교문학』 제47집 2009년)와 「신사상 운동과 프렌티스 멀포드의 종교사상」(『종교연구』 제56집 2009년)은 연구계획서를 준비하는 과정에서 발표한 논문들인데, 수정하여 III장과 IV장의 일부로 포함되었다. 맺음말이 된 「시각적 이미지와 종교적 경험」(『종교문화연구』 제22호 2014년)은 그 제목이 이 책의 부제가 되었는데, 연구결과보고서를 제출한 후에 작성하여 발표한 논문이다. 이 책의 I장과 II장의 내용을 토대로 한 것이므로 반복되는 것이지만 맺음말을 대신하여 부록 형식으로 첨부했다. (이 맺음말을 먼저 읽는 것이 문장들을 읽기 쉽게 풀어서 다시 고쳐 쓰지 못하고 촘촘한 채로 마무리한 이 책의 주요 내용을 이해하는 데에 도움이 될 것 같다.)

연구계획서와 함께 미흡한 그 논문들을 읽어주신 심사위원 선생님들께, 그리고 그분들보다 먼저 나에게 가르침을 베풀어주셨던 고인故人이 되신 김치규 선생님과 함께, 김우창, 서지문, 로널드 보그Ronald Bogue, 마사키 모리Masai Mori 선생님들, 김치규 선생님보다 먼저 고인故人이 되신 서국영 선생님께도 감사드린다. 이 인문저술 연구를 지원해 준 한국연구재단, 펜실베이니아대학교University of Pennsylvania에서 이 책의 주제와 관련된 공부를 시작할 수 있도록 2009년 안식년을 허락해 준 부산외국어대학교와 영어학부의 동료교수들에게도 고마움을 전한다.

이 책은 내가 이미지, 상상력, 테라피, 그리고 종교에 대해 관심을 가지게 된 이후 그 개념들과 관련된 책들과 논문들을 읽으면서 공부한 흔적이다. 그 책들과 논문들을, 특히 아직 우리말로 번역되지 않은 자료들을, 적극적이고 의도적으로, 할 수 있는 한 많이, 직접 인용하여 연결함으로써 일종의 마이크로모자이크micromosaic 방식의 글쓰기가 된 것 같다. 읽어나가는 과정에서 모인 편린들, 즉 테세라tessera들 혹은 "서 말의 구슬들"을 연약한 나의 "실"로 꿰어본 것인데, 언젠가 다시 꿰어 참된 "보배"를 만들기 위해 새로운 "실"을 찾아야 한다. 그것은 아마도 이 책의 문장들을 풀어서 쉽게 읽을 수 있도록 고치는 일을 통해 가능하게 될 것으로 보인다.

워싱턴 디.시.Washington D.C. 인근에서 일하는 아들(정도연)의 아파트에서 2012년 여름부터 2015년 2월까지 거의 매년 여름방학과 겨울방학을 보내면서 이 책의 내용과 관련된 자료들을 읽으며 원고를 작성했는데, 그 과정에서 "종교적으로" 아내(김명희)와 아들이 도와주지 않았다면 이 책을 마무리할 수 없었을 것이다. 이 세상에서 나에게 가장 소중한 아내와 아들에게 사랑과 고마움을 전한다. 2014년 4월 따뜻한 봄날에 아흔 한 해 동안 사셨던 이 세상을 홀연히 떠나신 어머니(천복순)께서 이 책을 보신다면 누구보다도 더 좋아하실 텐데 좀 더 일찍 보여드리지 못해 죄송할 뿐이다.

(절판이 된 이 책의 문장들을 쉽게 고쳐나가면서 일종의 교양도서로 만들어 보려는 계획은 나의 몇 가지 사정으로 포기하게 되었다. 실수와 오류들을 바로잡고, 생소하고 난해하다는 지적이 있었던 "종교적 이미지의 형상적 기능" 대신에, "시각적 이미지와 종교적 경험"을 부제가 아닌 제목으로 정하여 개정판을 출간하게 되었다. 본문 속의 그림과 사진을 흑백이 아닌 컬러로 인쇄하고 좀 더 단정한 형태로 책이 복구되어 다행스럽게 생각한다.)

머리말

우리가 우연히 보게 되거나 의도적으로 보는 시각적 이미지들 중에는 일상적인 삶과 현실을 초월하는 "궁극적 실재"ultimate reality를 감지하고 이해할 수 있게 해 주는 힘을 지닌 것들이 있다.[1] 다양하게 정의될 수 있는 "궁극적 실재"라는 개념은 우리가 경험하는 고통과 불행의 상태와는 대조적으로 특별히 고양된 경험이나 삶의 방식, 우주적 질서에 대한 인식, 존재하는 모든 것들의 본래적 의미에 대한 이해, 비일상적인 상태 등과 관련된다.

　로버트 K. 존스턴Robert K. Johnston은 사람을 "궁극적 실재" 혹은 "보다 더 중심적인 어떤 곳"으로 인도하는 안내자가 될 수 있는 이미지를 "종교적 이미지"Religious Image라고 부른다(106). "궁극적 실재"를 감지하거나 이해하는 경험은 루돌프 오토Rudolf Otto가 언급한 미스테리움 트레멘둠*mysterium tremendum* 혹은 두려움을 일으키는 신비와 미스테리움 파시난스*mysterium fascinans* 혹은 매혹시키는 신비를 동시에 지니는 신성한 경험과 비슷한 것이라고 할 수 있다

---

1 "궁극적 실재" 개념에 대한 해석은 로버트 커밍스 네빌Robert Cummings Neville이 편집한 『궁극적 실재들』*Ultimate Realities: A Volume in the Comparative Religious Ideas Project*에서 살펴볼 수 있다. 그 책은 중국종교, 유대교, 고대기독교, 이슬람교, 힌두교, 그리고 불교 등의 맥락에서 "궁극적 실재"에 대해 살펴보는 글들을 싣고 있다. 이경원의 『한국의 종교사상』에서는 한국의 종교사상적 원형에서는 선仙, 한국불교에서는 심체心體, 유교에서는 천天 혹은 태극太極 등의 개념들로 "궁극적 실재"가 개념화되는 것으로 설명된다.

(12-13, 184). 이 책에서 알아보려고 하는 것은 특정의 종교들과 직접적으로 관련된 이미지들을 포함하여, 그와 같은 신성한 경험을 가능하게 하는 넓은 뜻에서의 종교적 이미지에 대한 것이다.

데보라 J. 헤인즈Deborah J. Haynes가 설명하는 것과 같이, 모든 이미지들은 종교적 이미지들과 유사한데, 그 이유는 모든 이미지들은 그것들을 보는 사람들에게 영향을 주고 그들을 특정의 일 혹은 사건에 참여시키는 잠재력을 지니기 때문이다(99).[2] 예를 들면 이콘icon, 탕카thangka, 모래그림sandpainting은 공적, 사적 제의들rituals 속으로 사람들을 참여시킨다. (탕카는 티베트 불교에서의 걸개그림 혹은 두루마리 그림으로서 "탱화"라고 불리기도 한다.) 즉 로마 가톨릭교회나 동방정교회의 이콘들 앞에서 신자들은 경건한 기도와 함께 절하고 입 맞추고 행진한다. 불교사원에서는 중앙의 제단에 놓인 대형 이미지들이 신자들의 명상과 염불 등을 위한 수단이 된다. 나바호족Navajo의 모래그림은 호간Hogan이라고 불리는 작은 거처의 깨끗한 바닥에 펼쳐지는데, 가족이나 공동체 구성원들이 지켜보는 가운데 조

---

2 제임스 엘킨스James Elkins는 "이미지란 무엇인가?"라는 질문에 대해서는 예술교육, 예술사, 시각학의 맥락에 따른 다른 답변들이 있다고 정리한다(*What is an Image?* 2-3). 첫째, 예술교육에서는 시각적인 것이 언어, 논리, 수학과는 다른 별도의 인지적 영역 속에 존재한다는 가정을 지닌다. 시각적인 것을 통해서만 소통할 수 있는 무엇인가가 있다고 본다. 둘째, 예술비평, 예술이론, 예술사와의 관련 속에서 보면 "이미지," "그림," "Bild"[독일어 단어]와 같은 용어들이 플레이스홀더placeholder이다. 세부적인 시각적 경우들에 대한 관심이 부족한 면이 있다. 셋째, 시각학의 맥락에서는, 시각성이 후기자본주의의 문화적 특징이다. 우리가 주로 시각적인 것을 통해 사고하고 경험한다는 것이다. 엘킨스가 정리한 답변들 중에서 "우리가 주로 시각적인 것을 통해 사고하고 경험한다"라는 관찰은 이 책에서도 부분적으로 다루는 우리 시대의 시각중심주의ocularcentricism에 대한 비판의 맥락에서 검토해 볼 필요가 있다. 그런데 특히 종교적 이미지와 밀접하게 관련된 것은 "시각적인 것을 통해서만 소통할 수 있는 무엇인가가 있다"라는 명제이다.

화와 건강을 회복하려는 환자가 중앙에 앉고, 구성원들이 그 모래그림의 일부를 환자의 몸으로 흩뿌리기도 한다.

[그림 1]
현존하는 가장 오래된 6세기 Christ Pantocrator의 이콘.
Saint Catherine's Monastery Mount, Sinai.

[그림 2]
Guhyasamaja Akshobhyavajra를
묘사한 17세기 티베트의 탕카.
Rubin Museum of Art, New York.

[그림 3]
미국 원주민 Navajo족이 만든
sandpainting 이미지

　　종교적 이미지는 기도, 숭배, 명상을 포함한 종교적 경험을 위한 중
심점이 된다(Apostolos-Cappadona 231). 그러나 많은 신자들은 종교
적 이미지를 단지 그들의 개인적 목표, 즉 신성과의 "이미지 없는 합
일"imageless union이라는 신비적 상태로 상승하기 위해 물질성을 초
월하는 것을 위한 출발점으로 여긴다. 나아가서 어떤 신자들은 이미
지들을 개인적 기도, 헌신, 혹은 신비적 경험과 관련된 것으로서가
아니라 단지 교육적 수단으로만 대하고, 한편 우상파괴주의자들은 신
과의 직접적 소통을 추구하므로 이미지들의 그러한 중개적 역할을
부정한다. 이와 같은 뜻에서의 종교적 이미지에 대한 심층적인 이해
를 위해, 특히 장 프랑수아 료타르Jean-François Lyotard가 담론discourse
과 구별한 형상figure, 담론적인 것the discursive과 구별한 형상적인

것the figural의 차원, 그리고 형상적 기능the figural function에 대해 살펴보면서, 우리 시대의 "종교적 시각문화"의 방향을 모색하고, 동시에 "종교와 시각예술"이라는 학문적 주제의 방법도 탐색해 보는 것이 이 책의 목적이다. 따라서 먼저 형상과 형상적 기능에 대해 살펴볼 필요가 있다.

"형상"은 "形狀," "形相," "形象," "形像" 등에 대한 음역이다. 영어 단어 "figure"도 "형상"으로 옮겨지는데, 이것은 지각작용perception 이론에서는 배경ground과 대립되는 것을 뜻하는 개념으로 쓰이기도 하지만, 대체로 형태나 모습을 뜻하고, 예를 들면 "인물화"figure painting라고 하듯이 인간신체의 양태를 뜻하기도 한다. 자연 속에서 만질 수 있는 어떤 것일 수도 있지만, 예술가가 손으로 만든 이미지 혹은 유사물과 같이 재현된 형식을 뜻하기도 한다. 어원이 라틴어 동사 "fingere"와 관련되는데, 그것은 "주조하다"의 뜻이다. 우리가 "비유법"이라고 번역하는 "figure of speech," 즉 "말의 형상"은 은유, 환유, 직유 등과 같이 언어를 통해 만드는 유사물이다. 또한 이 "figure"라는 단어는 어떤 사람을 "완벽성의 형상"a figure of perfection이라고 부르듯이, 특정의 추상적 개념을 전형화하는 구체적 상태를 뜻하는 말로 쓰이기도 한다.[3]

구약성서 창세기 1장 26절의 "하나님이 이르시되 우리의 형상[image,

---

3 질 들뢰즈Gilles Deleuze의 책 『의미의 논리』 영역본에서 "Idea"와 "image"로 옮겨진 것을 이정우는 각각 "형상"과 "그림자"로 번역한다. 이정우는 "image"를 문장에 따라 "그림자," "형상," "이마주"로 다르게 번역하고 있다. 형상(현실화시키는 요소)과 질료(분화되지 않은 원초적 요소, 잠재적 요소)를 구별하는 아리스토텔레스 철학에서의 "형상"은 "形相"이다. 이정우가 "엄밀히 말해 스토아 학파에게서는 形狀이 있을 뿐 形相은 없다"라고 설명한 부분에서 보이듯이, "형상"形相은 서구철학사에서 물질/질료와 구별되는 "이데아"에 대한 번역어로 쓰인다(들뢰즈, 『의미의 논리』(410, 55-56).

形象 혹은 形像]을 따라 우리의 모양[likeness]대로 우리가 사람을 만들고 ....”라는 말에서 “형상”은 히브리어로는 “첼렘”tselem, 그리스어로는 “이콘”eikon, 라틴어로는 “이마고”imago이다. “첼렘”은 대체로 창조주의 거룩한 속성(사랑, 진리, 생명, 의, 인격 등)을 뜻하는 것으로 풀이된다. 즉 그것은 물질적 모습이 아니라 영적인 유사성 혹은 상사성相似性을 뜻한다. “모양”은 히브리어로는 데무트demuth, 그리스어로는 호모이오스homoios, 라틴어로는 시밀리투도similitudo이다.

그런 뜻에서의 “형상”은 “피규라”*figura*, 즉 “해석되지 않은 실재와 알레고리 사이의 중재”(Dawson 183) 혹은 “이미 존재했던 어떤 것을 반영하면서 동시에 아직 존재하지 않는 어떤 것을 투사하는 것”(Evans 78)으로서,[4] 보다 더 고귀하고 초월적인 세계에 대한 지향을 반영하는 용어라고 할 수 있다. 제도화된 종교들과 직접적으로 관련되는 이미지들을 포함한 종교적인 시각적 이미지들은 보다 더 고귀하고 초월적인 세계로 우리를 인도하는 잠재적 능력을 지닐 수 있다. 따라서 그러한 시각적 이미지들에 의해 구체화되는 영적 특성들을 닮으려고 하는 사람들의 욕망을 표현하거나 실현하는 “형상”의 작용을 잠정적으로 “형상적 기능”이라고 할 수 있다.

그와 같은 뜻에서의 “형상”과 “형상적 기능”이라는 개념들은 가시적, 감각적 세계와 사물에 대한 재현을 이용하여 비가시적, 초감각적

---

4 여기서 인용한 존 데이빗 도슨John David Dawson이나 제임스 H. 에반스 James H. Evans, Jr는 에리히 아우얼바하Erich Auerbach가 “피규라”*Figura*라는 제목의 에세이에서 설명한 것을 언급하고 있다. 아우얼바하는 이 에세이에서 이 개념의 역사적 변천의 양상을 살펴보고 이것이 예시prefiguration의 의미를 지니게 된 것, 즉 구체적 역사적 사실 속에 특정의 지시대상이 정초된 것과 “육체적 일들이 영적 일들의 형상figure으로 먼저 나오게 되는 규칙”을 확인하는데, 아우얼바하의 관점은 종교적 이미지의 형상적 기능이라는 이 책의 연구를 보완할 때 좀 더 자세히 검토해야 한다.

진리에 도달하는 것을 지향했던 서양의 중세미학에서도 중시되었다. 한편 서양의 중세예술은 의미를 생성하는 이미지의 힘을 최대한 억압하고 이미지를 텍스트, 즉 "말씀"에 종속시키려고 했다고 할 수 있는데, 그 이유는 서양의 중세예술이 궁극적으로 감각적 세계보다 초감각적 진리를 더 중시했기 때문이다. (초감각적 진리 혹은 가장 높은 진리는 우리가 그것에 쉽게 도달할 수 없기 때문에 그것의 높은 지위를 유지할 수 있는 것이라는 역설이 가능하다. 신은 그의 접근불가능성 혹은 도달불가능성 때문에 그를 향한 우리의 신앙심이 생성되는 것이라고 말할 수도 있다.)

"종교적 시각문화"와 "종교와 시각예술"에 관한 연구는 "보기"의 종교적 실천들에 대한 분석을 통해 진행될 수 있을 것이다(Lynch 549-50). 또한 그러한 연구는 시각vision과 시각성visuality에 대한 검토도 수반한다. 이 책에서는 시각문화Visual Culture 혹은 시각학Visual Studies과 관련된 다양한 이론들을 참조하면서5 이른바 "시각적 사건"visual event 의 계기가 되고 종교적 경험을 가능하게 하는 시각적 이미지의 조건들과 영향력에 대해 조사하는 방법으로 이미지의 종교적 이용에 대해 살펴볼 것이다.

"시각예술과 기독교"라는 주제로 연구서들을 출간한 존 딜렌버거 John Dillenberger는 자신의 연구를 통해 얻은 두 가지 결론은 "시각

---

5 1950년대 후반에 영국에서 시작된 문화연구 혹은 문화학Cultural Studies이 80년대에 미국, 호주, 캐나다 등으로 확산되었는데, 90년대 중반에 미국에서 "시각문화"Visual Culture가 하나의 학문분야로 출현하게 되었으며 90년대 중반에 시각문화를 주제로 한 많은 책들이 출간되었다. 그런데 90년대 말에 미국의 어바인 소재 캘리포니아 대학교UC-Irvine에 "시각학"Visual Studies 프로그램이 시작됨으로써 "시각문화"라는 명칭보다 "시각학"이라는 용어가 더 많이 쓰이게 되었다. 이와 같이 문화학에서 시각학으로의 변화 과정을 간략하게 정리하는 엘킨스에 의하면, 시각학은 예술사, 문화학, 그리고 문학이론의 합류를 통한 학제적 연구의 형식이다(*Visual Studies* 2-5).

예술과 교회라는 문제가 신학적 이해와 많은 관련이 있고, 미학이론과는 거의 연관이 없다"라는 것과 "시각예술이 제시하는 것을 다른 양식들로 온전히 전환할 수는 없다"라는 것이라고 말한다(xi). 비슷한 맥락에서 "종교적 이미지의 형상적 기능"이라는 우리의 주제도 미학이론보다는 종교학적 이해와 더 많은 관련을 가지는 관점에서 다루어지는 것이 합당할 것이다. A.N. 화이트헤드A.N. Whitehead가 "종교를 만드는 형이상학"이라고 말한 불교와 "형이상학을 찾는 종교"라고 말한 기독교가 시각적 이미지들에 대해 어떤 관점과 태도를 견지하는지를 살펴보는 과정에서 우리도 기본적으로 딜렌버거와 같은 관점을 유지할 필요가 있다(39-40).

특히 불교에서의 시각적 이미지와 "보기"의 방식에 대해 살펴보기 위해 종합예술 혹은 혼성hybrid 예술이라고 할 수 있는 영화, 특히 한국의 불교영화를 택하고 이미지의 예술적 이용이라는 주제 하에서 검토할 것이다. 물론 "불교영화"라는 것은 하나의 장르 개념이라기보다는 불교를 소재로 하거나 불교사상을 주제로 하는 영화 혹은 불교적 관점으로 해석할 수 있는 영화작품을 뜻한다. 불교적 사유의 양식을 형상화한 한국의 영화작품들 중에서 배용균의 <달마가 동쪽으로 간 까닭은?>을 질 들뢰즈Gilles Deleuze의 시네마적 이미지와 기호 분류학을 적용하고, 그의 지각-이미지perception-image 개념을 응용하여 분석해 볼 수도 있을 것이다. 들뢰즈는 지각-이미지를 사실기호dicisign, 유상체reum, 그리고 그램gramme으로 나누어 설명하는데, 실제적 의미에서의 사실기호는 상식의 차원에서 이해될 수 있는 지각-이미지이며, 유상체는 유동하는 원근법에서 이해되는 지각-이미지이고, 그램은 규칙적인 좌표 내부로 동화되는 것에 대해 저항하는 지각-이미지이다(Cinema 1 66-68, 203-34). 종교적 이미지는 이런 뜻에서의 "그램"의 일종이라고 할 수 있을 것이다. 구체적으로 <달마가 동쪽으로 간 까닭은?>에서 지각-이미지의 양상이 어떻게 나타나고 있는가를 조사해 보는 것도 종교적 이미지의 형상적 기능을 파악하는 데에 도움이 될 것이다.

S. 브렌트 플레이트S. Brent Plate는 영화와 종교의 기능이 동일한 방식으로 작동한다고 본다. 왜냐하면 안정감과 안전한 느낌을 제공해 주기 위해 질서화된 세계를 만드는 세계제작world-making과 세계유지world-maintaining가 종교의 중요한 기능인데, 미장센mise-en-scène을 통한 창조작업으로 그러한 세계제작과 세계유지를 구현하는 것이 영화예술이기 때문이다("Filmmaking and World Making" 220).[6] 특히 언어나 관념보다도 경이로움이나 신비감과 연관된 이미지와 성사sacrament를 중시하는 가톨릭 학자들과 신자들이 영화보기의 종교적

6 우리나라에서 특정의 종교를 예술과 연관하여 논의한 연구들, 즉 "불교와 미술," "한국의 불교미술" 등과 같은 주제를 다룬 것들은 비교적 많이 나와 있으며, "기독교와 예술"과 같은 주제에 대한 책들도 출간된 것들이 있다. 2002년 한국종교사학회 추계학술대회에서 "종교와 예술"을 주제로 학회가 열렸으며, 특집논문이 2003년의 『한국종교사연구』에 수록되어 있다. 2007년의 『종교교육학연구』(제24권)에는 "종교교육과 예술"이라는 기획논문들이 수록되어 있고 『종교연구』와 『종교문화연구』에서도 예술 분야와 관련된 종교학 논문들을 볼 수 있다. 2013년에 열린 종교문화비평학회의 "감각의 종교학" 학술대회(한국종교문화연구소 주관)에서도 시각예술과 관련된 종교 연구 논문들이 발표되었다. 영어권에서 나온 것으로는 2014년에 나온 『종교와 예술에 대한 옥스퍼드 안내서』The Oxford Handbook of Religion and the Arts가 유용하며, 특히 영화와 종교를 관련시킨 책으로서는 2009년에 나온 존 라이덴John Lyden 편집의 『종교와 영화 라우틀리지 편람』The Routledge Companion to Religion and Film이 참고할 만한 글들을 싣고 있다. "불교와 영화"라는 주제와 관련된 연구서들도 나오고 있지만, 영어권에서 나온 『한국영화: 역사, 저항, 민주적 상상력』Korean Film: History, Resistance, and Democratic Imagination (2003), 『뉴 코리언 시네마』New Korean Cinema (2005), 그리고 『서울 탐색: 현대 한국 시네마에서의 문화와 아이덴티티』Seoul Searching: Culture and Identity in Contemporary Korean Cinema (2007) 등에서는 "불교영화"라는 주제가 많이 다루어지지는 않고 있다.

가능성을 더욱 쉽게 인정하게 되는 면이 있다.

물론 이미지의 예술적 이용을 충분히 파악하기 위해서는 영화만이 아니라 그림을 포함한 다른 예술 형식들에 대해서도 종교와 관련하여 살펴보아야 한다. 예를 들면 2008년 웨스트민스터Westminster의 대주교Archbishop가 런던의 내셔널 갤러리National Gallery 측에게 피에로 델라 프란체스카Piero della Francesca의 작품인 『그리스도의 침례』*The Baptism of Christ*를 자신의 성당으로 보내달라고 요청하면서 "그것을 예술작품으로 다루는 것은 잘못이다. 그것은 신앙과 경건을 위한 작품이다"라고 말했다고 하는데, 이런 사례에서 드러나는 예술작품과 종교적 아이콘icon[7] 사이의 차이와 갈등 양상도 고찰해야 할 중요한 주제라고 할 수 있다(Lachman 375).

우리가 종교적 예술작품에 반응하는 방식과 이유는 우리 자신의 믿음 체계에 따라 다르고, 우리가 이미지를 종교적으로 어떻게 규정하는가에 따라 다양하다. 종교적 이미지는 성스러움the sacred과 신성 the divine의 구현체로서 신격the deity에 대한 즉각적이고 항구적인 접근을 허용하는 것으로 볼 수 있다.[8]

---

7 우리가 이 책에서 "이콘"과 "아이콘"이라는 용어를 함께 쓰는 이유는 『미술 세계』(2013년 12월호 Vol. 349)에서의 "피에타, 현대미술의 아이콘이 된 이콘"(박정원)이라는 제목에서 명시되듯이, "이콘"은 도상학iconography의 대상 인 성화 혹은 성상을 뜻하고 "아이콘"은 픽토그램pictogram의 일종인 표의문 자나 시각디자인을 뜻하는 것으로 활용되고 있기 때문이다. 그리스어 "eikon" 에서 "ei"가 단모음화되었기 때문에 "이콘"이라고 발음하는 것이 맞지만 영 어식 발음으로는 "아이콘"이다. (이 책에서도 문맥에 따라 "이콘"과 "아이콘" 을 혼용하기로 한다.)

8 미르체아 엘리아데Mircea Eliade의 설명을 따르면 라틴어와 그리스어에서는 "성스러움"을 뜻하는 2개의 단어가 사용되는데, 라틴어의 사케sacer/상투스 sanctus, 그리스어의 히에로스hiéros/하기오스hagios가 그것이다. 이것은 "신의 현현을 담지하는" 긍정적 측면과 "인간과의 접촉을 금지하는" 부정적 측면 을 구분한다(『세계종교사상사』 1, 291).

[그림 4]

Piero della Francesca (1415-1492)의 *The Baptism of Christ.* National Gallery, London. 이탈리아 르네상스의 장인인 피에로 델라 프란체스카가 그린 이 그림은 예수 그리스도가 요한에 의해 침례를 받는 장면을 그린 것이다. 성령Holy Ghost을 상징하는 비둘기가 예수의 머리 위에 있다. 요한이 들고 있는 그릇과 비둘기가 중앙의 축을 형성하여 좌우의 대칭을 이룬다. 왼쪽의 천사들은 전통적인 도상학과는 달리 다른 옷들을 입고 있다.

종교적 이미지를 포함한 이미지들은 종교적, 미학적 이용만이 아니라 치유를 위해서도 이용할 수 있는데, 이것과 관련하여 이 책은 이미지와 상상력의 치유적 기능을 활용하는 방식인 가이디드 이미저리 Guided Imagery에 대해 표현예술치료Expressive Arts Therapy와 관련하여 알아보는 장도 포함할 것이다. 가이디드 이미저리는 "유도심상법”이라고 옮길 수 있는데, 원하는 몸과 마음의 상태를 유지하기 위해 이미지들을 활용하는 기법이다. 이것은 다양한 장면들이나 사건들을 상상하게 하여 의도적으로 일종의 백일몽 상태에 들어가게 하는 일련의 지시사항들을 읽거나 듣는 과정으로 이루어진다. 즉 가이디드 이미저리는 상상력과 이미지의 힘을 이용하여 건강을 유지하게 하고 질병의 치료를 용이하게 하는 방법이다. 이것은 “가이디드 비주얼라이제이션”guided visualization이라고 지칭되기도 하지만, 시각만이 아니라 청각, 후각, 촉각, 미각 등 다른 감각들도 포함하기 때문에 그것을 “시각화”라고만 할 수는 없다. 그런데 상상력과 이미지의 힘을 중시한다는 점에서 가이디드 이미저리는 치유를 위한 예술의 통합적 사용을 토대로 하는 표현예술치료에서 활용할 만한 가치가 있다. 또한 이미지의 치유적 힘을 강조한다는 점에서는 가이디드 이미저리와 동일한 미국의 신사상 운동The New Thought Movement에 대해서도 살펴봄으로써 이미지의 심리학적 이용에 대해 조사해 볼 것이다.

신사상 운동은 윌리엄 제임스William James가 『종교적 경험의 다양성』*The Varieties of Religious Experience*에서 언급한 것과 같이 19세기 중반 미국의 뉴잉글랜드 지역에서 태동하여 미국 전역에, 그리고 다른 나라들에도 그 영향력이 파급되었는데, 4복음서Four Gospels, 초절주의Transcendentalism 혹은 에머슨주의Emersonianism, 버클리의 관념론Berkeleyan idealism, 심령론spiritism, 낙관주의적 대중과학 진화주의optimistic popular science evolutionism, 그리고 힌두교Hinduism 등 6가지의 원천들을 가진다(93). 이 원천들은 전체적으로 현대 미국 종교사상의 형성과 관련된 것들로 볼 수 있는데, R. 마리 그리피스R. Marie Griffith에 의하면, 신사상 운동은 19세기 초절주의 정신을 건강 혹은 물질적 부를 추구하는 유쾌한 복음으로 변질시켰고, 20세기 뉴 에이지 운동The New Age Movement의 영적 감성을 형성했다(70). 이와 같은 신사상 운동에 대해 살펴보는 것은 미국만이 아니라 우리나라에서도 주요한 문화적 현상들 가운데 하나가 되고 있는 "대중 신비주의들"pop mysticisms에 대한 성찰을 위해 필요한 일이라고 할 수 있다.9

 이미지의 정치적 이용과 관련된 시각적 식민주의Visual Colonialism에 대한 고찰도 이 책에 포함하게 되는데 이 고찰을 위해서는 관찰가능한 객관적인 대상으로 세계를 사물화하는, 서양의 모더니티 프로젝트에서 강조되었던 시각중심주의적ocularcentric 경향이 우리 시대에는 어떻게 심화되고 있는 것인지에 대해서도 조사해야 한다. 물론 여기서 말하는 모더니티modernity 프로젝트는 서양에서 르네상스 이후 태동되고 계몽주의에 의해 공고하게 된 것으로서, 이것에 대한 단순한 예술적 반응이라기보다 오히려 그것에 대한 비판적 대응의 면이 강한 모더니즘modernism과 구별된다. 사실 모더니즘은 시각중심주의의 위기를 반영하는 면이 있는 것으로 설명되기도 한다. 미학, 심리학, 그리고 정치학이 넓은 뜻에서의 종교적 맥락을 벗어나는 것이 아니므로, 종교적 이미지의 형상적 기능에 대한 포괄적인 이해를 위해 그러한 방식의 학제적interdisciplinary 검토를 시도하는 것의 의의를 인정할 수 있을 것이다.

 다른 연구자들에 의해 언급되고 설명된 것들을 의도적이고 자발적으로 많이 인용할 이 책에서는 들뢰즈가 강조한 리조매틱스rhizomatics의 창조적 방식을 응용할 것이다. 리좀rhizome 혹은 근경根莖은 하나의 지점에 정착하여 고정된 위계질서적 질서를 형성하는 나무와 전혀 다른 속성을 지닌다. 리좀은 연결connection과 이질성heterogeneity,

---

9 로버트 M. 프라이스Robert M. Price는 우리말로도 번역된 에크하르트 톨레Eckhardt Tolle, 디팍 초프라Deepak Chopra, 제임스 레드필드James Redfield, 그리고 론다 번Rhonda Byrne 등의 책들을 "대중 신비주의들"과 관련하여 비판적으로 검토하고 있다.

다양성multiplicity 등으로 특징이 정리된다. 그러므로 리좀적 사유는 다양성을 인정하고 차이에 대해 관용의 태도를 나타내는 이접적 종합disjunctive synthesis 혹은 종합적 이접synthetic disjunction의 방식이라고 할 수 있다. 그 방식은 비교될 수도 소통될 수도 없는 것으로 여겨지는 부분들을 상호연결하는 "횡단성"transversalité의 원리를 바탕으로 한다. 또한 그것은 다양한 개념들을 도구로 이용하는 인식의 실험을 지향한다. 이접적 종합은 "a or b or c or x or …"와 같이 각 요소가 긍정되는 포함적 형식으로서 "if…, then…"이라는 통접적 종합 conjunctive synthesis이나 "a and b and c and X and …"라는 접속적 종합connective synthesis과 다르다. 들뢰즈는 이접적 종합과 연관하여 "분할할 수 없는 거리를 재는 지속적인 활공overflight을 통해 이접을 긍정하는" 것에 대해 설명한다(*Anti-Oedipus* 76-77).

종교적 이미지의 형상적 기능에 대한 이해를 위해 불교영화, 가이 디드 이미저리, 미국의 신사상 운동, 시각적 식민주의 등을 살펴보는 것은 영화, 미술, 문학, 종교, 미학, 철학, 정치 등을 횡단하는 리좀적 문화학 혹은 문화연구의 방법을 종교학에 적용하는 것이 될 수 있다. "횡단성"이란 문화적 경계들을 초월하고 텍스트들의 상호관계를 구성하는 방법론으로서 억압적인 격자화格子化에 대해 저항하는 양식으로 정의된다. 펠릭스 가타리Felix Guattari가 처음 사용한 것으로서, "경계 가로지르기"cross-border라고 할 수 있는 이 개념은 가타리가 자신의 작업이 들뢰즈의 철학을 포함한 다양한 영역들, 즉 자크 라캉 Jacques Lacan적 정신분석학, 생태학, 미학, 혼돈이론, 기호학 등을 포괄하는 학제적 방식에 토대를 두고 궁극적으로 정신의학psychiatry 과 정치적 행동주의political activism를 결합하는 것이라는 점을 나타내기 위한 용어이다. 가타리는 "횡단적 사유"transversal thinking 외에는 진행할 다른 방법이 없다고 말했다(Kritzman 541).

이 책에서는 특히 서양 이론가들의 영어로 된 다양한 문헌들을 많이 인용할 것이다. 그 문헌들은 아직 우리말로 번역되지 않은 것들이 대부분인데, 그 문헌들을 소개함으로써 우리말 번역작업을 포함하여, 관련된 연구의 활성화를 위해 참고할 수 있는 자료로 이 책을 활용할 수도 있을 것 같다. 존 하이넬스John R. Hinnells의 주장과 같이, "어떤 종교를 이해하기 위해서는 그 종교와 관련된 다양한 예술 영역들에 대한 진지한 연구를 반드시 수반해야 한다"(524)라는 관점에서, "종교와 예술"이라는 주제를 포함하는 종교와 시각문화에 대한 본격적인 논의에서도 참고할 부분들이 있을 것이다.

조셉 캠벨Joseph Campbell은 『신화적 이미지』The Mythic Image 의 서문에서 "그림들은 우리의 눈이 빨리 스쳐 지나가지 못하게 하고, 그것들이 드러내 보여주는 것들을 향유하면서 잠시 쉬고 머무르도록 우리를 초대한다"(xi)라고 쓰고 있다. 또한 신준형은 "종교미술은 양식분석이나 도상해석보다는 종교문화의 시각적 분야로서 그 기능의 측면에 주목하여 이해되어야 한다고 생각한다. 모든 종교는 시각체험의 영역을 가지고 있으며 시각체험은 영성에 도달하기 위한 강력한 방법론으로 흔히 사용된다. 바로 이러한 종교의 시각영역이 가장 잘 표현되는 곳이 종교미술이다"(『천상의 미술』 5)라고 쓰고 있다. 종교미술을 포함하는 시각적 이미지들 혹은 종교적 이미지에 대한 이해는 스쳐 지나가는 일별glance의 방식이 지배적인 우리 시대에 대상에 대한 배려와 관심과 참여를 중시하는 "종교적 시각성"religious visuality을 회복하는 데에 기여할 수 있을 것이다.

I

형상과 형상적 기능

"내가 메즈리츠의 랍비를 만나러 간 것은 그에게서 율법을 배우려 함이 아니고 그가 신발끈 매는 것을 지켜보기 위함이었다"(틱낫한, 『마음에는 평화』 15)라고 유대교 신비주의인 하시디즘Hasidism의 어느 성자가 말했다고 하는데, 이 말에서 "율법 배우기"는 담론적인 것 혹은 텍스트적인 것과 "읽기"의 차원이고, "신발끈 매는 것 보기"는 형상적인 것 혹은 이미지적인 것과 "보기"의 차원이라고 할 수 있다. 읽기는 판독decipherment, 해독decoding, 해석interpretation 등과 결부되는 텍스트적 문제이며, 보기는 응시gaze, 일별glance, 관찰observation, 감독surveillance, 시각적 쾌락visual pleasure 등과 연결되는 이미지적 문제로 구별되기도 한다(Mitchell, *Picture Theory* 16). 이 구별에 대한 이해를 위해 장 프랑수아 료타르Jean-François Lyotard의 이론을 참조할 필요가 있다. 그는 담론 혹은 담론성discursivity과 형상 혹은 형상성figurality을 이질적인 것으로 보는데, 추상적인 개념적 사유와 감각적인 시각적 경험이라는 도식적인 이분법에서 추상적인 개념적 사유와 연관되는 것이 담론/텍스트/읽기이며, 반면에 형상/이미지/보기는 감각적인 시각적 경험과 관련된다.

근본적으로 비담론적인 형상과 형상성에 관해 담론적으로 정의를 내리는 것은 어려운 일이 될 수밖에 없다. 형상에 관한 논의는 시각적 경험과 시각적 욕망을 담론의 질서, 즉 개념들에 의한 재현의 규칙을 적용하여 제대로 설명할 수는 없다는 인식을 반영하는 것이기도 하다. 따라서 담론적 의미화에 저항하는 형상 혹은 형상성에 대해 살펴보게 된다. 료타르는 읽기의 과정에서는 "언어적 단위들"linguistic units을 확인하고, 보기의 과정에서는 "리비도적 사건들"libidinal events을 추구한다고 말한다(*Discourse, Figure* 4). 담론적 체계를 지향하는 조직적인 "언어적 단위들"과 달리 "시각적 장의 근본적인 이질성"(*Discourse, Figure* 153)의 영역 속에서 발생되는 "리비도적 사건들"은 담론적 체계 속으로 종속되거나 흡수되는 것을 거부한다는 점에서 형상 혹은 형상성이라고 할 수 있다.10 료타르는 코드화된 실재의 "텍스트적 공간"과 무의식적 힘의 "형상적 공간"(*Discourse, Figure* 278)을 대립시키기도 한다.

W.J.T. 미첼W.J.T. Mitchell은 고대 이스라엘 사람들이 이집트의 노예상태에서 벗어난 이후, 볼 수 없는 신으로부터 볼 수 있는 우상으로 시선을 돌린 것과 같은 경우를 "회화적 전환"the pictorial turn이라고 지칭하고, 이것이 특정 시대에만 해당되는 현상은 아니라고 부연한다(*What Do Pictures Want?* 348-49). "율법 배우기"가 아니라 "신발끈 매는 것 보기"로 향하는 하시디즘의 어느 성자의 태도는 어떤 점에서는 이 "회화적 전환"의 동기에서 나온 것이라고 말할 수도 있다. 미첼에 의하면 "회화적 전환"은 "그림을 시각성, 기구, 제도, 담론, 신체들, 그리고 형상성 사이의 복합적인 상호작용으로 인식하는 탈언어적, 탈기호적 재발견"이고, "보기"가 "읽기"와 같이 복잡한

---

10 그림은 그것에 대한 묘사나 그것에 대한 이론을 언제나 넘어선다는 점에서 형상 혹은 형상성의 존재양식의 한 예가 된다. 그림은 폐쇄된 형식이 아니라 감정과 연결된 열린 물체이다. 열린-개방성open-endedness과 무진장성inexhaustibility이라는 점에서 그림은 설명될 수도 규정될 수도 없고 단지 새롭게 표현되어야만 하는 형상성을 구현하고 있다(Crome 15).

작용이라는 것에 대한 확인이며, 또한 시각적 경험은 담론성 혹은 텍스트성의 모델로는 충분히 설명할 수 없다는 점에 대한 확인이다 (*Picture Theory* 16).

　"문자[를 읽고 쓰는 능력]의 시대"와 "시각성의 시대"라는 이분법적 모델은 문제가 있다고 지적하는 미첼은 새로운 미디어 혹은 문화적 실천이 시각적인 것에 대한 당혹과 도취의 증상을 분출시키는 때를 분석하는 일종의 진단적 수단으로 "회화적 전환"이라는 용어를 사용한 것이라고 말하기도 한다(*What Do Pictures Want?* 348-49). 우리 시대에는 "회화적 전환"이 독특한 양상으로, 즉 과도한 시각적 욕망에 의한 일종의 "시각의 광기"*la folie du voir*로 나타나고 있다. "시각의 광기"라는 것은, 마틴 제이Martin Jay가 설명하듯이, 시각적 재현의 현란한 형태들을 보여 주었던 바로크Baroque 시각문화의 특징을 설명하는 개념이었다. 그런데 과학적 이성에 토대를 둔 지배적인 시각적 질서를 부정하면서, 황홀하고 화려한 시각적 실천들을 예찬하는 그러한 경향은 바로크 예술만이 아니라 우리 시대 포스트모더니즘의 이미지 문화에서도 포착되고 있다(*Downcast Eyes* 47).[11]

---

11 "시각의 광기"라는 개념은 모리스 메를로 퐁티Maurice Merleau-Ponty가 『가시적인 것들과 비가시적인 것들』*The Visible and the Invisible*에서 처음 사용했는데, 미쉘 드 세르토Michel de Certeaus가 『에스프리』*Esprit*에 실린 글에서 퐁티를 다루며 그것에 대해 언급했다고 한다. 크리스틴 부시-글뤽스먼 Christine Buci-Glucksmann도 동떨어져 있는 곳으로부터 세계를 파악하는, 초연한, 실체 없는 관람객을 중심으로 하는 데카르트Descarte적 시각 모델을 비판하면서, "시각의 광기"에 대해 논의한다(28-29). 모든 것을 보면서도 스스로는 보지 않는 "눈"eye과 생각하는 "나"I를 동일시하는 이성주의적 허구를 비판하고 그녀는 조르주 바타이유Georges Bataille, 미쉘 푸코Michel Foucault, 기 드보르Guy Debord, 자크 라캉Jacques Lacan과 같은 프랑스 철학자들의 "반-시각중심주의"anti- ocularcentrism를 옹호한다. 즉 서양철학에서 최고의 자리를 차지하고 있었던 "실체없는 눈"the disembodied eye을 권좌에서 물러나게 하는 이론화작업을 시도하는 것이다(*Downcast Eyes* 47, 81).

제이의 관점에 의하면, 시각적 재현의 3가지 모델은 첫째, 르네상스 시대의 원근법 개념과 데카르트적 주체성 개념의 연관성, 18세기 프랑스 건축가 에티엔 류이 불레Étienne-Louis Boulée의 예, 둘째는 네덜란드의 "묘사 미술"the art of describing로서 그림 외부에 특권적으로 관찰자를 설정시키는 르네상스적 원근법 방식과는 달리 관찰자를 광경의 내부에 "보행하는 현존"an ambulatory presence으로 위치시키는 방식, 그리고 셋째가 바로크 예술의 "시각의 광기"로서 화려한 외양으로 장식하여 르네상스적 이성적 신고전주의를 전복하는 수단이 된 것 등이다(*Downcast Eyes* 62, 114-27). "시각의 광기"의 예찬은 황홀이 될 수도 있고 당혹이 될 수도 있다. 바로크 스펙터클의 판타스마고리아phantasmagoria는 그것에 종속된 사람들을 조종하기 쉽다는 것을 인지해야 한다는 관점도 있다. 제이의 설명에 의하면, 외부세계에 대한 진실을 분명하게 제시하기보다는 현혹시키고 왜곡시키는 바로크 양식과 바로크 비전은 재현불가능한 것들the unrepresentable을 재현하려는 불가능한 추구 속에서 그 시대의 특징적인 우울melancholy을 드러내고 있다(*Downcast Eyes* 48).

"율법 배우기"가 아니라 "신발끈 매는 것 보기"를 통해 감지할 수 있는 것이 다름 아닌 그 재현불가능한 것들이라고 할 수 있지 않을까? 그것은 10세기 중국의 형호荊浩가 "필법기"筆法記에서 화畵를 "물상物象을 심중으로 헤아려서 그 진[眞]을 취하는 일"度物象而取其眞이라고 한 것에서 보이는 "진"眞의 경지와 같은 것이라고 볼 수 있다. 형호는 그 글 속에 등장하는 노인의 말을 빌려, "진을 얻은 그림이란 기氣와 질質을 아울러 충분히 표현한 그림을 말한다"라고 쓰고 있다. 여기서 "진"이란 "대상의 순수성" 혹은 "신기"神氣라고 설명된다. 신神, 묘妙, 기奇, 교巧라는 그림의 4가지 품격들 중에서 "계획적으로

작위함이 없이 붓의 운용에 맡겨서 형상을 이루는 것"亡有所爲 任運
成象과 같은 경지가 "신"이다. 이것은 "필법기" 마지막에서 노인이
말하는, "필묵을 잊어버려야 참다운 경치眞景가 있게 되네"忘筆墨而
有眞景에서의 "진경"眞景과 같다(장언원 111).

　　유진 테일러Eugene Taylor는 "보다 더 깊은 탐색은 관념들보다 이
미지들의 견지에서 드러난다. 추상적 생각들, 즉 외부세계와의 교류의
수단이 내적인 회화적 재현들, 감각, 감정, 직관에 자리를 내준다. 이
성적 사고가 아니라 오히려 성찰이 규준이 된다. 논리적 연상보다 자
유연상이, 인과율적 연결보다 자연발생적인 연결이 규칙이 된다"라고
말하고 이것을 "시적 명령"the Poetic Imperative이라고 부른다(193).
테일러가 구별하고 있는 "관념들"과 "이미지들"은 각각 "율법 배우기"
와 "신발끈 매는 것 보기"와 같은 차원을 지칭하는 것으로 볼 수 있다.
덧붙여서 테일러는 "그런 깊은 심층부에서의 이미지들은 그것들이 지
닌 에너지에 의해 다른 것들로부터 구별된다. 말하자면 누미노스
numinous적인 것들은 상당한 정도의 정신적 에너지를 내부에 지니고
있고, 내부적 의식의 보다 더 깊은 상태들에 대한 심층적 탐색을 위한
수단을 제공한다"(193)라고 주장한다. 예를 들면 이육사의 "절정"絶頂
이라는 제목의 작품은

　　매운 계절의 채찍에 갈겨
　　마침내 북방으로 휩쓸려 오다.

　　하늘도 그만 지쳐 끝난 고원
　　서릿발 칼날진 그 위에 서다.

어데다 무릎을 꿇어야 하나
한발 재겨 디딜 곳조차 없다.

이러매 눈감아 생각해볼 밖에
겨울은 강철로 된 무지갠가 보다.

이와 같이 되어 있는데, 마지막 부분에서 "눈감아 생각해볼 밖에"
가 암시하는 것은 테일러가 말하는 "내부적 의식의 보다 더 깊은 상
태들에 대한 심층적 탐색"을 위한 몸짓이라고 풀이해 볼 수 있다. 비
전의 순간을 위해 눈을 감아야만 하는 이유는 눈이 "붕괴적 에너지의
원천"a source of disruptive energy이기 때문이다(Jay, *Downcast Eyes*
565).

인도문학에서는 "결박당하거나 쇠사슬에 묶여있거나 감옥에 갇혀
있는 모습의 이미지"를 사용하여 인간이 처한 조건을 나타낸다. 그
와 반대로 "속박으로부터의 해방이나 껍질을 깨부수는 (혹은 눈을
가리고 있던 눈가리개를 벗겨버리는) 모습의 이미지"를 이용하여 인
간적 조건의 폐기, 즉 해탈mokṣa, mukti, nirvāna을 표현한다(엘리아
데, 『세계종교사상사』 2, 67). 기독교의 경우 맹인치유the Healing of
the Blind가 속박으로부터 구원으로 이전되는 것을 나타내는 이미지
이다(Barasch 46). 기독교 맥락에서 이 이미지는 어둠에서 빛으로 나
아가는 구원의 의미만이 아니라 구원의 종교인 기독교로의 개종이
축복과 영생을 확약한다는 메시지로 해석되기도 한다. 그리고 이것은
고통으로부터의 점진적 해방보다는 갑작스러운 변화, 즉 "강철로 된
무지개"를 보는 계시의 순간과 같은, 기적적인 갑작스러운 사건으로
나타난다(Barasch 49).

이육사의 시적 화자가 눈을 감는 것은 일종의 헤시카즘Hesychasm, 즉 신비적 정적주의quietism를 보인 것으로 해석해 볼 수도 있다. 헤시카즘은 신에 대한 성찰theoria을 얻기 위해 시각을 포함한 감각작용을 중단하고 자신의 내면으로 침잠하는 과정을 중시한다.[12] 컬럼비아대학교Columbia University의 로버트 서먼Robert Thurman 교수와 수덕사 방장 설정 스님의 대담에서 서먼 교수는 대학생 때 왼쪽 눈을 실명하게 된 이후 "당시 저는 아주 불행하다고 생각했습니다. 절망했죠. 존재에 대한 강한 물음이 제 안에서 올라오더군요. '나는 누구인가, 무엇을 위해 사는가.' 그래서 인도로 갔습니다. 거기서 만난 몽골 스님들이 제게 말하더군요. 붓다의 가르침에는 '하나의 눈을 잃는 대신 천 개의 눈을 얻는다'라고 돼 있다고 말입니다. 나중에야 깨달았습니다. 왼쪽 눈을 실명한 일이 제게 얼마나 큰 행운이었는지 말입니다. … 저는 눈 하나를 잃은 대신 삶을 똑바로 볼 수 있는 '비전'vision을 얻었습니다"라고 말하고 있다(중앙일보 2012년 4월 7일 자 21면). 그가 언급한 "비전"도 테일러가 말한 "내부적 의식의 보다 더 깊은 상태들에 대한 심층적 탐색" 혹은 일종의 헤시카즘을 통해 가능한 것이라고 할 수 있다.

---

12 헤시카즘은 부단한 기도를 통해 신에 대해 명상함으로써 얻어지는 것으로 상정된 "성스러운 정적"을 뜻하는 희랍어hesychia에서 유래된 용어이다. 중세 비잔틴 교회에서 태동한 신비주의 운동이다. 마태복음 6:6에 기록되어 있듯이 기도할 때 방문을 잠그고 하라는 예수의 권고를 철저히 따르는 동방정교회의 은둔자적 전통에서 비롯된 것이다(Wikipedia 참조). 헤시카스트들의 실천은 14세기 동방정교회의 대표적인 수도승/대주교/신학자였던 성 그레고리 팔라마스St. Gregory Palamas (1296-1359)가 『성스러운 헤시카스트들의 옹호』In Defense of the Holy Hesychasts에서 변호했는데, 그는 "눈을 여기저기로 배회하도록 두지 않고 가슴이나 배꼽을 집중의 지점으로 고정시키는 것"을 통한 영적 이득에 대해 언급한다(46). 요가나 힌두이즘에서도 거론되지만 "배꼽응시"navel-gazing라는 말이 헤시카즘과 관련된다. 팔라미즘Palamism으로 지칭되는 팔라마스 자신의 관점도 헤시카즘에 토대를 둔 것으로 볼 수 있다.

물론 동양과 서양은 시각적 지각 양식의 차이를 보이는데, 이것은 인간의 신체에 대한 관점에서도 나타난다. 쉬게히사 쿠리야마 Shigehisa Kuriyama는 중국의 의학자 활수滑壽, Hua Shou가 그린 『시시징 파후이』Shisijing fahui (1341)라는 기혈도와 16세기에 안드레아스 베살리우스Andreas Vesalius가 그린 『파브리카』Fabrica (1543)를 대비하면서, 실재에 대한 서양의 해부학적 비전이 인체의 근육에 관심을 기울이는 것과는 달리 내장기관의 운동을 피부에 투사하는 중국의 기氣 중심 사상에 대해 설명한다. 쿠리야마는 그것이 이원론dualism과 전체론holism, 유기체주의organicism와 환원주의reductionism 사이의 단순화한 차이로만 설명될 수는 없는, 이론적 차이만이 아니라 지각적perceptual 차이를 나타내는 것이라고 말한다(8-13).

인체의 근육을 중시한 그리스 의학에서의 "해부적 보기"anatomical seeing와는 달리 중국 한의학에서 중시하는 시각적 지식은 "진찰적 시각"diagnostic sight으로서 생명 없는 시신들이 아니라 살아있는 사람들을 보는 훈련을 통해 획득된다(Kuriyama 116, 155). 쿠리야마는 피부에 대한 서양과 중국의 태도의 차이에 대해서도 설명하고 있다. "해부적 눈에는 피부가 내재하는 형태들에 대한 성찰을 차단하고 방해하는 막이고, 형태들이 없는 신체는 비형성적 물질로서 막연한, 측량할 수 없는 것에 지나지 않는다. 그러나 중국에서는 피부가 특권적인 현시의 자리로서 확연한 것이었다. 왜냐하면 그 표면에서 의사들은 사람의 색色 se을 오색五色 wuse과의 연관 속에서 묵상했기 때문이다. 그리스적 해부자들이 유기체적 형태의 기능적 의미를 자세히 조사했다면, 중국 한漢 제국의 치유자들은 색조hue의 심원한 의의를 응시했던 것이다"(Kuriyama 167).

이 색조의 심원한 의의를 응시하는 것은 『난경』難經 Nanjing에 명시되어 있는 사진법四診法, 즉 "망이지지위지신"望而知之謂之神, "문이지지위지성"聞而知之謂之聖, "문이지지위지공"問而知之謂之工, "맥절이지지위지교"脈切而知之謂之巧라고 구별한 데에서 가장 우위에 있는 "망진"望診에 의해 가능한 것이라고 할 수도 있을 것이다. 즉 "망진"은 보아서 아는 것인데, 듣거나, 묻거나, 맥을 짚어서 아는 것보다도 그것이 더 우월한 것으로 여겨진다. "망진"의 달인을 신의神醫라고 하는데, 들어서 아는 성의聖醫, 물어서 아는 공의工醫, 그리고 맥을 짚어서 아는 교의巧醫보다 신의를 더 우월한 존재로 보는 것이다. 쿠리야마는 "응시하다"to gaze라는 뜻의 "망"望이라는 글자에 대해 설명하면서 "단지 어둑어둑한 상태로만, 혹은 멀리서만, 지각될 수 있는 것을 보려는 노력"을 뜻한다고 설명한다(175). 없거나 희미한 어떤 것을 제대로 보려고 눈을 긴장시키는 것을 "망"望이라고 할 수 있다.

그것은 일본의 미학 용어로 쓰이는 "유현"幽玄 yugen이 관념적 지식이 아니라 경험적 지식에 의존하며 모든 사물들 사이의 상호관련성에 대한 진리 혹은 보다 더 심층적인 실재와 관찰자를 연결시키게 한다는 설명에서 암시되는 차원과 비슷하다(Plate, *Religion* 128). 이것이 깊고 신비로운 어렴풋한 빛의 이미지이며 "대나무에 비치는 다른 대나무들의 그림자"와 같은 시각적 이미지로 표현되기도 한다. 이것은 명백한 것explicitness보다 암시적인 것allusiveness을 선호하는 동아시아 문화의 특징을 나타내기도 한다. 사람에 의해 감각되지 않는 지정至靜 상태를 뜻하기도 하는 유幽는 중국 송나라 때의 사상가인 장횡거張橫渠 혹은 장재張載 Chang Tsai(1020-1077)의 개념들 중에서 태화太和 혹은 태허太虛와 같은 것으로 볼 수도 있다(성기옥 292). 아직 개체를 형성하지 않은 상태의 기氣를 태화 혹은 태허라고 할 수 있는데, 형상 혹은 형상성은 이와 같은 태화 혹은 태허, 유현 혹은 유와 근친성을 지니는 것이라고 할 수 있다.

계속 탐구해야 하지만, 형상 혹은 형상성은 질 들뢰즈Gilles Deleuze 가 "담론들 이전의, 단어들 이전의, 사물들이 만들어지기 이전의 신체"(Cinema 2 172-73)라고 부르는 것과 비슷한 차원을 암시하는 것으로 이해해 볼 수 도 있다. 료타르는 형상을 이미지-형상image-figure, 형식-형상form-figure, 모 체-형상matrix-figure 등으로 분류하는데(Disourse, Figure 268), 이미지-형상은 꿈이나 환상에서 보이는 이미지들의 흔적들traces, 형식-형상은 예 술작품에 내재하는 스키마schema, 그리고 모체-형상은 "담론적 질서의 파괴"a violation of discursive order로 설명된다(Crome 293). 여기서 우리가 다루는 형상 혹은 형상성은 주로 모체-형상이다. 스튜어트 심 Stuart Sim이 편집한 『료타르 사전』The Lyotard Dictionary에 의하면, 료타르에게 "형상"은 담론이 통일성으로 제시되지 못하게 방해하는 일종의 힘 혹은 사건event으로서 그것의 효과는 욕망과 비교될 수 있 는 것이 된다(77).

료타르는 자크 라캉Jacques Lacan이 무의식을 담론으로 변모시키 는 것은 에너제틱스energetics를 생략하는 것이라고 비판적으로 보았 다. "눈은 힘이다. 의식을 담론으로 만드는 일은 에너제틱스를 무시 하는 일이다. 그것은 예술과 함께 꿈을 죽이는 서양 이성의 전체와 우 리 자신을 공모하게 하는 일이다"(Crome 38)라는 것이다. 같은 맥락에서 료타르는 담론적인 것이 아닌 형상적인 것의 기능은 대체displacement, 응축condensation, 탈형태화deformation 등과 같은 창조적 기능과 연 관되는 것으로 설명한다(Crome 285).[13]

---

13 료타르는 중세시대의 종교적 텍스트들이 일러스트레이션을 사용한 것에 대 해 논의하기도 한다. 지시사들 혹은 다이틱스deictics, 즉 "여기, 지금, 이, 저"와 같은 지시사들은 발음됨으로써 의미가 생성된다는 점에서, 그리고 가 시적 공간과 지각의 장을 언어의 영역 속으로 도입한다는 점에서, 형상적인

노먼 브라이슨Norman Bryson과 같은 시각 이론가는 이미지가 담론적 양상과 형상적 양상을 동시에 지닌다는 분석으로부터 시작한다. 그는 이미지의 담론적 양상은 "이미지에 미치는 언어의 영향을 보여주는 특성들"을 뜻하고, 이미지의 형상적 양상은 "언어로부터 독립된 시각적 경험으로서의 이미지에 속하는 특성들"을 뜻하는 것으로 구별한다(*Word and Image* 6). 예를 들면 캔터베리 대성당 Canterbury Cathedral의 착색유리stained glass는 시각적 이미지들이 내러티브에 종속되는 것을 예증하는데, 브라이슨은 그 대성당의 착색유리는 이미지가 독자적인 기능을 유지하지 못하게 하고 종교적 교육이라는 목적만 강화하는 예가 된다고 본다. 다시 말하면 그 착색유리는 담론적인 것이 형상적인 것보다 우위를 차지하는 예가 된다는 것이다(*Word and Image* 4-5). 브라이슨은 "언어를 통해 생각하는 우리의 마음의 부분과 그림을 대하는 우리의 시각적 경험 사이의 상호작용"에 대해 그동안 충분한 논의가 이루어지지 않았다고 말한다(*Word and Image* 5).

시각적 재현에 대한 언어적 변환을 뜻하는 "에크프라시스"*Ekphrasis*가 빈번하게 발생하는데, 그 과정에서 이미지들이 변형되기도 한다. 에크프라시스는 언어와 이미지의 상호보완적 관계를 예시하는 것으로서 미첼은 언어적/시각적 결합의 2가지 유형들을 설명할 때 "텍스트적 그림"textual pictures의 예로 그것을 언급한다. 다른 하나는 "그림적 텍스트"pictorial texts로서 모더니스트 추상미술, 포스트모던 미니멀리스트postmodern minimalist 조각, 20세기 사진 텍스트들과 같이 언어가 억압되는 경우들이다(*Picture Theory* 107). 미첼이 설명하는 "이미지텍스트"imagetext 혹은 "아이콘텍스트"icontext, 다시 말하

————————————

것이 된다.

면 순전한 텍스트나 순전한 이미지로 환원될 수 없는, "의미의 시각적-텍스트적 단위"a visual-textual unit of meaning에 대해서도 검토할 필요가 있다.

같은 맥락에서 미첼은 시각문화 연구는 인간의 시각성의 모든 사회적 실천들을 대상으로 하는 것이어야 한다고 보며, 중요한 것은 시각과 다른 감각들 사이의 관계, 즉 청각 혹은 촉각에 대해 시각이 가지는 특수한 관계에 대해 조사해야 하는 것이라고 주장한다(*What Do Pictures Want?* 349). 그런 관점에서 특정의 문화 혹은 특정의 시대에서의 시각과 시각성의 일반적인 조건 혹은 사물이나 사람들에 대한 "보기" 행위 그 자체를 문제 삼을 필요가 있다. 우선 자연적, 외부적 자극에 대해 순진무구한 상태로 눈이 반응하는 것이 아니라 인간의 시각은 능동적이고 해석적인 과정이라는 점을 이해해야 한다.[14]

제이는 다소 난해하긴 하지만 다음과 같이 형상성에 대해 설명한다. "그것[형상성]은 단지 추정상으로만 동질적인 담론에 동화되지 않는 이질성을 삽입함으로써 언어적 의미의 자급자족에 반대한다. 조르주 바타이유Georges Bataille의 과잉excess과 대단히 유사하게도, 형상성은 같은 표준으로 잴 수 없는 것들을 하나의 체계적 질서로 회복시키는 것을 방해하면서, 인식할 수 있는 것들과 소통할 수 있는 것들의 한계를 넘어선다. 형상은 담론적인 것에 대한 대립물, 즉 의미의 대안적 질서라기보다는 어떤 질서든지 그것을 완전한 정합성으로 결정화하는 것을 차단하는 와해의 원리the principle of disruption라고 할 수 있다"(*Downcast Eyes* 564).

---

14 우리가 영어 단어 "sense of sight"나 "vision"을 모두 "시각"視覺으로 번역하기도 하는데, "vision"의 경우 "비전"으로 음역할 때는 "눈으로 보기"가 아니라 "통찰력, 미래상, 이상상, 선견지명" 등을 뜻하게 된다.

제이의 그 설명을 따라 요약하면, 료타르가 형상과 구별하는 담론은 "지각작용보다 텍스트성, 전반성적 제시보다 개념적 재현," 이성의 "타자"보다 "이성적 일관성"을 우위에 두는 것을 함축하고, 한편 형상 혹은 형상성은 "동질적 담론에 동화되지 않는 이질성을 도입하는 것"(*Downcast Eyes* 564)이다.[15] 다시 말하면 형상적인 것은 담론 내부에서, 담론에 대항하여 작동할 수밖에 없는 "말할 수 없는 타자"an unspeakable other로서 재현의 규칙을 붕괴한다. 그것은 담론에 대립된다기보다 담론이 작동하는 대립들이 이질성heterogeneity 혹은 특이성singularity으로 열리는 지점이다.[16]

15　이와 관련된 뜻에서의 "형상"에 대한 다양한 해석들이 있다. "형상은 엄밀히 말해 기관 없는 신체이다(신체를 위해 유기체를 해체하고, 머리를 위해 얼굴을 해체한다). 다음, 기관 없는 신체는 살과 신경이다. 이어서 파장이 신체를 통과하여 거기에 여러 층위들을 새긴다. 그리고 감각이란 신체 위에 작용하는 힘들과 파장과의 만남으로서, '감각적인 체조'이고 외침-숨결이다. 이렇게 유기체가 아니라 신체에 의거할 때, 감각은 재현적인 것이 아니라 사실적인 것이 된다"(『감각의 논리』 75-76). "사물과 동등한 존재론적 가치를 획득한, 자족적이고 독자적인 상 … 어떤 이미지에서 그것이 환기한다고 간주되는 지적이고 개념적인, 혹은 추상적인 요소를 제거하고 남은 것"(『감각의 논리』 3)으로 풀이될 수도 있다. 또한 "이미 존재하는 진부한 구상에 촉각적인 작용을 가하여 그 진부함을 깨뜨리는 것, 그렇지만 진부함 자체로부터 깨끗이 돌아서는 것이 불가능하다는 전제하에서 형상을 만들어 내는 것이다. 말하자면 형상이란, 촉각적인 작용이 가해진 구상의 결과로서의 다른 종류의 구상이라고 말할 수 있다. 구상을 닮지 않으려고 매순간 새롭게 생성되는 구상이 바로 형상이다. 그것은 경련이며 마비이고 시간이자 외침이며 미소이자 내재성의 평면이다"(박성수, 『들뢰즈』 208). "형상은 담론체계들을 붕괴하고 의미화작용 일반을 파괴한다. … 형상 영역에서는 전에는 결코 발생해 본 적이 없고, 그런 발생을 한 번도 예상하지 않았던 일들이 일어난다. 여기서는 의미는 생산되지 않고 소통되지도 않으며, 다만 강렬성만 감지된다. 형상은 지속적으로 보는 자를 변위시키고, 수취인의 입장에 설정하기보다 고정된 아이덴티티가 없는 채로 만든다. … 형상은 운동, 차이, 역전, 이탈, 그리고 긍정, 즉 말하자면 담론이 아닌 모든 것이다"(Carroll 30-31).

16　료타르가 구별한 "형상-이미지"figure-images, "형상-형태"figure-forms, 그리

들뢰즈는 회화란 형상을 구상적인 것으로부터 추출해 내는 것이라고 정의한다(『감각의 논리』 18). 들뢰즈의 어법에 따르면, 구상적 기능the figurative function과 형상적 기능the figural function은 구별된다. 이 구별은 "얼굴"과 "머리"의 차이와 관련하여 이해해 볼 수도 있을 것 같다. 즉 프랜시스 베이컨Francis Bacon은 얼굴의 화가가 아니라 머리의 화가라고 말하고, 베이컨이 초상화가로서 하는 일은 얼굴을 해체하여 그 아래 은폐되었던 머리를 다시 발견하는 것이라고 판단하는 들뢰즈는 "얼굴은 머리를 덮고 있는 구조화된 공간적 구성이지만 머리는 신체의 뾰족한 끝으로서 신체에 종속되어 있다"(『감각의 논리』 39)라고 설명한다. "구조화된 공간적 구성"이란 들뢰즈가 말하는 클리셰cliché의 기본이 되는 것으로 볼 수 있다. 그것은 재현과 서사적 재생에 대한 들뢰즈의 부정과 같은 맥락에서 이해된다. 구상적 기능이라는 것은 관습과 코드에 의한 클리셰의 재구성이라고 할 수 있는데, 들뢰즈는 베이컨과 같은 화가가 추구한 것은 그와 같은 클리셰에 대한 싸움이라고 보고 그것을 "형상의 길"이라고 말한다.[17]

얼굴의 유기적 조직과 그것을 구성하는 부분들 사이의 관계를 상실하게 되면, 즉 얼굴이 해체되고 머리가 출현하게 되면, 그것은 동물-

---

고 "형상-모체"figure-matrices에 대해 자세히 다룰 수는 없지만, 앞의 2가지는 입체파 미술cubist art, 추상 표현주의the abstract expressionism와 관련하여 살펴볼 수 있고, 마지막 "형상-모체"는 불가시적인 것으로서 무의식과 연관되는 것으로 이해된다(*Downcast eyes* 565).

17 "판에 박힌 것cliché에 대항해서 싸울 때는 엄청난 속임수와 반복 그리고 신중함이 없이는 안 된다. 각각의 그림, 그 그림의 매순간마다 영구히 다시 시작해야 하는 작업이다. 이것은 형상의 길이다. 형상적인 것을 구상적인 것에 추상적으로 대비시키기는 쉽다. 하지만 계속해서 실제적인 어려움에 직면한다. 형상은 아직도 구상적이다. ...이제 우리는 형상과 구상적인 것의 대립이 이 둘 사이의 극히 복잡한 내적 관계 안에서 이루어진다고 말할 수 있다"(도미노 136).

되기Becoming-animal와 같다(Deleuze, *Thousand Plateaus* 259). 그 것을 우리는 들뢰즈의 "내재성의 평면"plane of immanence이라는 개념과도 관련되는 "형상"으로 볼 수 있다. 동물-되기라는 들뢰즈의 개념은 일종의 노마딕nomadic 존재양식을 일컫는 것으로서, 통일적 조직체라고 할 수 있는 "신체"body에서 탈구상화disfiguration의 상태라고 할 수 있는 "살"flesh로 가는 움직임이라고 정의할 수도 있다. 그것은 비非아이덴티티non-identity의 지향으로서, 아이덴티티로부터의 자유를 적극적으로 추구하는 존재양식이다.

들뢰즈는 형상은 감각sensation으로 환원되는 형태인 반면에, 구상figuration은 재현의 대상과 관련되는 형태라고 구별한다. 로널드 보그 Ronald Bogue는 근본적으로 들뢰즈의 형상 개념과 료타르의 그것이 양립될 수 있다고 말하면서, 그러나 료타르는 형상계를 프로이드의 무의식과 연결하는 데에 많은 노력을 기울이지만 들뢰즈는 그렇게 하지 않는다고 그 차이를 확인한다(*Deleuze on Music* 115-16). 보그의 설명을 참고하면, "들뢰즈는 형상을 감각, 감응, 그리고 물질적 힘들의 유희와 관련짓는 독자적인 방식, 즉 프로이드적 정신분석학과 통례적인 현상학의 이론적 전제들에는 의존하지 않고, 대략적으로 심리학적 힘들과 물리적-현상적 힘들이라고 명명할 수 있는 것에 관여하는 방식을 지닌다"(*Deleuze on Music* 116)라는 것이다.

요컨대 형상은, 빌 리딩스Bill Readings의 용어해설에 따르면, "재현의 규칙을 붕괴시키면서 담론 내부에서 작동하고, 동시에 담론에 대항하면서 작동하는, 말로 나타낼 수 없는 타자other" 혹은 "담론적 의미의 공간(혹은 시간)과는 근본적으로 양립할 수 없는 공간(혹은 시간)의 저항하는, 혹은 화해할 수 없는 흔적"이다(xxxi). 형상은 "담론에 대한 근본적 외재성"(Carroll 30)으로 정의되기도 한다.[18]

들뢰즈를 포함한 넓은 뜻에서의 포스트구조주의자들은 구조주의의 오류가 형상성을 담론적 개념들로 해석하고자 한 데에 있다고 본다. 담론적 개념들보다 형상 혹은 형상성을 선호하는 것이 포스트모던 미학의 경향인데, 그와 같은 비언어적, 비논리적, 비추상적인 것에 대한 지향과 담론성의 한계에 대한 인식을 우리는 불교사상에서도 찾아볼 수 있다. 예를 들면 선승禪僧들의 방棒과 할喝을 포함한 공안公案의 기행奇行에서 우리는 들뢰즈적 뜻에서의 "탈영토화"deterritorialization의 상태, 즉 담론적 개념들에 의해 창조적 생명 에너지가 억압적으로 영토화territorialization되는 것에 대한 부정과 해체를 확인할 수 있다. 그리고 그와 같은 부정과 해체가 몸짓과 이미지에 의해 촉발되는 일종의 형상성을 지니고 있음을 간화선看話禪의 다양한 일화들을 통해서도 확인할 수 있다.

들뢰즈는 영화예술이 "형상을 통한 사유"의 회로를 확립하는데, 그 회로가 "우리를 이미지들부터 의식적 사유로 인도하는 감각적 충격"을 야기하고, "그리고 나서 … 다시 우리를 이미지로 되돌려 보낸다"라고 말한다(Cinema 2 161). 이 "형상을 통한 사유"의 특성은 이미지와 사유 사이의 관계에 대한 조사를 통해 이해될 수 있을 것인데, 들뢰즈는 이미지로부터 사유로의 운동은 "비판적 사유"critical thought를 발생시키고, 사유로부터 이미지로의 운동은 "최면성 사유"hypnotic thought를 유발하며, 그리고 이미지와 사유의 통합은 "행동-사유"action-thought를 생성한다고 말한다(Cinema 2 163).

『시네마 1: 운동-이미지』Cinema 1: Movement-Image와 『시네마 2:

---

18 이것은 롤랑 바르트Roland Barthes가 "완벽한 환상들의 문명화된 코드"civilized code of perfect illusions와 구별하는 "가공하기 힘든 실재의 깨어남"the wakening of intractable reality과 비슷하다(Camera Lucida 119).

시간-이미지』*Cinema 2: Time-Image*에서 들뢰즈는 시네마 작가들은 개념concept들을 대신하여 운동-이미지movement-image들과 시간-이미지time-image들을 통해 사유한다고 전제하고, 시네마적 이미지들과 기호들을 철학적으로 분류한다. 또한 그는 고전 시네마의 지배적인 운동-이미지를 3가지 기본적인 하위 구분들, 즉 지각-이미지perception-image, 행동-이미지action-image, 감정-이미지affection-image로 구별하고, 현대 시네마에서는 이 운동-이미지가 약화되고 시간-이미지가 부상한다고 말한다. 들뢰즈가 말하는 "형상을 통한 사유"는 E.H. 곰브리치E.H. Gombrich가 "그리스인들은 말하기를, 놀라움이야말로 지식의 시초이며, 놀라기를 그치면 아는 것을 그치게 될 것이라고 했다"(『예술과 환영』 33)라고 말한 데에서 보이는 "놀라움," 즉 "감탄感歎하기"와 "경이감"을 환기하는 것이라고 볼 수 있다. 그리고 그것이 종교적 경험의 중요한 특징이기도 하다.

료타르는 폴 세잔Paul Cezanne의 공간과 데카르트Descartes의 공간에 대한 모리스 메를로-퐁티Maurice Merleau-Ponty의 대조에 대해 언급하면서, "기하학적 광학의 규칙들에 대한 측면적 파괴"와 "지각 작용적 공간의 합리화"를 대비시키고 "세잔이 추구했던 것은 다만 성 빅토와르 산Mountain Sainte-Victoire이 시각의 대상이 되는 것을 멈추게 하고 시각장the visual field 안에서 발생하는 사건이 되게 하려는 것뿐이었다"(*Discourse, Figure* 16)라고 쓰고 있다. 그런 시각적 사건이 일종의 종교적 경험을 가능하게 한다.[19] 종교적 경험이란 성

---

19 그런데 일종의 시각적 사건을 야기하는 이미지는 종교적 경험만이 아니라, 구체적 삶의 현장에서 예기치 않았던 사회적 결과를 낳기도 한다. 예를 들면 영국출신 사진작가인 마이클 케나Michael Kenna가 강원도 삼척 월천리의 작은 섬인 솔섬을 촬영한 사진이 그 섬을 살리게 된 것을 들 수 있다. 2007년 한국을 찾은 케나가 우연히 삼척 해안가를 지나다가 모래톱 위에

스러운sacred 경험, 영적spiritual 경험, 혹은 신비적mystic 경험으로 지칭되기도 한다.

료타르는 의미작용signification과 지시작용designation을 대조적인 것으로 구별하는데, 의미작용은 언어적 기호들 간의 변별적 관계를 통해 작동하고, 지시작용은 언어 외부의 시각적 실체들의 세계 혹은 우리가 "시각계"the visual라고 지칭할 수 있는 것을 통해 작동한다(*Lyotard Reader* 82-83). 이 시각계가 이성적 질서 속으로 동화되면, 즉 코드화되고 텍스트화되면, 그것의 고유한 진실은 왜곡되거나 상실된다. 이와 같은 코드화와 텍스트화가 담론적인 것이며, 반면에 진실이 왜곡되거나 상실되기 이전의 시각계를 형상적인 것이라고 구별할 수 있다.

들뢰즈가 베이컨의 회화에 관한 논의를 전개할 때 이용한 "형상" 개념도 그와 같은 료타르의 개념과 근본적으로 같은 맥락에서 이해될 수 있다. 들뢰즈도 료타르가 "형상"을 "구상"과 대립시키고 있음을 언급하고 있다(『감각의 논리』 7). 료타르의 설명에 의하면 그 "형상적인 것"이 "담론적인 것"을 해체하고 나서 다시 드러나게 되는 것은 "사건"event 속에서인데, 여기서 "사건"이라는 것은 "라틴어로 랩수스lapsus라고 하는 추락, 미끄러짐, 오류"로 나타나며 "현기증적 공간과 시간"의 경험을 야기하는 것(*Discourse, Figure* 129)으로 설명되는 순간이다.

이 책의 제목에서 "형상적 기능"the figural function이라고 한 것은 코드화되고 텍스트화됨에 따라 상실된 시각계의 진실을 "사건"을

___

줄지어선 소나무 숲을 찍은 흑백사진인데, 2009년 삼척시가 천연액화가스(LNG) 생산기지를 이곳에 짓겠다고 발표했을 때 시민단체들은 이 사진을 이용하여 솔섬 보존운동에 나섰는데, 결국 성공하게 되었다는 것이다.

통해 회복하는 작용과 능력을 뜻한다고 잠정적으로 정의할 수 있다.[20] 그런데 "형상적 기능"은, 니콜라스 미르조예프Nicholas Mirzoeff가 시각문화를 분석하면서 쓴 용어를 빌어 말하면, "시각적 사건"the visual event을 통해 가장 잘 작동하는 것 같다. 미르조예프는 "시각적 사건"은 "시각기호, 그 기호를 가능하게 하고 유지하는 기술, 그리고 보는 자 사이의 상호작용"(*Introduction* 13)이라고 정의한다. 또한 그는 "시각적 사건"이 "숭고"the sublime, 즉 "인간의 한계와 자연의 힘에 대한 인식으로 인도하는 경험"(*Introduction* 16)을 가능하게 할 수 있다고 지적한다.

폴 드만*Paul de Man*은 "숭고의 역학은 무한성이 돌의 물질성 속으로 결빙되는 순간을 나타낸다. 그 순간은 비애, 걱정, 연민이 생성되지 않고, 무감동apathy, 파토스가 없는 순간the moment of a-pathos, 상징계가 완전히 상실되는 순간"(*Allegories of Reading* 127)이라고 말한다. 드만이 말하듯이, 문법적 독해를 통해 도달할 수 없는 "텍스트의 결정적인 형상적 차원들"the determining figural dimensions of a text이 있다(*Resistance to Theory* 15). 그 "형상적 차원들"이란 무엇인가? 텍스트의 독해과정에서 수반되는 눈의 수평적 운동과 정신의 수직적 운동, 즉 감지적 이해apprehension와 포괄적 이해comprehension 의 조합에 대해 알 필요가 있다. 감지적 이해는 연속적인 진행이다. 가로축에 따른 연합체적, 연속적 운동syntagmatic, consecutive motion 이며 무한히 진행될 수 있다. 그러나 포괄적 이해는 감지적으로 이해

---

20 "형상의 기능"이 아니라 "형상적 기능"이라고 한 것은 형상만이 아니라 담론과 같은 비형상적인 것도 일정한 조건 속에서 형상의 힘에 의한 것과 같은 효과를 만들 수 있다고 보기 때문이다. 예를 들면 "언어적 기능"the linguistic function이라는 개념이 언어의 기능을 뜻할 수도 있지만, 비언어적인 것들의 언어적 능력을 나타내는 용어로 쓸 수 있는 것과 같다.

된 궤도의 계열체적 총체화a paradigmatic totalization of the apprehended trajectory로서 감지적 이해가 확보하는 공간이 넓어질수록 점점 더 어려워진다(*Allegories of Reading* 78).[21]

드만은 이 부분에서 "읽기의 현상학"에 대해 언급하며 "눈은 연속적으로 수평적으로 움직이는데, 그러나 반면에 마음은 감지적으로 이해된 것들에 대한 축적적인 이해를 수직적으로 결합해야 한다"(*Allegories of Reading* 78)라고 쓰고 있다. 포괄적 이해가 감지적 이해를 접수할 수 없는 포화상태에 도달하게 된다는 것인데, 그 포화상태가 "텍스트의 결정적인 형상적 차원들" 때문에 야기된다고 볼 수 있다.

보그는 "형상 그 자체는 재현될 수 없다. 다만 그것의 작용의 흔적만이 나타나게 되는데, 예술작품의 기능은 그것의 효과를 드러내고 그렇게 함으로써 객관적이고, 코드화된 세계와 주관적인 환상 세계 사이의 중간세계interworld를 펼쳐 보인다"(*Deleuze on Music* 115)라고 설명한다. 여기서 그가 말하는 예술작품의 기능이 우리가 "형상적 기능"이라고 보는 것과 크게 다르지 않을 것이다.

---

21 드 만이 지적하는 것과 같이 언어가 인식론적으로 안정적인 구성물이라는 가정을 해체하는 것이 수사rhetoric이다. 왜냐하면 수사는 문법과 논리 사이에 개입하여 문법이나 논리와 적극적으로 부정적인 관계를 유지하기 때문이다(*Resistance to Theory* 17). 트리비움trivium이란 언어과학이 문법, 수사, 논리(혹은 변증법) 3가지로 구성된다는 고전적 이해를 일컫는다. 이것이 콰드리비움quadrivium, 즉 수를 다루는 산수arithmatic, 공간을 다루는 기하학geometry, 운동을 다루는 천문학astronomy, 그리고 시간을 다루는 음악music 등과 어떤 관련을 맺는가를 조사해 볼 수 있을 것이다.

II

이미지의 종교적 이용

미적 경험의 종교적 차원과 코포세틱스

폴 틸리히Paul Tillich는 1차 세계대전이 끝날 무렵 베를린의 카이저 프리드리히Kaiser Friedrich 박물관에서 15세기 화가인 산드로 보티첼리Sandro Botticelli의 『노래하는 천사들과 함께 있는 마돈나와 아기』*Madonna and Child with Singing Angels*라는 그림을 보고 일종의 "침례적 경험"baptismal experience이라고 할 수 있는 "계시적 황홀"revelatory ecstasy을 경험했다고 한다. 그는 "그토록 오래 전에 화가가 구상해 놓았던 그 아름다움에 흠뻑 젖은 채 내가 그 자리에 서 있었을 때, 모든 사물들의 신성한 원천으로부터 나온 무엇인가가 나에게로 침투해 들어왔다. 나는 전율을 느끼며 돌아섰다"(*On Art and Architecture* xix, 12)라고 쓰고 있다. 그 그림의 이미지는 틸리히 자신이 종교를 정의하면서 쓴 개념인 "궁극적 관심"an ultimate concern (*Systematic Theology* 40)으로 그를 인도하는 수단이 되었다고 할 수 있다.[22]

---

22 올더스 헉슬리Aldous Huxley는 "최고의 그림"The Best Picture이라는 제목의 에세이에서 피에로 델라 프란체스카Piero Della Francesca의 『부활』*The Resurrection*이라는 그림을 살리기 위해서라면 보티첼리의 모든 그림들을 다 불태운다고 해도 조금도 망설이지 않을 것이라고 쓰고 있다. 1467년에서 1468년경에 그려진 이 프레스코fresco는 화가의 고향인 이탈리아의 산세폴크로Sansepolcro에 있었는데, 2차 세계대전 중 그 마을을 점령하고 있던 독

[그림 5]

Sandro Botticelli (c.1445-1510). *Madonna and Child with Eight Angels.* Staaliche Museen zu Berlin. 15세기 중엽 이후 톤도tondo, 즉 원형 그림circular painting이 인기 있는 형태가 되었다. 성모와 아기예수를 둘러싼 천사들이 한가운데의 성모를 중심으로 좌우로 자연스럽게 대칭을 이룬다. 천사들은 각자 백합꽃을 들고 있는데, 성처녀의 순결성에 대한 전통적인 상징이다.

틸리히는 "궁극적 실재"에 대한 경험을 표현하는 가능성과 관련하여 이미지의 유형을 5가지로 분류한다("Art and Ultimate Reality" 219-35).

첫째, 성사적sacramental 이미지로서 일상적인 사물들, 사람들, 사

___

일군을 섬멸하기 위해 포격하라는 명령을 받았던 영국 군 포병 장교였던 토니 클라크Tony Clarke가 명령을 어기고 자신의 부대를 철수시킴으로써 그 그림을 구했다는 일화가 있다. 토니 클라크는 그 그림을 최고의 그림으로 본 헉슬리의 에세이를 읽었던 것이다. 헉슬리의 에세이는 1925년에 출판된 『길을 따라서』*Along the Road*라는 책에 실려 있는데, 존 폽-헤네시John Pope-Hennessy의 『피에로 델라 프란체스카 트레일』Piero Della Francesca Trail 이라는 책에 다시 실려 있다.

건들을 기묘하고 신비롭게 만드는 방식으로 묘사하는 이미지이다.

둘째, 신비적mystic 이미지로서 구체적 사물들이나 사람들에 의지하지 않고 선, 면, 색채 등과 같은 요소들을 이용하여 궁극성ultimacy에 도달하고자 하는 이미지이다.

셋째, 비판적 사실주의critical realism로서 직접적으로 신성한 성격은 결여되어 있지만, 유사과학적으로 관찰된 객관적 실재가 궁극적 실재의 현현이 되는 이미지이다.

넷째, 이상주의idealism로서 현재 속에서 미래의 완전성에 대한 예상을 보는 이미지이다. 상실된 것들에 대한 기억이거나 회복될 것들에 대한 예상의 이미지이다.

다섯째, 표현주의expressionism로서 사실적이면서 동시에 사물들의 주어진 외양을 붕괴시켜서 비판도 하는 이미지이다.

이 중에서 특히 성사적 이미지와 신비적 이미지가 종교적 이미지의 특징을 지니는 것으로 볼 수 있겠지만, 로버트 존스턴Robert K. Johnston은 이 이미지들이 모두 "궁극적 실재"로 인도하는 중개자가 될 수 있는 능력을 공통적으로 지닌다고 본다(106).

틱낫한도 "어린 시절, 나는 북 베트남의 탄호야 지역에서 살았다. 열 살 때 나는 표지에 한 수행자의 흑백그림이 그려져 있는 한 권의 잡지를 발견했다. 그 수행자는 풀밭 위에 앉아 있었다. 그는 아름답게 앉아 있었고, 매우 평화롭고 행복해 보였다. 그의 얼굴은 고요하고 편안했으며, 부드럽게 미소짓고 있었다. 그 그림을 바라보자, 나 자신도 매우 평화로워졌다. … 그 그림을 보는 순간 나는 그에 대한 사랑을 느꼈다. 그 후 나는 그 수행자처럼 아름답고 평화롭게 앉아 있을 수 있는 사람이 되고 싶다는 강한 소망을 갖게 되었다"(『마음에는 평화』 20)라고 회상하고 있다.

이러한 순간의 경험, 즉 예술작품을 포함한 특정의 시각적 이미지 앞에서 "말문이 막혀버리는" 것과 같은 상태를 피터 드 볼라Peter de Bolla는 함묵증含默症 혹은 뮤티즘mutism이라고 부른다(3-4). 드 볼라는 어떤 그림들을 보는 감흥적, 심미적 경험에 대해 말하면서 그와 같은 순간의 "바라보기looking는 단순한 시각적 행동과 전혀 다르다. 그것은 현존presence의 확인 혹은 현존의 느낌, 현존을 위한 느낌과 더 가깝다"(49)라고 쓰고 있다. 우리는 그러한 경험을 데이빗 모건David Morgan이 "종교적 믿음의 시각적 형성과 실천"이라고 정의한 "시각적 경건"the visual piety이라고 부를 수도 있을 것이다 (*Visual Piety* 1-4).

그런 "시각적 경건"은 그림이나 사진과 같은 인공적 이미지들에 의해서만 가능하게 되는 것은 물론 아니다. 로코 벨릭Roko Belic이 2011년에 감독한 『행복』*Happy*이라는 다큐멘터리의 후반에서 전직 은행원이었던 앤디 비머Andy Wimmer의 인터뷰 장면을 볼 수 있는데, 그는 테레사 수녀Mother Teresa가 인도의 콜카타Kolkatta에 만들었던 자선기관에서 일하게 된 계기를 회상하면서 "처음 그곳에 도착하여 보게 된, 죽음이 임박한 열다섯 살 정도의 소년에게 음식을 먹여줄 때 그 소년이 얼굴을 들어 나를 쳐다보았습니다. 그때 본 그 눈빛, 바로 그뿐이었습니다. 그것은 섬광, 작은 각성이었습니다"라고 웃으면서 말한다. 비머에게 그 자선원에서 직접 환자들을 돌보는 봉사자로 일하도록 이끈 것이 죽어가는 그 소년의 눈빛이었다는 고백인데, 그런 순간의 눈빛도 일종의 종교적 이미지라고 할 수 있을 것이다.

우리는 미적 경험의 종교적 차원과 종교적 경험의 미적 차원에 대한 성찰을 중시해야 한다. 예술은 "누미너스the numinous의 경험," 즉 신비롭고 성스러운 영적 속성을 지닌 경험을 고무하는데, 아름다움에 대한 감각적 경험이 종교적 경험의 미적 차원을 각성시키기 때문이다. 특히 시각예술은 종교적 경험의 순간을 포착하여 응결시키기 때문에 그 순간을 재경험할 수 있게 해 준다. 다이안 아포스톨로스-카파도나Diane Apostolos-Cappadona가 말하듯이, "종교성과 영적 지향성은 이미지화imaging를 통해 표출되기 때문에 시각예술이 종교적 커뮤니케이션의 주요한 양식이 된다. 따라서 회화, 조각, 사진과 같은 각 예술의 독특한 특징들이 종교적 믿음, 관습, 가치를 강화한다"(221). 물론 예술작품이 생성시키는 종교적 경험은 신성 그 자체에 대한 경험과 같은 것은 아니다. 비자이 미슈라Vijay Mishra가 지적하듯이 예술 혹은 속俗은 아름다움the beautiful이고 신성 혹은 성聖은 숭고the sublime를 지향하는 것으로 구별할 수도 있다(61).

시각적 경건은 특정의 시각적 이미지가 발휘할 수 있는 독특한 힘 혹은 미적 경험의 종교적 차원에 의해 촉발된다. 바실리 칸딘스키 Wassily Kandinsky는 1896년 모스크바에서 열린 프랑스 인상주의 화가들의 작품 전시회에서 클로드 모네Claude Monet의 1891년작 『건초더미』Haystack in the Sunlight를 보고 난 후의 느낌을 적고 있다. "처음 내가 그 그림을 보았을 때 카탈로그가 없었다면 아마 나는 그것이 건초더미를 그린 것이라는 사실을 알 수 없었을 것이다. 그렇게 명확하지 않게 그린 그림들에 대해 나는 마음이 편하지 않았다. 그렇게 불분명하게 그릴 권리가 화가에게는 없다고 나는 여기고 있었다. 나는 어렴풋이나마 이 그림에는 대상object이 없다고 느꼈다. 그런데 바로 이 그림이 놀랍게도 나를 흥분시키고, 제압했으며, 나의 기억 속에 지울 수 없을 정도로 각인되었고, 예기치 않은 순간에 마지막 세부사항까지 나의 눈앞에 떠올랐다는 사실 때문에 무척 혼란스러웠다"(Aronov 63). 그 이후 칸딘스키는 그때까지 자신이 모르고 있었던 팔렛의 힘을 분명하게 알아차리게 되었으며, 암흑과 연관된 모스크바에 대한 그의 고통스러운 연상과 대립된 행복한 인상이 모네의 그림에 의해 환기되었다고 고백하면서 "그림이 동화 같은 힘 fairy-tale power과 광휘splendor를 드러내 보여주었다"라고 쓰고 있다(Aronov 63). 모네의 그 그림은 대상이 형해화形骸化되어 가는 순간을 그린 것이라는 감상도 있다. 칸딘스키의 경우 모네의 그 그림은 시각적 경건의 계기가 된 일종의 종교적 이미지의 기능을 지닌 것이었다.

그런데 시각적 경건은 미, 숭고, 조화, 평화, 환희 등과 연관된 이미지들에 의해서만 가능하게 되는 것은 아니다. 조르주 바타이유Georges Bataille는 프랑스 최초의 정신분석가인 아드리엥 보렐Adrien Borel 박사로부터 받은 한 장의 사진을 1925년부터 계속 지니고 있었다고 말하면서 "훨씬 후 1938년에 한 친구가 나에게 요가를 실천해 보도록 소개했는데, 내가 폭력의 이미지 속에서 반전의 무한한 능력을 식별했던 것은 바로 요가를 시도했던 때였다. 지금도 그보다 더 충격적인 것은 상상할 수 없는 이 폭력을 통해 내가 황홀의 순간에 도달했다는 것이 믿기지 않을 정도로 놀랍기만 하다"(206)라고 쓰고 있다. 종교적 황홀religious ecstasy과 에로티시즘, 특히 사디즘sadism 사이의 관련성을 예증하려고 했다는 바타이유는 북경에서 자행되었던 참혹한 고문 장면을 찍은 그 사진을 보며 그것이 그리스도의 수난 이미지와 상응하는 것이라고 여겼다(Hussey 115).

수잔 손탁Susan Sontag도 12살 때인 1945년에 산타 모니카의 한 서점에서 히틀러의 유대인 강제노동 수용소들의 모습을 찍은 사진을 보며 느꼈던 충격에 대해 말하며 공포와 고통의 이미지들이 야기하는 일종의 계시와 같은 경험을 "부정적 현현"a negative epiphany이라고 명명한다(19-20). 그러한 경험은 자신의 삶을 그 사진들을 보기 이전과 보고 난 이후라는 두 부분으로 나누어진다고 말할 정도의 실존적 경험을 야기한 순간이라는 것이다. 손탁은 "내가 그 사진들을 보았을 때 무엇인가가 터졌다. 어떤 한계에 도달했었던 것인데, 단지 공포의 한계만은 아니었다. 나는 돌이킬 수 없을 만큼 슬펐고, 아팠지만 한편 나의 느낌의 한편은 단단해지기 시작했으며, 무엇인가는 무감각해졌고, 무엇인가는 여전히 울고 있었다"(20)라고 쓰고 있다. 손탁이 말한 "그 무엇"이라는 것을 메타노이아*metanoia* 혹은 개오開悟와 같은 것이라고 할 수는 없겠지만, 그런 경험의 계기가 되는 순간의 마음을 일컫는 것이라고 할 수 있다. 그런데 손탁은 이어서 "고통받는 것과 그 고통에 대한 사진적 이미지들과 함께 사는 것은 다르다"라고 쓰고 이미지들과 함께 사는 것이 반드시 양심을 강하게 만드는 것도 자비심을 강화시키는 것도 아니라고 덧붙인다(20). 이미지들이 오히려 감각을 마비시키고, 마취시킨다는 것이다. 고통과 공포의 이미지들에 지속적으로 노출되면 고통과 공포의 현실이 오히려 덜 현실적인 것이 되어 버리기 때문이다.

존 버거John Berger도 참혹한 장면이 담긴 사진들에 대해 논평하면서, "그런 사진들은 우리를 갑자기 멈춰 서게 한다. 그러한 것들에 적용될 수 있는 가장 직설적인 형용사는 '사람의 이목을 *끄는*'[arresting]이라는 것이다. 우리는 그것들에게 붙잡히게 되는 것이다. … 우리가 그러한 사진들을 들여다보게 되면, 타인이 당하는 고통의 순간이 우리를 집어삼키게 된다. 우리의 마음속은 절망, 또는 의분義憤 둘 중 하나로 채워지게 된다. 절망은 타인이 당하는 고통 중 일부를 아주 헛된 것이 되게 한다. 의분은 행동을 요구한다"(『본다는 것의 의미』 60)라고 쓰고 있다. 그런데 버거는 도널드 맥컬린Donald McCullin의 사진에 대해 언급하면서 "사진으로 촬영된 고통의 순간과 대결하는 것은 한층 더 광범위하고 시급하게 대결해야 하는 것을 덮어씌워 감춰 버리게 될 수 있다"(『본다는 것의 의미』 62)라고 말한다. 버거의 이 관점은 사진이 지니고 있는 비정치화의 경향에 대한 비판이다. 즉 전쟁사진을 보는 사람들은 그 사진에 보이는 전쟁의 처참한 광경에 의해 충격을 받지만, 곧 그것이 자신의 일상과 연속되지 않는다는 사실을 확인하게 되면서 그것이 자신의 개인적인 도덕적 무능력 탓이라고 느끼며 자책할 뿐, 기껏해야 유니세프 등 기관에 기부하는 것으로 그치고 더 나아가는 행동을 하지 않게 된다는 것이다(『본다는 것의 의미』 62).

손탁은 "사진적 보기"photographic seeing의 습관에 대해 부정적으로 본다. 사진적 보기의 습관, 즉 현실을 잠재적인 사진들의 배열로 보는 것과 같은 습관은 자연으로부터의 유리와 소외를 야기하게 되고, 따라서 사진적 보기는 분열적 보기dissociative seeing가 된다(97). 또한 사진적 보기는 부단히 새로운 충격들에 의해 갱신될 필요를 의식하게 만든다. 손탁은 "이해를 제공해 주는 것이라는 환상에도 불구하고, 사진들을 통해 보는 것이 진정으로 추구하는 것은 심미적 인식을 양육하고 정서적 초연emotional detachment을 촉진시키는, 세계에 대한 소유적 관계이다"(111)라고 말한다. 손탁이 비판적으로 언급하는 "사진적 보기"와 대조적으로 시각적 경건을 함양하는 보기의 방식을 "종교적 보기"religious seeing라고 할 수 있을 것이다.

S. 브렌트 플레이트S. Brent Plate는 시각적 경건은 시각문화와 종교적 실천 사이의 관계에 대한 논의에서 중심적인 주제가 될 수 있는 "종교적 보기"에 의한 것이라고 본다(Religion 11). 종교적 보기

가 일반적인 보기와 다른 점은 그것이 "믿음, 헌신, 변형에 도움이 되는 환경 속에 설정되는 행동"(*Religion* 11)이라는 점이다. 플레이트는 종교적 시각문화를 조사할 수 있게 해 주는 시각성visuality의 6가지 구성요소들을 정리하고, 각 종교에 따른 시각매체와 시각성의 구성요소를 구별한다.[23] 즉 기독교의 시각매체는 그림painting이며 구성요소는 이미지/이콘image/icon, 이슬람교는 서예calligraphy가 시각매체이고, 그 구성요소는 언어-이미지word-image, 불교는 시각매체가 풍경정원landscape garden, 구성요소는 신체-마음body-mind, 힌두교는 대중미디어mass media가 시각매체이고, 구성요소는 수행적performative, 상호작용적interactive인 것들이며, 유대교는 건축architecture이 시각매체이고, 구성요소는 기억memory이다(*Religion* 12).

사실 종교적 보기만이 아니라, 모건이 『성스러운 응시』*The Sacred Gaze*에서 "보기"를 "전제들과 경향들, 습관들과 관행들, 역사적 관련들과 문화적 실천들의 장치에 의존하는 작동"(3)이라고 정의한 것에서도 나타나듯이, 모든 보기가 복잡한 기제이다. 눈의 순수성innocence of the eye이라는 것은 불가능한 이상이다. 장님이 갑자기 시력을 얻게 되었을 때 아이처럼 사물을 있는 그대로 지각할 것이라는 것을 확정할 수 없다. 눈의 순수성이라는 것이 의심스럽다는 사실은 E.H.곰

---

23 플레이트는 종교적 시각문화를 조사할 수 있게 해 주는 시각성visuality의 6가지 구성요소들을 구분한다(*Religion* 11-12). (a) 지각perception, 눈과 마음의 관계에 대한 이해, (b) 이미지/아이콘image/icon, 즉 보이는 이미지의 묘사와 해석, (c) 말-이미지word-image, 문화적, 종교적 이해와 커뮤니케이션에서 말과 이미지가 어떤 역할을 하며, 그 둘 사이의 관계는 무엇인지 조사하는 것, (d) 몸-마음body-mind, 시각적 지각이 어떻게 몸속에 설정되는지를 강조하는 것, (e) 상호작용적, 수행적interactive and performative, 보는 주체는 "봄"과 동시에 "보여짐"이다. (f) 기억memory, 우리가 어떻게 보는가 하는 것은 우리의 개인적, 문화적 환경과 역사, 그리고 시각매체의 역사에 의존한다.

브리치E.H. Gombrich가 "장님으로 태어난 사람은 나중에 시력을 회복하게 되더라도 반드시 보는 것을 '배워야만' 한다. 어느 정도 자기 훈련과 자기 관찰을 통해, 우리는 본다는 것이 언제나 보고 있는 대상에 대한 지식(또는 믿음)에 의해 채색되고 형태가 잡힌다는 사실을 스스로 알아낼 수 있다. 눈에 실제로 보이는 것과 거기에 대해 우리가 알고 있는 지식이 서로 어긋날 때, 이 점은 분명히 드러난다"(『예술과 환영』 362)라고 말하는 데에서도 확인된다. "시지각視知覺은 어떤 속성, 물체 또는 사건들에 관한 정보의 단순한 수집이 결코 아니며 보편성의 파악에 관여하고 있다. 시지각은 여러 속성, 물체, 사건들의 이미지를 제공하는 개념 형성의 기초를 닦는다. 눈이 직접 그리고 순간적으로 받아들이는 자극들을 훨씬 초월하여 뻗어나는 마음은 기억에 가용할 수 있는 광범한 심상들을 가지고 활동하고, 전생애의 경험을 시각 개념 체계로 조직한다"(아른하임, 『시각적 사고』 430)라는 주장도 같은 맥락에서 이해된다.

모건이 말하듯이, "응시"는 "엿보는 자의 힘, 특권계급의 강제력, 전체주의적 감시의 권위"와 관련된다(Sacred Gaze 3). 모건은 "응시"를 "의미의 특정의 가능성, 경험의 특정의 형태들, 참여자들의 특정의 관련성 등을 가능하게 해 주는 관습들의 투사投射"로서 그것은 "보는 자, 보이는 것, 보기의 관습들, 보기의 신체적, 제의적, 역사적 맥락들을 서로 연관시키는 시각장the visual field"을 지칭한다고 쓰고 있다(Sacred Gaze 4). 그런데 모건은 "성스러운 응시"는 "보기의 방식이 이미지, 보는 사람, 혹은 보는 행동에 영적인 의의spiritual significance를 부여하는 태도"(Sacred Gaze 3)라고 정의한다. 중세 말에 유럽에서는 종교적 삶의 중요한 요소들 중의 하나로서 "바라보기와 보기의 경건"piety of looking and seeing이라고 옮길 수 있는 Schaufrömmig-

*keit*가 있었는데, 예를 들면 예수 그리스도의 수난을 묘사하는 작은 숭배 이미지들이나 제단화들이 기도와 숭배의 중요한 형태였다(Morgan, *Visual Piety* 59). 그것도 "성스러운 응시"의 예로 볼 수 있다.

이러한 보기의 방식은 모리스 메를로 퐁티Maurice Merleau-Ponty 가 "내가 바라보는 그림이 어디에 있는지 말하기는 어려울 것이다. 내가 그림을 바라보는 방법은 사물을 바라보는 방법과는 다르기 때문이다. 나는 그림을 장소에 고정하지 않으며, 내 시선은 큰존재[Être] 의 후광 속을 서성이듯 그림 속을 서성인다. 나는 그림을 본다기보다는 그림대로 보고, 그림과 함께 본다"(『눈과 마음』 45-46)라고 한 데에서도 보이는 태도와 상응한다. 퐁티는 "시지각 자체가 광기인데, 회화는 이 광기를 일깨워 극한으로 몰고 간다. 왜냐하면 본다는 것은 거리를 두고 소유하는 것avoir à distance이기 때문이요, 회화는 이처럼 이상한 소유의 형태를 큰존재[Être]의 모든 측면으로 확장하기 때문이다"(『눈과 마음』 53)라고 말한다.[24]

니콜라스 미르조예프Nicholas Mirzoeff는 그러한 특별한 방식의 보기와 관련한 경험을 "시각적 사건"the visual event이라는 개념을 이용하여 설명한다. 그는 시각적 사건은 "시각기호, 그 기호를 가능하게 하고 유지하는 기술, 그리고 보는 자 사이의 상호작용"(*Introduction* 13)이라고 정의한다. 그는 시각적 사건이 "숭고," 즉 "현실에서는 고통스럽거나 무서운 것이 될 것들에 대한 즐거운 경험, 인간의 한계와

---

24 마태복음 6장 22절은 "눈은 몸의 등불이니 그러므로 눈이 성하면 온 몸이 밝을 것이요"라는 구절이 있다. 여기서 우리말로 "성하면"이라고 번역된 그리스어는 "하플루스"haplous인데 이것의 문자적 의미는 "단순한," "진실한," "주름이 없는" 이라는 것이다. 영어로는 역자들에 따라, good, healthy, clear, sound, unclouded, single, perfect 등으로 다양하게 번역되는데, 하플루스는 simple, uncompounded, without folds로 하는 것도 생각해 볼 수 있다.

자연의 힘에 대한 인식으로 인도하는 그러한 경험"(*Introduction* 16)
을 야기할 수 있다고 말한다.

그런 경험은 존 듀이John Dewey가 설명한 것과 같이 강렬한 "미
적 지각"을 동반하는 "종교적 경험"이라고 할 수 있다(202). "종교
적"이라는 것은 "절대적 의존성 느낌"(Friedrich Schleiermacher), "성
스러운 것 혹은 신성한 것과 대면할 때 생기는 느낌"(Rudolf Otto),
"속俗과 대조적인 성聖과의 관련"(Mircea Eliade), "사회적 억압의 산
물"(Marx), "전능한 아버지의 부재를 견디기 위한 신경증적 시도"(Freud),
그리고 앞에서 언급했던 "궁극적 관심에 대한 헌신"(Paul Tillich) 등과
같이 다양하게 설명된다(Lyden 37-38). 특히 이 책의 주제와 연관하
여 인류학자 클리포드 기어츠Clifford Geertz가 종교를 정의하면서 쓴
"사실성의 영적 분위기"라는 것에 대해 주목할 필요가 있는데, 그는
종교를 "강력하고 충만하며 오래 지속되는 심리상태와 동기"를 확립
하고, "그 심리상태와 동기가 독특하게 실재實在적인 것"으로 보이게
하는 "사실성의 영적 분위기"를 부여함으로써, "존재의 일반적 질서
에 대한 개념"을 형성하는 "상징들의 체계"라고 정의한다(90). 종교
적 이미지는 그와 같은 아우라aura 혹은 "사실성의 영적 분위기"를 지
니는 이미지, 즉 오레틱 이미지auretic image라고 할 수 있을 것이다.

유사한 맥락에서 캐롤라인 프랭크스 데이비스Caroline Franks Davis
는 종교와 연관된 경험을 6가지 범주들로 나눈다. 즉 해석적interpretive,
유사감각적quasi-sensory, 계시적revelatory, 재생적regenerative, 누미너
스numinous, 신비적mystical 경험들이 그것들이다(29-65).[25] "말로 할

---

25 (1) **해석적** 경험의 예는 질병을 전생의 죄의 결과로 본다는 것. (2) **의사감
    각적** 경험은 비전, 꿈, 맛, 소리, 누군가 만지는 것 같은 느낌, 열기, 통증,
    들려 올려지는 것 같은 느낌, 즉 레비테이션levitation. (3) **계시적** 경험은 a.
    갑작스럽고 짧은 순간, 개종의 경험처럼 그 이후의 영향은 평생 갈 수도 있

수 없음"ineffability을 이 신비적 경험의 유형으로 포함시킬 수 있으나, 이것은 다른 종교적 경험의 유형들에도 해당되는 것이라고 할 수 있다. "내재적으로 종교적인" 경험들은 탈현세적인, 즉 이 세상을 벗어난other-worldly 것과 같은 요소들을 포함한다. 종교적 경험은 비신체적인 성스러운 존재의 현존이나 활동, 신체적 몸의 세속적 세계나 의식의 협소한 중심 등을 초월한 궁극적 실재에 대한 이해, 그리고 인간의 "수 품 보눔"*summum bonum,* 즉 궁극적 지복, 해방, 구원, 이 세상의 사물들을 통해서는 도달할 수 없는 진정한 자아 등을 특징으로 한다.

윌리엄 제임스William James는 종교적 경험의 토대가 되는 신비적인 마음 상태의 4가지 특징들에 대해 정리한다(371-72).

첫째, 말로 표현할 수 없다Ineffability. 적절한 언어적 표현이 불가능하다.
둘째, 지성적이다Noetic quality. 인간의 이해력을 능가하는 것으로 여겨졌던 것들에 대한 지식을 얻게 된 것 같은 느낌이다.

는 것. b. 감각적 지각이나 추론과정을 거치지 않은 채로 새로운 지식을 획득하는 것. c. 그 새로운 지식은 외부적 에이전트로부터 퍼부어지는 듯한 것. d. 그 새로운 지식에 대해서는 완전한 확신이 주어지는 것. e. 획득한 통찰은 말로 나타낼 수 없다는 것. 이것은 "사토리"와 유사한 경험이다. (4) **재생적** 경험이란 평범한 사람들이 갖게 되는 신생경험이다. 특정의 의례를 치른 후에 신심이 더욱 돈독해 지는 것과 같은 경험이다. (5) **누미너스** 경험은 미스테리움 트레멘둠mysterium tremendum으로서 a. 누멘the numen앞에서의 공포, 외경. b. 그런 지고함에 의해 완전히 무력화되는 느낌. c. 견딜 수 없을 정도의 에너지와 강렬한 긴박성. d. 누멘은 "전적으로 타자"wholly other라는 인식. e. 누멘에 대한 강한 끌림 매혹, 그것과의 접촉에 따르는 황홀 등이다. (6) **신비적** 경험의 특징들을 4가지로 분류한다. 즉 a. 궁극적 실재ultimate reality의 인식 b. 자유의 인식. c. "하나됨"oneness의 인식. d. 축복bliss이나 사로잡힘rapture, 숭고sublime와 같은 비상할 정도로 강력한 감흥적 톤 등이 그것이다(164-79).

셋째, 일시적이다Transience. 시간과 공간에 대한 일상적 지각작용
　　을 벗어나는 경험이지만, 다시 일상적 마음 상태로 돌아오게
　　된다.
넷째, 수동적이다Passivity. 의식적 통제력을 벗어난다. 명상과 같은
　　능동적 활동을 통한 것도 있을 수 있지만 대체로 원한다고
　　경험하게 되거나 원하지 않는다고 경험하게 되지 않는 것도
　　아니다.

이와 같이 다양한 방식으로 정의할 수 있는 종교와 종교적 경험을
"보기"의 방식으로 정의해 볼 수도 있다. 마가렛 마일스Margaret R.
Miles는 "종교는 단지 비유적인 뜻에서만 보기의 방식이 아니다. 종
교적 '보기'는 감각적 세계의 특성에 대한 지각, 즉 다른 사람들이나
자연세계, 그리고 대상들이 충만한 아름다움 속에서 변형되는 신비
numinosity, 그 '언뜻 보는 빛"a certain slant of light에 대한 지각을
함의한다"(*Image as Insight* 2)라고 쓰고 있다. 종교적 이미지의 형상
적 기능이란 다름 아닌 그런 지각을 가능하게 하는 것이라고도 할 수
있겠다. 마일스는 그런 순간을 "성찰로서의 시각"eyesight as insight
을 경험하는, 순간적으로 나타났다가 지나가는 경우라고 부연한다
(*Image as Insight* 2). 그와 같은 "성찰로서의 시각"은 일상적 삶 속
에서 초월성을 찾는 시각의 구성적 작용이라고 정의할 수도 있다.
　"시각이 성찰이다"Eyesight is insight라는 말은 루돌프 아른하임
Rudolf Arnheim이 『미술과 視知覺』*Art and Visual Perception*에서
한 말이다(『미술과 視知覺』 46). 그와 같이 세계의 변형에 대한 시각
적 경험은 일상적 삶 속으로 전환되어 예술작품들만이 아니라 자연
세계의 평범한 사물들에 대한 종교적 인식을 강화할 수 있게 된다.

그러한 시각적 혹은 미적 경험은 자연세계를 본래적인 진정한 상태로 감지할 수 없는 지각의 나태, 무감각, 마비, 타성 등을 극복하는 지각의 민활함을 회복하는 것 혹은 존 칼빈John Calvin이 의인義認 justification에 대해 말한 "소생시키는 것"vivificatio과 관련된다(Miles, *Image as Insight* 157). 다시 말하면 "소생시키는 것"이 종교적 이미지의 형상적 기능의 중요한 부분이라고 할 수 있다.[26]

"소생시키는 것"과 같은 영적 각성, 즉 메타노이아 혹은 개오와 같은 경험 혹은 "신성한 계시"divine revelation는 미적 경험의 촉진제이며 강력한 경험의 매개물인 "형이상학적 전율"frisson metaphysique (김우창, 『풍경과 마음』 53)의 계기가 된다. 그 형이상학적 전율은 실존주의 철학자 칼 야스퍼스Karl Jaspers가 일본의 절에서 목조미륵보살반가사유상木彫彌勒菩薩半跏思惟像을 보고 느꼈던 경험과 비슷할 것이다.[27]

야스퍼스가 "인간성의 가장 높은 표현의 완전한 재현"이라고 격찬하고, "수 세기에 걸친 철학자로서의 나의 생애에서 진정한 평화의 느낌을 그렇게 완벽하게 표현한 예술작품을 결코 본 적이 없다"라고 했다고 한다.[28] 그것은 우리나라의 국보 제83호인 금동미륵보살반가사유상金銅彌勒菩薩半跏思惟像, 국보 78호인 금동미륵보살반가사유상과 연

---

26 이것은 에라스무스Erasmus가 은총의 발전단계를 mortificatio, vivification, fides로 설명한 것과 연관시켜 더 논의해 볼 수 있다(Schoor 76). 3단계는 개종 conversion의 단계로 설명해볼 수도 있다.

27 이 반가사유상 양식은 파키스탄 서북부 간다라Gandhara 지방에서 창안되어 인도 마투라Mathura까지 영향을 미친 것이다(조병활 260-61).

28 이 목조미륵보살반가사유상의 오른손 모양을 주목하고 손가락들이 만들어내는 삼각형의 모습이 경교景敎의 교회들에서 발견되는 것들과 같다고 보고, 또한 기원 4세기에 인도에서 생긴, 미래에 도래할 구세주라는 의미를 지닌 "미륵보살"Maitreya이라는 개념 그 자체가 재림할 예수 그리스도 개념의 영향을 받아 생성된 것으로 보는 관점도 있다.

[그림 6] **목조미륵보살반가사유상.**
일본 광륭사廣隆寺 소장. 왼쪽 무릎 위에 오른쪽 다리를 얹어 반가
좌를 하고 오른쪽 손끝은 오른뺨 위에 댄 사유의 자세이다.

관성이 있다. 일본에서 1897년에 국보로 지정한 목조미륵보살반가사
유상은 재료가 적송赤松으로 된 것으로서 많은 학자들이 신라나 백
제에서 건너갔을 것으로 추정하고 있는데, 이런 반가사유상을 중국에
서는 태자사유상太子思惟像이라고 부른다. 국립중앙박물관에 소장되
어 있는 국보 83호인 금동미륵보살반가사유상에 대해 조병활은 "단
순하면서도 균형 잡힌 신체와 입체적으로 처리된 옷 주름, 눈, 코, 입
의 분명한 표현 등 정교하게 다듬어진 완벽한 조각기술을 보여준다.

미소에서 느껴지는 자비가 전해오는 듯하다"(260)라고 쓰고 있다.

조병활이 말하는 "미소에서 느껴지는 자비"는 일종의 "엥프라-멩스" infra-mince, 즉 초미립자ultratiny or ultrathin이면서 완전히 비실체적인 것은 아닌 것을 지칭한다. "엥프라-멩스"는 규정할 수는 없지만 구체적인 예들에 의해 묘사될 수는 있는데, 깨끗한 셔츠와 단지 한 번 입은 같은 셔츠 사이의 부피의 차이와 같은 것이다. 엥프라-멩스는 만델브로트Mandelbrot가 프랙탈fractal을 발견하기 수 세기 전에 물리적, 시간적 차원에 대해 생각하는 새로운 방식이었다. 아주 작은 것을 보다 더 분명하게 볼 수 있게 해 주는 것이 예술이라고 할 수도 있는데, 종교적 이미지의 형상적 기능은 그와 같이 아주 작은 것을 볼 수 있게 해 주는 것이라고도 말할 수 있다. 데이빗 홉킨스David Hopkins의 설명에서도 볼 수 있는 것과 같이, 엥프라-멩스는 "지각불가능한 차이들"imperceptible differences에 대한 관심이다(88).

이것은 중국 당나라 시대의 미술사가인 장언원Zhang Yanyuan이 "그림이란 교화를 이루고, 인륜을 도우며, 무한한 변화 양상들을 드러내고, 미묘한 것들을 헤아리는 것"이라고 한 데에 보이는 "유미" 幽微 the subtle와 유사하다(Elkins, *What is an image?* 55).[29] 조각가 최종태는 금동미륵보살반가사유상을 젊은 시절 보고 난 이후 여인상에 매진했다고 한다('구원久遠의 모상母像' 전. 가나아트센터 2011년 10월 21일부터 11월 13일에 대한 중앙일보 2011년 10월 20일 자 28면). 그는 "그 전에 해 놓으면 자꾸 슬픈 얼굴이 되어 어떻게 할 수가

---

29 제임스 엘킨스James Elkins는 시 한Si Han과의 대화에서 장언원에 대해 질문하는데, 시 한이 장언원의 *"Fu hua zhe: cheng jiao hua, zhu ren lun; qiong shen bian, ce you wei"*에 대해 "Painting is a thing to perfect the civilization, to aid human relations, to reveal infinite changes, and to fathom the subtle"이라고 영역한다(*What is an image?* 55).

없었어. 내가 그렇게 좋게 못 살아왔잖아. 어려운 시대이다 보니, 줄곧 그 그늘을 벗기는 일을 한 거야. 벗긴다고 벗겨지는 게 아냐. 내가 그렇게 살아야 하는 거야. 그래서 어려운 거지. 이제는 슬픈 얼굴이 거의 없어졌어. 1mm 오차로 더러 웃게도 하고 안 웃게도 해요. 그게 40년이 걸렸어"라고 고백하는데, 그의 말도 그 "지각불가능하는 차이들" 혹은 "미묘한 것들"의 힘에 대한 인식을 보여준다.

종교적 이미지는 "지각불가능한 차이들"을 볼 수 있게 해 주는 이미지라고 할 수도 있다. 종교적 이미지는 롤랑 바르트Roland Barthes가 사진예술의 특성에 대해 설명하면서 스투디움*studium*과 구별한 푼크툼*punctum*으로 작용하게 되는 가능성이 많다. 바르트는 루이스 하인Lewis H. Hine의 "어느 시설의 정신박약 아이들"Idiot Children in an Institution이라는 제목의 사진을 예로 들면서 그 사진에서 자신이 보는 것은 작가가 포착한 아이들의 "기형적인 머리와 가련한 옆얼굴"이 아니라 "중심에서 벗어난 세목"인, 소녀의 손가락을 감고 있는 작은 "붕대"라고 말한다(『카메라 루시다』 54).

바르트는 영화를 보는 어떤 흑인들이 전개되는 스토리가 아니라 화면에 보이는 광장의 한 구석을 지나가는 작은 암탉만을 본다는 실험결과를 인용하면서 그 사진에 대해 언급한다. 미국 뉴저지 주 어느 시골 마을의 두 아이가 서 있는 모습인데, 바르트는 자신은 "아이들의 기형적인 머리와 가련한 옆얼굴[그것은 스투디움에 속한다]을 결코 보지 않는다. 내가 보는 것은 ... 중심에서 벗어난 세부"라고 말하면서 그것이 소녀의 손가락을 감고 있는 붕대라고 말한다. 그것이 푼크툼이라는 것이다. 계속해서 그는 "나는 미개인, 어린아이—혹은 미치광이이다. 나는 모든 지식, 모든 교양을 추방하며, 다른 사람의 시선을 물려받으려 하지 않는다"(『카메라 루시다』 54)라고 덧붙인다.

"푼크툼은 비록 비의도적이고, 무계획적이며, 예측할 수 없고, 약호화되지 않은 것이지만, 자연의 측면에만 배타적으로 존재하는 것은 아니다. 오히려 푼트툼은 이미지를 '탈자연화' 하고 일상적인 것으로 보였던 것이 갑자기 이상하고 불가사의한 것으로, 즉 프로이드적 의미에서의 '운하임리히'unheimlich한 것으로 보이게 만든다. ... 오히려 푼크툼은 문화적으로 약호화되고 예기된 읽기인 스투디움을 실제로 붕괴시킨다"(Friedlander 18)라는 해설도 있다.

바르트는 푼크툼은 문화적으로 약호화되는codé, 즉 "도덕적·정치적인 교양이라는 합리적인 중계"(『카메라 루시다』 31)를 거친 감동을 줄 뿐인 스투디움과 달리 그 스투디움을 방해하는 "찌름, 작은 구멍, 작은 반점, 작은 흠이며 또한 주사위던지기"(『카메라 루시다』 32)라고 설명한다. 스투디움이 "율법을 배우는 것"의 차원이고, 푼크툼이 "신발끈 매는 것을 보는 것"의 차원이라고 할 수도 있을 것이다. 이것은 관념적 질서에 의해 코드화되고 텍스트화되는 것에 대한 부정이라고 풀이할 수 있다. 우리는 이와 같은 부정을 추상적 설명보다 이미지와 몸짓에 의존하는, 선불교에서의 공안公案의 예를 통해서도 이해할 수 있다.

충격과 감동을 주는 어떤 하찮은 것들의 세부인 푼크툼의 발견은 일종의 시렌디피티serendipity와 같은 것이라고 할 수도 있다. 우연한 행운과의 만남이라는 이 우연성은 사진 촬영자의 의도와 무관하게 그 사진을 보는 사람이 찾아내고 만나게 되는 실존적 순간이라고 할 수 있다. 같은 맥락에서 바르트는 푼크툼은 "번개 같은 영감을 일으켰고, 하나의 작은 흔들림, 사또리, 공空의 스침을 유발시켰다"(『카메라 루시다』 52)라고 쓰고 있다.

바르트가 푼크툼에 대해 설명하면서, 선禪불교 용어인 "사또리"satori

개념을 이용하고 있는 것을 주목할 필요가 있다. 푼크툼에 의한 그 "사또리"는 특정의 시각적 이미지에 의해 가능해진 일종의 실존적 경험을 일컫는 것이라고 할 수 있다. 이것은 미르조예프가 설명했듯이, 특정의 시각적 이미지에 의해 혹은 시각적 사건에 의해 야기되는 숭고의 경험과 유사하다고 볼 수 있을 것이다. 그것은 틸리히의 경우 보티첼리의 그림과 같이 특정의 시각적 이미지에 의한 실존적 혹은 넓은 뜻에서의 "종교적" 경험이라고 할 수 있으며, 우리는 그와 같은 경험을 가능하게 하는 이미지를, 특정의 종교와 연관된 다양한 "종교적" 이미지들을 포함하여 넓은 뜻에서의 종교적 이미지라고 부를 수 있을 것이다.

스티븐 패티슨Stephen Pattison은 바르트의 "푼크툼"이 촉각적인 것이라고 말한다(47). 또한 패티슨은 보기는 만지기도 하고 움직일 수도 있는 "내장內臟경험"visceral experience이라고 쓰고 "촉각적 시각"haptic vision이라는 개념을 활성화한다(41). 패티슨은 보는 일은 촉각적이고, 신체적 개입이 필요한 일이며 다른 감각작용들과의 교호작용으로 보는 것이 맞는다고 주장한다(61). 촉각적 보기는 보는 사람에 의해서 촉발될 수도 있지만, 특정의 시각적 이미지나 인공물artefact들이 능동적인 내장적 반응visceral response을 야기하는 수가 있다. 패티슨은 촉각적 비전의 회복은 현대세계에서의 시각에 대한 편견들을 해소해 줄 것이라고 본다. 그는 촉각적 시각 개념은 비전의 "전체론적, 유형화된, 관계적 시각의 양상들"을 강조한다고 말한다(19). 현대 서구세계에서는 모든 종류의 인공물들은 생명 없는 상태로서 사람과의 인격적 관계를 맺지 못하는 것으로 간주된다. 그런 인공물들을 포함한 대상들을 사물화, 객관화하여 지배하는 "초연한 응시"the detached gaze 보다도 그것들에 대한 애정과 감성을 배양하며 그것들과 관련을 맺는

"촉각적 응시"the haptic gaze를 발전시켜야 한다는 패티슨의 주장은 귀담아들을 필요가 있다(22).

패티슨의 관점은 크리스토퍼 피니Christopher Pinney가 이미지와 관찰자 사이의 분리 혹은 이미지에 대한 사심 없는disinterested 평가와 관련된 미학aesthetics에 대립된 개념으로 쓴 "코포세틱스"corpothetics와 연관성이 있다. 피니에 의하면 코포세틱스는 이미지와 관찰자를 결합시키고, 효능efficacy을 가치의 중심적인 기준으로 본다(*Photos of God* 200, "Piercing" 194). 즉 이미지들에 대한 감각적, 육체적 개입과 수용을 중시하는 것이다. 이것은 감정에 의한 지각을 중시한 고대의 미학 개념에 이미 내포되어 있었던 것이라고 할 수 있는데, 피니는 이미지 경험에서의 신체적corporeal 개입을 중시하는 것이다. 피니는 인도의 포스트콜로니얼 문화에서 성찰contemplation의 공간이 제거되고, 에로틱 촉각성erotic tactility이 강화된 것에 대해 "코포세틱스" 개념으로 설명하고 있는데, 성찰의 공간에서는 해석학hermeneutics이 나오는 반면에 에로틱 촉각성 혹은 "에로틱스"erotics는 "코포세틱스"와 결부된다(Rotman 140).

루돌프 아른하임Rudolf Arnheim은 "보는 일seeing은 본질적으로 사물의 위치를 정확하게 알게 하는 오리엔테이션定向, orientation의 수단이다. 그런 의미에서, 보는 일이란 눈을 통하여 어떤 사물이 주어진 장소에 제시되는 것을 결정하는 일이다. 이것은 아주 집약해서 말하면 확인identification이다"(『미술과 視知覺』 59)라고 설명한다. 같은 맥락에서 "그 어떤 감각보다도 더 많이 눈은 사물화(객관화)하고 지배한다. 눈은 떨어져 있으며 그 거리를 유지한다. 우리 문화에서 냄새, 맛, 촉각, 듣기보다도 보기가 지배적인 것이 됨으로써 신체적 관련의 불모화가 야기되었다"(Jay, *Downcast Eyes* 493)라는 진단도

이해된다. 이러한 신체적 관련의 불모화는 다름 아닌 촉각적 비전과 코포세틱스를 통해 극복될 수 있을 것이다

"손끝으로 느끼는 세계는 어떤가"라는 기자의 질문에 대해 "촉각은 제한적이지만 가식이 통하지 않는다. 손으로는 가짜 표정을 지을 수 없다. 손을 잡으면 마음이 느껴진다. 촉각으로는 섣불리 전체를 판단할 수 없기에 항상 겸손해진다"라고 시청각장애인 조영찬이, 즉 2011년 암스테르담 다큐영화제 대상 수상작 이승준 감독의 <달팽이의 별>에 대한 소개에서 주인공이 한 말인데, 그는 아내 김순호와 손등 쪽 손가락 위에 점자點字를 쳐서 대화하는 방법인 점화點話로 소통한다(중앙일보 2012년 3월 2일 자 2면). 이 점화의 방식도 일종의 코포세틱스의 예가 될 수 있을 것 같다.

코포세틱스는 "칸트주의자들이나 모더니스트들을 제외한 대부분의 사람들이 예술작품에 대해 가지는 신체적 개입bodily engagement과 이미지들의 감각적 포용"(Pinney, "Piercing" 158)을 뜻한다. 코포세틱스는 "신체를 배척해 버린 비전의 초월적 지점"(Bryson, *Vision and Painting* 106-7)을 중시하는 추상적 미학과 다르다. 근대 서구의 지각기관sensorium에서 시각을 촉각보다 더 우위에 두고, 현실인식에서 촉각만이 아니라 후각적, 청각적 혼란으로부터 절연된 시각의 지배가 어떤 과정을 통해 형성되었는지 알아볼 필요가 있다. 다른 감각들로부터 독립된, 자율적이고 추상적이며 비촉각적인 시각중심주의적 시각체제an ocularcentric scopic regime가 우리 시대의 지배적인 조건이라고 할 수 있기 때문이다. 피니가 관찰하듯이, 이러한 경향은 보편적인 것이 아닌데 예를 들면 현대 인도의 종교에서는 코포세틱스가 정상적인 것으로 유지되고 있다("Piercing" 158). 예를 들면 불상 혹은 불교적 이미지들은 그것들을 "감흥적으로"affectively 식별하고,

제의적 이용ritual use의 가능성을 찾을 때 의미와 의의가 부각된다. 불교적 이미지들은 내러티브적 관여가 없는 형상적 이미지들 혹은 아이콘적 재현으로 볼 때 관찰자에게 더욱 더 강한 영향을 주기 때문이다("Piercing" 184).

그런 뜻에서의 불교적 이미지들은 "촉각적 이미지"haptic image들이라고 할 수 있다. 촉각적 이미지들은 시각적 포만을 거부한다, 따라서 그 이미지들은 내러티브와의 손쉬운 결합을 훼방한다. 로라 U. 마크스Laura U. Marks의 말과 같이, 촉각적 이미지들은 실험적인 에스노그래픽ethnographic 영화들에서 자주 이용되는 기법인데, 정보전달적 혹은 이국적exotic 시각적 스펙터클에 대한 관객의 기대에 대항하는 기법이다. 촉각적 이미지는 이미지 속에 있는 것이 무엇인지 점차로 알 수 있게 함으로써, 마치 처음 보는 것 같은 인상을 줄 수 있다는 것이다(403-4).

이러한 코포세틱스는 포스트드라마틱 미학postdramatic aesthetic에서도 보이는 경향이다. 내러티브(혹은 플롯)보다 스펙터클(혹은 경험)을 강화함으로써 역동적이고 현란한 무대의 이미지들을 통해 감각적 자극과 충격을 강조하고, 관객이 눈앞의 사물들을 지각하는 것 대신에 자신의 생명력에 대한 신경생리적 지각을 극대화하는 것을 추구하는 것이 포스트드라마틱 미학의 특징이라고 보는 브라이언 마수미Brian Massumi의 논의는 주목할 만하다(36). 회화에서 이 코포세틱스의 예를 우리는 화가 프랜시스 베이컨Francis Bacon의 미학에서 찾을 수 있다. 크리스트프 도미노Christophe Domino는 "그 [베이컨]에게 이미지는 가련한 장식의 기능을 벗어나지 못하는 추상과 구별된다. 또한 모방적이고 유추적인, 묘사적 재현과도 구별되는데, 이러한 재현적 이미지는 그에게 '삽화'라는 논박을 면치 못한다. 그에게 이미지란 어떤 유예나 설명도 없이 정신에 부과되는 순간적인 증거와 흡사하다. 그의 이미지는 '신경계에 직접 호소하는' 방법이며 본능과 비이성적인 이해, 총체적인 파악을 기르는 수단이다. 이 지점에서 '닮은꼴'의 논리학에서 해방된 그의 그림이 시작된다. 그의 작업은 그린다는 본능적인 행위의 추구 속에서 실재에 더욱 가까이 다가가는 것이다"(『베이컨』 52)라고 쓰고 있다.

이것은 질 들뢰즈Gilles Deleuze가 현대의 시각적 이미지의 근본적인 미학이라고 설명한 풍경의 감각의 물질화와 연관성이 있다. 로널드 보그Ronald Bogue가 설명하듯이, "세잔이 생 빅토와르 산을 생성시키는 지진地震의 힘들을 그리려고 시도하는 것처럼, 질료를 통해 유희하는 힘들을 가시적으로 표현하려고 시도하면서 또한 풍경들에 대한 접근에서 의식적으로 세잔을 모방한다. 그들의 노력은 관객들의 감각을 환기시키는 것이 아니라, 풍경의 감각을 물질화하는 것이다"(『들뢰즈와 시네마』 282). 보그는 이 점에 대해 "들뢰즈는 어떻게 베이컨이 그림들에서 유사하게 힘을 가시화하는지를 보여주고, 어떻게 '사실의 잔혹성'이 뇌를 우회하고 표준적인 시각적 코드들에 의한 동화에 도전하는 이미지들을 통해 감각 기관들에 직접적으로 작용하는지를 보여준다"(『들뢰즈와 시네마』 282)라고 부연설명한다.[30]

회화에서의 베이컨처럼 현대의 영화감독들은 진부한 시각적 표현들

30 이 점은 비전의 외부발산이론과 내부발산이론의 차이와 관련하여 더 논의해 볼 필요가 있을 것 같다. 이븐 알-하이탐ibn al-Haytham 혹은 알하젠 Alhazen (965 c-1040 A.D.)의 광학이론the theory of optics은 그의 *Kitab al-Manazir (Book of Optics)*에서는 톨레미Ptolemy의 아리스토텔레스적 광학에 대해 도전했다. 톨레미는 눈에서 일종의 광선이 발산된다는, 비전의 외부발산 이론the extramission theory of vision 혹은 emission theory를 지지했는데, 이것은 *Optica*에서 유클리드Euclid가 견지한 이론으로서 이븐 알-하이탐은 빛이 사물들에 닿고 그 사물들로부터 광선이 눈으로 전달된다는 내부발산 이론the intromission theory를 지지했다.

을 벗어나는 이미지를 창안하고, "지질학적, 지질구조학적 역량"에 의해 구체화한 이미지들 속에서 감각을 물질화하기 위해 노력한다"(보그, 『들뢰즈와 시네마』 282). 예를 들면 프란체스코 카세티Francesco Casetti는 비슷한 맥락에서 영화적 경험이 관객에게 점점 더 수동적인 소비자로서의 경험이 아니라 능동적이고 적극적인 참여자로서의 행동을 요구한다고 말하고, 티모시 코리건Timothy Corrigan이 언급한 "공연"*performance* 개념을 응용한다(58). 코리건은 『벽 없는 시네마』*A Cinema without Walls*의 컬트cult 영화를 다룬 부분에서 "공연" 개념을 쓰고 있는데, 특정 유형의 컬트영화 작품들은 그 자체의 내러티브적 구조를 분산시키고, "하나의 지각적 혹은 청각적 형태"a perceptual or audial format의 시각적 이미지들이나 음악의 제시를 통해 "비내러티브적 사건들"non-narrative events 속에 관객이 참여하여 공연하도록 초대한다는 것이다(63, 85-91).

그런데 바르트가 『이미지-음악-텍스트』*Image-Music-Text*에서 언급한 것과 같이(61), 순전한 이미지적인 것을 강조하는 것은 반자본주의적, 반부르주아계층적인 면이 있다. 왜냐하면 인과율에 입각한 내러티브 구조 자체가 부르주아계층의 멘탈리티와 연관된다고 할 수 있기 때문이다. 이와 같은 맥락에서 내러티브의 선형적, 연속적, 통어적, 논리적, 시간적 전개를 약화시키는 스펙터클과 이미지들을 전면에 부각시키는 포스트드라마틱 미학의 비판적 가능성을 찾아볼 수도 있을 것이다.

마수미는 장 프랑수아 료타르Jean-François Lyotard가 중시했던 문자적인 것the literal과 형상적인 것the figural 사이의 전통적 대립이 정지stasis와 운동motion 혹은 현실태적actual과 잠재태적virtual이라는 대립으로 변화되었다고 본다. 마수미는 "강밀도는 비선형적 과정들, 반향과 피드백들과 연관되는 것으로 보이는데, 그것들은 내러티브적 현재가 과거에서 미래로 선형적으로 진행하는 것을 중단한다"(26)라고 쓰고 있다. 포스트드라마틱 감성(강렬한 공감각적 경험)은 시청각적 이미지의 정서적, 변용적 잠재가능성을 전면으로 부각시킴으로써 내러티브의 선형적, 연속적, 통어적, 논리적, 시간적 전개를 약화시킨다는 것이다. 이러한 포스트드라마틱 감성을 표현하는 뮤지컬 작품들을 통한 미적 경험이 일종의 "종교적" 경험의 차원을 지니게 되는 것은 그 때문이다.

아이코노필리아와 아이코노포비아

종교적 이미지들은 그것들을 신앙의 대상으로 삼거나 신앙에 대한 시각적 보조물로 이용하는 사람들에 의해 중시된다. 그런데 그 이미지들은 그것들과 관련된 특정 종교를 반대하는 사람들에 의해 파괴되어 왔다. 즉 로마제국에서는 초기 기독교인들에 의해서, 인도에서는 무슬림들에 의해서, 중앙아메리카에서는 스페인인들에 의해서, 아프리카와 폴리네시아에서는 19세기 선교사들에 의해서, 중국에서는 문화혁명 시기에 홍위병들에 의해서 그렇게 되었다(Honour 20). 이러한 역사적 과정은 성상애호주의iconophilia와 성상혐오주의iconophobia 사이의 대립으로 요약될 수 있을 것이다.

종교적 이미지들은 이미 구석기 시대 때부터 있었다. 미르체아 엘리아데Mircea Eliade는 "구석기 시대의 도상과 기호가 의례적 기능을 수행했다는 사실을 확인할 수 있다. ... 우리는 그러한 구석기 시대의 표상들을 이미지의 상징적(곧 "주술-종교적") 가치를 나타내는 코드, 동시에 다양한 '이야기들'과 연관된 의례에서의 기능을 나타내는 코드라고 볼 수 있다"(『세계종교사상사』 1, 51)라고 쓰고 있다. 엘리아데는 또한 "돌, 바위, 조약돌에 담긴 역현力顯 kratophanie[신적인 힘의 드러남]과 성현聖顯 hierophanie[성스러움의 드러남]"에 대해 언급하는데(『세계종교사상사』 1, 26), 그와 같이 구석기 시대에서도 이미지의 종교적 사용에 대한 증거들이 있다.

이미지의 종교적 사용은 무엇보다도 우선 이미지의 힘에 믿음과 애정, 즉 아이코노필리아에 바탕을 둔다. 한 예로 신준형에 의하면 미국 위스콘신주의 매디슨Madison 시내의 "우리 구주의 교회"Church of the Holy Redeemer라는 카톨릭교회에 『영원한 도움의 성모』*Our Lady of Perpetual Help*라는 제목의 성화가 있는데, 한국 전쟁 때 파견된 그 지역의 병사들이 전쟁이 끝난 후 대부분 무사히 귀환할 수 있었던 것은 그 성화의 영험과 그 성화 앞에서 기도한 부모들의 믿음 덕분이었다는 전설이 있다고 한다. 신준형은 그 성화를 자주 보러갔으며, 그 경험이 종교와 종교적 시각문화로서의 미술에 대한 애정을 가지게 된 계기가 되었다고 말한다(『천상의 미술』 318-19).

성 프란체스코St. Francis of Assisi도 십자가에 매달린 그리스도의 이미지를 오랫동안 응시했는데, 이 이미지가 그 자신에게 말을 하는 것을 보는 경험을 했다고 한다. 이 일화는 생명 없는 사물과의 인격적 관계를 유지하는 예로 거론되기도 한다(Pattison 63). 성 프란체스코는 산 다미아노San Damiano에서 두 눈에 눈물이 가득 고인 채 그 십자가상crucifix을 보고 있을 때 그 십자가상으로부터 들려오는 그리스도의 목소리를, 즉 무너져가는 교회를 다시 복구하라는 명령의 말을 들었다는 것이다(Francis of Assis 311). "산 다미아노 십자가"San Damiano Cross로 명명된 그 십자가는 12세기에 이름이 알려지지 않은 이탈리아 움브리안Umbrian 지역 화가가 만든 것으로서 지금은

[그림 7]

산 다미아노 십자가 San Damiano Cross. 대형 로마네스크Romanesque rood cross (십자가에 못 박힌 그리스도상)이다. 그리스도 몸의 환한 백색이 주위의 어두운 적색/흑색과 대조를 이룬다. 그리스도의 머리 위에는 라틴어로 "나사렛의 예수, 유대인들의 왕"이라고 적혀있다. 이콘 십자가icon cross로 불리기도 하는데, 그리스도 상 옆에 십자가 수난과 관련된, 성모 마리아, 성 요한, 막달라 마리아, 야고보의 어머니인 마리아, 로마 백인대대장centurion의 상들도 있기 때문이다.

이탈리아 아씨시Assisi에 있는 성 클라레의 바실리카Basillica of Saint Clare *Basilica di Santa Chiara*에 원본이 걸려있다고 한다.

『삼국유사』제3권의 "분황사 천수대비 맹아득안"芬皇寺 千手大悲 盲兒得眼 이야기는 분황사의 관세음보살상을 그린 벽화의 영험력과 관련된 일화를 보여준다. "경덕왕 때에 한기리에 사는 여자 희명希明 의 아이가, 난 지 5년 만에 갑자기 눈이 멀었다. 어느 날 그 어머니는 아이를 안고 분황사 좌전 북쪽에 그린 천수관음千手觀音 앞에 나아가서 아이를 시켜 노래를 지어 빌었더니, 마침내 눈을 뜨게 되었다"(일연 113). 이 그림은 솔거率居가 그린 천수천안관음보살도千手千眼觀音菩薩圖라고 한다(김정희 64). 솔거는 중국 당나라의 사실주의 양식의 영향을 받은 것으로 보이는데, 비록 상상의 존재이긴 해도 관세음보살의 형상을 살아있는 모습으로 그렸을 것이므로 그 그림을 그 보살의 현신으로 보았을 것이며, 그것이 영험력의 토대가 되었을 것이다.

무한한 자비심으로 중생을 구제하고 극락정토로 인도하는 보살로 믿어진 관세음보살Avalokitesvara을 소재로 한 불화는 이 천수천안관음보살도 외에도 수월관음도水月觀音圖, 양류관음도楊柳觀音圖, 백의관음도白衣觀音圖, 십일면관음도十一面觀音圖 등 다양하다. 이 중에서 십일면관음도에 대한 일화는 『삼국유사』의 제3권 "삼소관음 중생사" 三所觀音 衆生寺 이야기에서도 보인다. 이 이야기의 첫 부분에서 중국의 천자가 한 화공에게 명해 총애하는 여자를 그리게 했는데, 화공이 실수로 배꼽 밑에 붉을 점을 실수로 찍고 만 내용이 담겨있다. 천자는 형상은 실물과 아주 비슷하지만 감추어진 배꼽 밑의 점을 어떻게 알고 그렸는가라고 노해서 그 화공을 죽이려고 했다가 지난밤에 꿈속에서 본 사람의 형상을 그려 바치도록 했다. 화공이 이때 그린 그림이 십일면관음도였는데, 천자가 자신이 꿈에 보았던 형상과 같았으므로 화공을 살려주었다는 것이다(일연 53-54). 이 일화들에서의 관세음보살도와 같은 종교적 이미지는 단순한 상상적 초상화라기보다는 일종의 주술적 힘을 지닌 부적과 같은 것이라고 할 수 있다.

[그림 8]

경주 석굴암 본존불좌상 바로 뒷면의 후벽 정중앙에 있는 **십일면관세음보살상**의 얼굴 부분이다. 머리 위에 불상 1기와 보살 10기의 얼굴이 조각된 보관을 쓰고 있다. 정면 중앙에 "시무외여원인"施無畏與願印, 즉 중생을 보호하며 두려운 마음이 생기지 않도록 한다는 의미의 손 모습을 하고 서 있는 아미타불상이 돋을새김으로 표현되어 있다.

이와 같은 이야기들은 실물 같은 착각을 일으키는 그림 혹은 "트롱 프레이유"trompe l'oeil의 독특한 힘에 대한 인식을 담고 있는 것으로 해석할 수 있으며, 그것은 피그말리온Pygmalion적 꿈과 관련된다. 즉 마음속에서 그리는 여인의 형상을 실물로 만들어내려고 하면서 그 형상과 사랑하게 되는 조각가의 이야기인데, 모든 종교적 이미지의 창조 혹은 제작의 동기는 본래 이러한 꿈으로부터 시작된다고 할 수 있을 것이다. 곰브리치는 이 신화에 대해 설명하면서 그것이 "더 앞선 시대

[그림 9]

고려후기 **수월관음도.** 일본 단잔진자談山神寺에 소장되어 있다. 『화엄경』 입법계품에 나오는 장면인데 28번째 선지식인 관음보살을 만나는 선재동자善財童子의 모습이 왼쪽 하단에 보인다. 뉴욕의 메트로폴리탄 뮤지엄 오브 아트The Metropolitan Museum of Art에 소장된 수월관음도에는 선재동자가 오른쪽 하단에 보인다. 그 미술관 *Guide* 110-11면에 사진과 해설이 수록되어 있다. "수월관음도는 14세기 고려시대의 그림으로서 관세음보살이 물살이 보이는 기암괴석의 대좌 위에 반가부좌의 자세로 앉아 있는 모습인데, 머리의 보관 위에는 작은 아미타불 이미지가 있으며, 청정함을 상징하는 버드나무 가지와 감로수, 즉 중생의 고통을 덜어주는 약수가 들어있는 정병이 보인다. 그림의 윗부분에는 보름달이 있는데, 그 달 속에는 토끼가 불멸성의 묘약을 만들고 있는 모습이다. 관음보살의 발 아래에는 축소된 인물들이 있고, 오른쪽 하단에는 합장한 채 관세음보살을 바라보는 선재동자Sudhana가 있다." 우리나라에는 보물 1426호로 지정된 작품이 아모레퍼시픽미술관에 소장되어 있고 보물 1286호로 지정된 작품이 우학문화재단에 소장되어 있으며, 호암[리움]미술관도 보물 926호로 지정된 수월관음도를 소장하고 있다.

의 더 외경스러운 미술의 기능, 즉 미술가의 목적이 단지 하나의 닮은 초상을 만드는 것이 아니고 실물에 필적할 만한 것을 창조해 내는 데 있었던 때의 이야기"(『예술과 환영』 110)라고 쓰고 있다.

얀 비알로스토키Jan Bialostocki가 말하듯이 "미술의 기원은 종교 및 신화와 밀접하게 연관되어 있다. 고대 미술 작품은 종교적 상징이나 우상, 공포와 동경의 표현이었다. 이러한 미술 작품이 지닌 의미의 해석은 불확실한데, 그 이유는 믿을 만한 증거들이 없기 때문이다. 흔히 한 우상 혹은 한 종교적 상징이 어떤 신적인 존재를 재현하고 실체화하는가는 확언하기 어렵다"("도상학의 역사" 18). 그런데 데이비드 프리드버그David Freedberg는 오랫동안 순례pilgrimage의 과정에 수반된 다양한 관행들 중에서 순례 여행의 종착지의 성소shrine에 안치된 신성한 이미지의 중요성을 간과할 수 없다고 지적한다(100). 그 신성한 이미지는 대체로 인간의 손에 의해 만들어진 것이 아니라는 뜻인 "아케이로포이에타"acheiropoieta로 여겨지고 경배되기도 했다. 또한 순례와 관련된 많은 사물들의 사용에 함축된 것은 질병예방적prophylactic 혹은 부적적인amuletic 기능을 지닌 것으로 믿어졌다. 기적을 행사하는 이미지들의 재생산이 치료 혹은 악과 적의 퇴치와 같은 힘을 지닌다고 보았던 것이다.

이미지, 특히 시각적 이미지가 제공해 줄 수 있는 치유나 위안의 예로서 14세기부터 17세기 사이에 이탈리아에서 형성되었던 단체들이 만든 그림판을 들 수 있다(Freedberg 5-8). 그 단체들은 사형수들이 형 집행장까지 가는 동안이나 형 집행을 당하기 직전에 볼 수 있는 작은 그림판인 타볼레타tavoletta를 만들었다고 한다. 앞뒤 양면에 그려진 그림의 내용은 그리스도의 수난과 성인들의 순교 장면이었는데, 사형수가 형틀에서 사형이 집행되기 전에 그 그림판을 볼 수 있게 함으로써 위로를 받을 수 있게 해 주었다는 것이다. 이것은 말보다 이미지가 위안의 기능을 더욱 잘 수행할 수 있었다는 것을 보여주는 하나의 예가 된다. 1512년 2월 22일 피에트로 파골로 보스콜리 Pietro Pagolo Boscoli의 처형장면의 목격담을 인용하면 다음과 같다. "계단을 올라가면서 그는 눈길을 계속 그 타볼레타에 주고 있었다. 그리고는 사랑이 가득 담긴 어조로 '주여, 당신이 저의 사랑입니다. 당신에게 저의 심장을 드립니다.' ... 그가 이렇게 말하는 소리를 들었던 사람들이 모두 눈물을 흘렸다"(Freedberg 8).

이와 같이, 응시하면 질병을 치유할 수도 있고 위안을 주기도 하는 시각적 이미지의 능력 때문에 이미지와 함께 그것을 보는 눈에 의한 강력한 시각적 경험이 긍정적으로 인식되기도 하지만, 한편 특정의 대상에 대한 공포 때문에 강력한 시각적 경험이 부정적으로 금기시되는 수도 있다. 서양에서 고대로부터 16세기를 거쳐 그 이후까지도 이어져 오고 있는 "악한 눈"the evil eye의 힘에 대한 믿음이 하나의 예이다. "악한 눈"은 "치명적인 힘을 지닌 악의적인 시각적 광선"(Miles, *Image as Insight* 7)으로 경원시되었다. 이탈리아의 화가이자 조각가인 아메데오 모딜리아니Amedeo Modigliani는 자신의 아내를 모델로 한 초상화들을 그렸지만 얼굴에 눈동자를 그리지 않았다. 그의 아내가 그 이유를 묻자 "당신의 영혼을 표현할 수 있을 때 눈동자를 그리겠소"라고 말했다고 하는데, 이것도 "악한 눈"에 대한 공포와 간접적으로 연관되는 것으로 보인다. "비잔티움과 에티오피아에서, 가롯 유다와 같은 악한 인물들은 그들의 악한 눈이 관람자를 해칠지도 모른다는 두려움 때문에, 결코 화면의 밖을 보지 않는 형상으로 그려진다"(곰브리치, 『예술과 환영』 125-26)라는 것도 비슷한 맥락에서 이해된다.

"실론의 테라바다 불교도들은 '눈을 위한 의식'*netra pinkama*이라고 하는 전통의식을 치르면서 기를 집중하여 사물을 바라보는 눈의 힘을 믿었다. 이러한 의식 도중에 그들은 부처상을 만들고는 눈 부분을 가장 마지막에 그려 넣는다. ... 불교신자들에게 신성한 힘은 바로 두 눈에 있는 것이다"(곤잘레스-크루시, 『보이는 것』104)라고 하는데, 이것은 일종의 성화의식consecration ritual으로서 우리가 점안식點眼式이라고 부르는 것인데, 프리드버거는 이 의식, 즉 네트라 핀카마*nētra pinkama*와 황금 바늘로 찔러 부처상의 개안開眼 의례를 치르는 인도에서의 네트라 목사*nētra moksa*에 대해서 언급한다(85-86).

신을 그린 형상에 점안을 하는 순간 그 눈으로부터 나온 응시하는 힘이 너무나 강력하여 의식하지 않고 있던 구경꾼이 그 힘 때문에 즉사하기도 했다는 이야기들이 전해진다(Eck 7). 어떤 중국의 화가Chang-Seng-Yu는 용이 날아가게 될 것이 두려워서 그 용의 그림에 눈을 그리지 못하고 있다가 결국 그것을 그린 순간 벽이 허물어지고 그림 속의 용이 살아 하늘로 날아가 버렸다는 이야기도 있다(Freedberg 86).[31]

그림들이나 조각 작품들에 의해 사람들은 성적으로 자극받기도 하고, 그런 작품들을 파괴하기도 하며, 그것들 앞에서 울기도 하고, 그것들에 의해 위로받기도 한다. 그것들을 찾아 순례를 하기도 하고, 그것들을 수단으로 고마움을 표시하기도 하며, 감정이입이나 공포의 가장 높은 수준까지 고양되기도 한다. 프리드버그는 그런 반응의 양

---

31 우리는 다양한 금기설화禁忌說話에서 금기가 대체로 시각적 경험의 금지와 관련된 것을 확인할 수 있다. 즉 "보지 말라" "뒤돌아보지 말라" "열어보지 말라" 등이다. 판도라의 상자 이야기와 하와 이야기의 차이는 전자가 시각적인 금기이고 후자가 그렇지 않다는 것이지만, 후자의 경우에도 유혹의 동기가 "참으로 보기 좋았다"는 것이 아닌가? 이 금기설화는 인간의 한계를 깨닫는 일의 중요성에 대해 생각하게 한다. 욕심, 호기심이 불행의 원인이라는 식의 교훈보다는 신과 인간의 차이에 대한 인식이다.

상들을 열거하고 나서, 그런 반응이 억압되는 것은 "그것들[그림과 조각 같은 이미지들]은 문맹자들, 조악한 자들, 원시인들, 야만인들과 우리의 친족관계를 깨닫게 해 주고, 우리가 인정하고 싶지 않은 심리적 뿌리를 그것들이 지니고 있기 때문"(1)이라고 부연하고 있다.

특정의 의미를 드러내기 위한 수단에 지나지 않는 그림도 있지만 그림과 그림의 의미가 구분되지 않는, 즉 그림의 주술적 힘이 중시되는 그림이 있다. 실제로 대부분의 미술 작품은 잠재적으로 심미적 특성을 지니는 동시에 잠재적으로 마술적 성격을 지닌다. 어떤 우상은 심미적 감상의 대상이 될 수 있으며, 심미적 감상의 대상도 우상이 될 수 있다. 그런데 눈으로 본 것을 그대로 그린다는 생각은 서양에서 르네상스 시대에 처음으로 싹트기 시작했다고 한다. 중세 시대의 화가는 눈으로 본 것을 그릴 필요성을 느끼지 않았으며 마찬가지로 중국 화가의 목적은 "이미지의 영속화나 설득력 있는 서술도 아니고, 최소한 '시적인 환기'라고 할 수 있는 것으로 생각되는 것이었다. 중국 미술가는 의연히 나무나 꽃들을 '제작하는 사람'으로 보인다. 그는 자연물의 존재의 비밀을 이미 알고 있기 때문에, 그것들을 상상만으로 그려낼 수 있다"(곰브리치, 『예술과 환영』 361-62, 159).

이러한 태도는 "감각의 눈"보다 "영혼의 눈"으로 초월적 세계를 보려고 한 스페인의 마니에리스트manierist들에게서도 보인다. 예를 들면 엘 그레코El Greco의 『오르가스 백작의 매장』*The Burial of the Count of Orgaz*은 가시적 현실을 향하지 않는 비자연주의적 경향을 보여주는 예로 다루어진다. 예술양식사에서 '마니에리스모'manierismo 시대, 고대 그리스 고전예술이 붕괴되는 위기의 시기에 두 개의 경향이 생겼다는 것인데, 하나는 귀납적 경향(사회적, 심리적 조건에 대한 냉철한 파악추구)이며, 다른 하나는 연역적 경향(현실로부터 관심을 돌려 "영적인 세계를 관조하고 명상하며 법열 빠지려 하는 것)인데, 이 후자가 엘 그레코와 같은 스페인의 마니에리스트manierist들의 방향이었다는 것이다(진중권 210). 피그말리온적 꿈이나 "영혼의 눈"은 특히 종교적인 시각적 이미지들을 만들고 보는 일에 대한 우리의 이해를 위해 반드시 고려해야 할 내용이라고 할 수 있다.

에르빈 파노프스키Erwin Panofsky는 레오나르도 다 빈치Leonardo da Vinci의 『최후의 만찬』The Last Supper을 예로 들고 이 프레스코 fresoco 그림에서 13 사람이 저녁 식탁에 둘러 앉아 식사를 한다는 사건에 대해서만 관심을 기울인다면 이 작품의 도상적 특징들을 확인하는 데에 그칠 것이지만 이것을 화가 자신의 인간성의 기록이나 독특한 종교적 태도의 기록으로 볼 경우 우리는 이것을 "어떤 다른 것을 나타내는 하나의 징후"a symptom of something else로 보게 되며 그것의 상징적 가치symbolic values를 발견하고 해석하게 된다는 것이다 (Studies in Iconology 8). 이렇게 상징적 가치를 발견하고 해석하는 단계가 도상해석학iconology이라는 것인데, 그 상징적 가치에 대해서는 화가 자신도 무지할 수 있으며, 화가가 작품을 통해 표현하려고 의도했던 것과도 다를 수 있다는 것이 파노프스키의 견해이다(Studies in Iconology 8). 그런 뜻에서의 도상해석학은 "영혼의 눈"을 필요로 하는 것이라고 할 수도 있다.

예술작품의 형식보다도 그것의 의미와 제재에 대해 관심을 갖는 예술사의 분야인 도상학iconography과 이것을 바탕으로 종합하여 예술작품의 의미를 해석하는 도상해석학iconology을 구별하는 파노프스키는 그림을 보는 3단계를 전前도상학 단계, 도상학 단계, 그리고 도상해석학 단계로 설명한다. 전前도상학 단계는 일차적, 자연적 의미혹은 사실의미와 표현의미 파악을 위한 작품서술의 단계이며, 도상학 단계는 이차적, 관습적 주제 파악을 위한 분석단계이고, 도상해석학 단계는 본래적 의미와 상징적 가치의 해석 단계이다. 파노프스키는 그 본래적 의미 혹은 내재적 의미를 "숨은 내용"Gehalt이라고 부르자고 하면서, 사실의미와 표현의미는 현상적인 범주에 속하는 반면 이 "숨은 내용"은 "가시적으로 드러나는 사건과 그 사건이 드러내는 의미를 개괄적으로 묶고 의미를 밝히고 나아가서 가시적 사건이 어떤 형태를 취할지 규정하는 종합원리이다"라고 부연한다("도상학과 도상해석학" 142). 그는 또한 "도상해석학적 과제를 해결하려면, 아마 병인을 진단해내는 명의의 능력과 유사한 정신적인 능력을 갖추어야 할 것이다"라고 말하고 이 능력을 "종합적 직관"synthetische Intuition으로 잠정적으로 규정하면서 이 "종합적 직관"은 "깊은 학식으로 무장된 학자보다 전문지식을 갖추지는 못했지만 재기 발랄한 아마추어에게서 더욱 풍부하게 나타나기도 한다"라고 말한다("도상학과 도상해석학" 157).

사실적 요소와 표현적 요소를 대상으로 하는 전前도상학 단계의 인식에서는 감각적 도구가 해석의 도구가 되고, 관습적 의미를 대상으로 하는 도상학 단계의 분석에서는 문헌적 자료에 대한 지식이 해석의 도구가 되며, 내재적 의미intrinsic meaning를 대상으로 하는 도상해석학 단계의 해석에서는 종합적 직관이 해석의 도구가 된다(신준형, 『파노프스키와 뒤러』 23). 내재적 의미란 "민족, 시대, 계급, 종교 혹은 철학적 신조의 기본적 태도를 드러내는 것으로서, 한 인격에 의해 무의식적으로 수식修飾되고 한 작품으로 집약되는 근원적 원리들을 확인함으로써 감지된다"(Panofsky, *Studies in Iconology* 7)라고 설명된다. 파노프스키의 말에서 우리는 "무의식적으로"를 중시할 필요가 있다. 이것은 C.G.융C.G. Jung의 집단무의식the collective unconscious과 원형archetype 개념과 관련하여 논의해 볼 수 있을 것 같다. 파노프스키의 내재적 의미를 "한 시대에 인간이 세계를 파악하고 재현하는 방식의 경향성" 혹은 토마스 쿤Thomas Kuhn의 패러다임paradigm과 같은 것으로 보는 신준형은 그림에서 문화적, 병리학적 징후를 찾으려는 파노프스키와는 달리 그림을 보는 사람이 그 그림을 어떻게 이용할 수 있는가?라는 물음을 더 중시한다(『파노프스키와 뒤러』 198-99, 98). 파노프스키가 말하는 종합적 직관을 통해 파악할 수 있는 내재적 의미란 "눈에 보이는 사건과 그것의 의미를 모두 설명하면서 그 배후에 있는 통일적 원리"(*Studies in Iconology* 5)라고 정의된다.

　이와 같은 맥락에서 기독교에서의 성상들이나 불교에서의 불화들을 볼 때 우리가 유념해야 하는 것은 다름 아닌 "통일적 원리"에 대한 이해라고 할 수 있다. 그런 이해가 부족할 경우 F. 곤잘레스 크루시F. Gonzalez-Crussi가 예를 들고 있듯이 종교화로 볼 수 있는 그림을 단지 풍속화로만 보게 될 수 있다. 그는 루브르 박물관에 있는 렘브란트Rembrandt의 작품을 예로 들어 동일한 이미지에 대한 다른 해석의 예를 설명하고 있다. 그 작품은 두 개의 제목으로 알려져 있는데, 하나는 "목수의 집"The Carpenter's Household이고 다른 하나는 "성가족도"The Holy Family이다. 전자로 제목을 붙였을 때는 장르미술의 예가 되어 17세기 네덜란드의 일상적 삶의 모습을 담은 풍속화가 되는 반면에, 후자의 제목으로 보면 기독교와 관련되어 종교화가 된다는 것이다(『보이는 것』 129-30). 이것은 지각을 형성하는 데에 마음의 상태가 어떤 영향을 끼치는가에 대한 하나의 예가 되기도 하지만, "통일적 원리"에 대한 이해의 중요성에 대한 예가 되기도 한다.

　존 V. 플레밍John V. Fleming은 그림으로 번역된 말보다도 이미지에는 더 많은 것들이 있지만, 특히 기독교 아이코노그래픽 체계의 텍스트적 토대를 무시하는 일의 문제점에 대해 언급한다(205). 플레밍은 말에 대한 지적 이해를 위한 리터러시literacy가 중요한 것과 같이, 이미지에 대한 지적 이해를 위한 픽처러시picturacy의 중요성에 대해 언급한다(209). 같은 맥락에서 "상호그림성"interpictoriality이라는 개념을 쓸 수 있다. 이것은 그림도 보는 과정에서 이미지나 이야기에 대한 선행의 회상과 반응 등에 의해 그 의미가 생성된다는 것이다. 이것은 문학이론에서의 "상호텍스트성"intertextuality 개념에서 응용된 것이다(Hahn 109). 고대 혹은 중세의 기독교 미술은 기독교적 이념을 전달하려고 의도한다. 칼 퀸스틀레Karl Kunstle가 지적하듯이 "라오콘 군상을 이해하는 데에는 그 신화적 배경에 대한 지식이 그다지 중요하지 않다. 그러나 그리스도의 탄생 장면을 감상하는 경우, 작가의 의도를 바르게 이해하기 위해서는 종교적 일화에 관한 지식이 필수적이다"("기독교 미술" 73).[32]

진중권은 도상학적[아이코노그래픽] 단계에 대한 설명에서 "어느 곳에서나 마찬가지겠지만, 서구의 예술 역시 예로부터 미리 존재하는 텍스트의 시각적 번역이었다. 헤브라이즘은 서구에 성서라는 토대를 제공해 주었고, 헬레니즘은 신화와 고대 저술가들의 문헌으로 서구문명을 다채롭게 해주었다. 서구에서 제작된 대부분의 이미지는 이 문헌들을 바탕으로 하고 있기에, 그 제재들을 해독하는 데는 서구의 문화적 코드에 대한 이해가, 서구 문명을 만들어온 문헌들에 대한 지식

---

32 "기독교 미술은 상징적인 성향을 지녔다고 할 수 있다, 기독교 미술 작품들은 화면 자체만으로는 결코 이해될 수 없으며, 신의 계시나 기독교적 숭배의 배경을 통해서만 그 진의가 드러나는 이념을 함축하고 있다. 기독교 미술의 그와 같은 상징적 성향은 우리를 늘 종교적, 추상적 관념의 세계로 이끄는 기독교 미술의 저 훈도적 성향과 깊은 연관을 지닌다"(퀸스틀레 82).

이 필요하다"(169)라고 말한다. 또한 도상해석적[아이코놀로지] 단계에 대한 설명에서는 "도상학적 단계가 이미지의 관습적 제재를 분석하기 위해 주로 문헌에 대한 지식에 의존했다면, 그것을 넘어 작품의 정신적 내용을 해석하는 도상해석학적 단계에서는 그보다 차원이 높은 '종합적 직관'이 중요하다. 문헌적 근거를 들어 제재를 밝히는 데 그치는 도상학과 달리, 도상해석학은 작품에 담긴 정신적 의미를 해석하기 때문이다"(173)라고 쓰고 있다.

그런데 우리가 그림들을 포함한 시각적인 종교적 이미지들을 대할 때 염두에 두어야 할 것은 그 이미지들을 도구로 이용하여 사람들이 어떤 과업을 수행하려고 했는지에 대한, 즉 그 이미지들의 효능과 영향력에 대한 이해의 중요성이다.[33] 아른하임은 "원시미술은 일상생활의 중요한 과업 수행을 위한 실제적인 도구이다. 그것은 초인적인 힘들을 신체에 가져다주고, 그래서 힘이 구체적 교제를 수행할 상대가 되게 해 준다. 그것은 실제 사물, 동물, 인간들과 상응한다. 그리하여 여러 종류의 일을 수행할 역할을 떠맡는다. 그것은 정보를 기록하고 전달한다. 그것은 부족한 식량과 물자들에 대해 '마법적인 영향력'을 발휘할 수 있게 한다"(『미술과 視知覺』 180)라고 쓰고 있다. 아른하임은 또한 시각적 상상력 혹은 시각의 작용이 문제해결의 과정, 즉 "구조적 전체의 창조"(『미술과 視知覺』 90)라는 점을 보여주는 실험을 한다.

패티슨이 말하듯이 미술관에서 르네상스 시대의 종교적 걸작 그림

---

33 "이미지의 검증은 그것의 유사함에 있는 게 아니라, 일련의 행위 속에서의 효능에 있다. 물론 그것이 어떤 효능을 발휘하는 데 기여한다고 생각될 때는 실물과 같은 실감이 나지만, 다른 국면에서는 그것이 유효한 원형의 본성을 갖고 있기만 하면 가장 단순한 도식 하나만으로도 충분하다. 그것은 실물과 똑같거나 아니면 더 잘 작용을 해내야만 한다"(곰브리치 124).

들을 볼 때나 방문의 적재적소에 있는 경첩을 볼 때나 차별 없이 "보다 더 인격적이며, 보살피고 존중하는 관계를 인공물들이나 사물들과 유지하기 위해 노력하는 것은 이 세계와의 관계를 근본적으로 변화시킨다"(259). 그런데 인공물 혹은 사물들과 그런 관계를 유지하는 것이 자칫 우상숭배idolatry나 물활론animism에 빠질 위험은 없는 것인가? 유럽에서 중세 후기 이후 종교사상을 이미지들로 결정화하는 경향이 많아졌는데, 이 경향은 다른 부족적 종교에서도 나타나는 현상이다.

조쉬 엘렌보겐Josh Ellenbogen과 아론 투겐다프트Aaron Tugendhaft는 『우상불안』Idol Anxiety이라는 제목의 책 서론에서 고대 메소포타미아의 주민들이 성전에 새 신상을 세울 때 "미스 피"mīs pî라는 정교한 절차를 수반하는 의식을 치른 것에 대해 언급한다. 그 의식을 집행하는 과정에서 새 신상의 근본적인 변형이 이루어지고 신으로 적절하게 여겨질 수 있게 된다는 것이다. 이 의식에서 중요한 단계는 신상을 제작했던 장인들이 그들의 도구들을 강물 속으로 내던지고 사제가 나무 칼로 그들의 손을 상징적으로 자르는 동작을 취할 때이다. 장인들은 "내가 결코 이것을 만들지 않았습니다"라는 말을 반복한다는 것이다(1). 이것은 이사야서 44장 9절부터 11절에서 이집트의 우상들을 비판하면서 그 장인들은 단지 인간들일 뿐이라고 한 데에서 우상에 대한 관점의 차이를 보인다. 엘렌보겐과 투겐다프트도 지적하듯이 이집트인들의 특별한 의식적 절차의 수행 그 자체가 그들도 그 신상이 우상이라는 점에 대한 인식과 불안이 있었다고 할 수 있겠다(2).

구약성서가 출애굽기 20장 4절부터 5절 사이에서 "너를 위하여 새긴 우상을 만들지 말고 또 위로 하늘에 있는 것이나 아래로 땅에 있는 것이나 땅 아래 물 속에 있는 것의 어떤 형상[image]도 만들지 말며, 그것들에 절하지 말며 그것들을 섬기지 말라"라고 우상을 금지한 것은 창조주의 특권을 침해한다는 인식에 의한 것이었다. 그런데 민수기 21장 8절과 9절에서 "여호와께서 모세에게 이르시되 불뱀을 만들어 장대 위에 달라 물린 자마다 그것을 보면 살리라. 모세가 놋뱀[a bronze snake]을 만들어 장대 위에 다니 뱀에게 물린 자마다 놋뱀을 쳐다본즉 살더라"에서 "놋뱀"은 영험력을 지닌 일종의 성상과 유사한 것으로 볼 수 있다. (열왕기하 18장 4절에서는 "... 모세가 만들었던 놋뱀을 이스라엘 자손이 이때까지 향하여 분향하므로 그것을 부수고 느후스단[Nehushtan]이라 일컬었더라"라는 기록이 보인다.)

그림으로 그린 성상聖像 icon과 현실적인 느낌을 주는 둥근 입체형의 조각상을 구별하는 동방교회東方敎會, 그리스 정교회에서는 평면 이미지들 혹은 부조bas relief 이미지들을 이용하여 시각적으로 장식했다. 이콘이 실질적 현실이 아니라 영적 실재를 재현해야 한다고 보았기 때문에 정통 아이코노그래피에서는 인물들의 인간적 속성이 아니라 그들의 신성을 강조하는 방식으로 형상화했다.[34] 이 이콘들은 보는 사람들을 "침착"nipsis sobriety하게 만든다. 따라서 얼굴, 특히 눈을 묘사하는 방식은 보는 이의 마음속에 평정, 헌신, 그리고 금욕주의를 향한 열정을 생성하기 위한 의도를 토대로 한다. 서양미술과 이콘들이 다른 점은 이콘들이 역원근법inverse perspective을 사용한다는 점에 있다. 그림자가 없고, 배경은 보통 황금잎으로 덮여있는데, 이것은 그려진 대상이 현세적인 것이 아니라 초자연적인 것이라는 점을 알게 하기 위해서이다. 동방정교 교회 내부는 그리스도, 성모

---

34 이콘이란 "판지板紙 위의 그림들만이 아니라 모자이크, 프레스코, 신성시되는 용기容器의 장식, 의복과 책, 조상彫像들과 같은 모든 종류의 종교적 예술"을 뜻할 수 있는데, 이 경우의 "이콘"은 사실 그리스어로 이미지에 해당하는 이콘eikon에 대한 음역이다(Louth 8). 이 책의 주 7) 참조.

마리아, 그리고 성자들의 이콘들로 완전히 덮여있는데, 내러티브적 장면들 속에서 다양한 정형화된 자세를 취한다.

동방교회의 기독교인들은 이콘들에게 기도하는 것이 아니라 이콘들 "앞에서" 기도한다. 이콘은 예술작품이 아니라 소통의 수단이다. 이콘을 응시하는 것은 숭배자를 천국으로 인도하는 것을 돕기 위한 것이다. 그 목적은 테오시스theosis, 즉 신과의 신비적인 결합이다. 그래서 숭배자들은 단지 이콘들을 보기만 하는 것이 아니라 그 앞에서 절을 하거나 입을 맞춘다. 전통적으로 얼굴이 아니라 오른손이나 오른발에 입을 맞춘다. 그러므로 이콘을 제작할 때부터 이 점을 염두에 두고, 이콘의 오른손은 축복을 위해 치켜든 모습으로 오른발이 보이도록 그려진다.[35]

"종교적 이콘은 숭배를 위한 매개물이고, 우상idol은 숭배의 대상 그 자체이다"(Plate, *Religion* 222)라고 구별되기도 한다. 오렌 바루크 스티어Oren Baruch Stier는 "이미지는 그것의 형태가 무엇이든 그 자체를 넘어 그것이 환기하는 어떤 기억에 대해, 심지어는 그것이 은폐하거나 보호하는 어떤 신비에 대해, 그것이 지시하는 어떤 차이에 대해 지시하는 한, 효과적인 이콘이 된다. 이콘이 아이돌(우상)이 되는 것은 다만 해석의 실수가 범해졌을 때만, 즉 보는 사람이 부분을 전체로 잘못 해석하거나 인공물을 그것을 생산했던 사건들로, 혹은 그것을 전시하게 만든 이데올로기로 잘못 해석할 때만이다"(Plate, *Religion* 222)라고 간결하게 이콘과 우상을 구별한다.

기독교 교회에 종교적 이미지들이 도입된 이유에 대해 15세기 중엽 이탈리아의 프란체스코 수도회의 사제가 3가지로 정리했다고 한다(Honour 438).

---

35 Wikipedia "Religious Image"의 Eastern Christianity 항목 참조.

첫째, 글을 읽을 줄 모르는 사람들이 그림을 보고 구원과 신앙의
　　　성사를 배울 수 있게 하기 위한 목적
둘째, 듣는 것보다 보는 것에 의해 더 잘 움직이게 되는 우리의 정
　　　서적 둔감성에 대한 인식
셋째, 듣는 것보다 보는 것에 대해 우리가 더 잘 기억한다는 이유

　프리드버그에 의하면 교회에 이미지들이 허용된 이유를 토마스 아
퀴나스Thomas Aquinas도 3가지로 거론했다고 한다. 즉 책을 통해서
가 아니라 이미지들을 통해서 배울 수 있는, 교육받지 못한 사람들을
위한 학습의 도구, 매일 눈으로 봄으로써 성육Incarnation의 신비나 성
인saints들의 예들이 기억 속에 확고하게 자리 잡을 수 있다는 이유,
그리고 듣는 것에 의해서보다는 보는 것에 의해 더 많이 효율적으로
환기될 수 있는 정서를 자극하기 위한 목적 등으로 설명된다(162).[36]
첫 번째 이유는 이미지들이 "문맹자들을 위한 책"the *libri idiotarum*
이 된다는 것으로서 쉽게 이해될 수 있다. 두 번째와 세 번째는 이미
지가 정서환기와 기억강화에 언어보다 더 효율적이라는 전제를 인정
한 것이라고 할 수 있다. 특히 정서를 환기하는 이미지의 힘은 공감적,
감정이입적 명상empathic meditation의 전통이 기본이 된다. 로마 가
톨릭Roman Catholicism, 동방정교회Eastern Orthodoxy, 동양정교회
Oriental Orthodoxy, 루터교Lutheranism, 영국국교회Anglicanism에서

---

36 마리-호세 몬드자인Marie-Jose Mondzain에 의하면, 성육incarnation 이야기
　는 이미지 그 자체의 전설이다. 몬드자인은 단지 이미지만이 성육할 수 있
　다고 말하고, 응시의 실패에 대해 언급한다. 즉 시각은 결코 보고자 욕망하
　는 그 대상을, 즉 신을 보지 못한다. 그래서 계속 욕망하고 가시적 형상을
　만든다는 것이다. "비가시적인 이미지"와 "가시적인 이콘"이라는 대립이 성
　립한다(56, 82-86).

성자로 추앙받는 닛사의 그레고리Gregory of Nyssa(c.335-395)는 아들 이삭을 희생 제물로 바치려고 하는 아브라함의 모습을 그린 그림을 볼 때마다 눈물을 흘릴 수밖에 없었다고 하는데, 이 일화도 감정이입적 명상을 가능하게 하는 이미지의 힘을 알려준다.

자넷 소스키스Janet Soskice는 "비록 우리가 기독교전통을 '반시각 중심적'antiocularist 혹은 보다 일반적으로는 반감각적antisensual인 것으로 해석하지만, 중세 성당들, 다성음악, 혹은 초기 르네상스 회화 등의 화려함을 보면 이 관점을 옹호하기는 어렵다. 우리 시대의 유럽 신학자들은 대부분 모든 감각들이 기만당할 수 있는 것과 마찬가지로 그것들은 합당하게 질서화되면 모두 우리를 신의 현존으로 인도할 수도 있다고 믿는 교부敎父의 인도를 따른다"(36)라고 말한다.[37]

신준형은 "이미지가 종교에 있어 영적인 경험에 이르는 중요한 수단으로 쓰이는 것은 힌두교나 불교 같은 인도의 종교에서는 매우 흔한 일이다. 그리스-로마 문화권도 인간의 형상으로 신의 모습을 만들어온 오랜 전통을 가지고 있다. 유대교에서 갈라져 나온 기독교가 아마도 로마제국 하의 그리스어 권에서 유포되고 발전했기 때문에 유대교와는 달리 미술을 적극적인 영적 도구로 사용하게 된 것이 아닐까 하는 생각이 든다"(『천상의 미술』 74)라고 쓰고 있다.

기원 2세기경까지는 기독교적 시각적 이미지는 주로 신도들의 은신처나 무덤, 즉 카타콤catacomb에서 발견되는 것들과 같이 목동이나

---

37 시각예술 속의 종교적 이미지들의 힘과 위험성에 대한 기독교인들의 의식, 신학과 시각예술이라는 주제에 대한 학술적 연구는 20세기 중반에 와서야 시작되었다. 그 분야의 대표적인 학자인 윌슨 예이츠H. Wilson Yates의 신학을, 그의 퇴임을 기념하여 동료와 후학들이 출간한 책의 제목과 같이 "시각신학"Visual Theology이라고 할 수 있다(Jensen, *Visual Theology* x).

물고기, 운동선수의 승리의 상징인 종려palm 등으로 나타난다. 이것들 중에는 그리스의 이미저리로부터 많이 차용한 흔적이 있다. 그렇지만 초기 기독교인들은 3차원적 형상은 우상이 되는 위험이 있다는 이유로 사용하는 것은 꺼렸다고 한다. 경전상의 이야기를 묘사하는 "요약된 재현"abbreviated representation으로서의 이미지들이 이용되었다 (Dyrness 27). 기원 313년 밀라노 칙령the Edict of Milan 이후, 즉 로마제국에서 기독교가 공인된 이후 로마 전역에 호화로운 장식물들을 지닌 웅장한 교회 건물들이 출현했다. 초기 기독교에서의 이미지 없는 단순성이 로마적 시각문화의 영향을 받게 되었을 것이라고 생각해 볼 수 있다. "이미지들을 이교도 숭배와 관련시켰기 때문에 시각예술을 배척했을 것으로 여겨졌던 기독교도들이 이미지들을 받아들였다는 것은 놀랄만한 일이다"(Miles, *Image as Insight* 5)라는 지적이 있다. 물론 이미지들을 받아들였다고 해도 그 위험성에 대한 비판의식마저 결여되었던 것은 아니었다. 이미지가 재현하는 그 프로토타입prototype 보다도 이미지 그 자체에 집착하게 될 수 있는 가능성에 대한 인식이 있었던 것이다.

로빈 M. 젠센Robin M. Jensen의 설명에 의하면, 8세기 중엽 비잔틴 제국에서 성상파괴주의자들iconoclasts과 성상숭배자들iconodules 혹은 성상옹호자들iconolaters 사이의 대립이 첨예하게 되었는데, 전자는 모든 종교적 이미지들이 잠재적인 우상들이 될 가능성이 있다고 보고, 장식적이거나 교육적인 이미지들 외에는 그것들을 부정하지만, 후자는 "자연세계로부터의 대상들과 인간들이 만든 이미지들은 둘 다 불가시적 신성the invisible divine을 드러낼 수 있다"라고 보고 그것들을 인정한다(*Substance of Things Seen* 55-58). 신성이 예수 그리스도라는 인간의 모습으로 시각화되었다는 주장과 우상숭배에 대한 배척도 갈등이 있을 수밖에 없다. 요한복음 1장 1절과 14장 9절에서 암시되듯이 예수 그리스도가 이미지*eikon*이면서 말씀*logos*이라는 이중성을 지니기 때문이다.

종교적 이미저리에 대한 논쟁에 대한 비잔틴 용어는 "이미지 투쟁" iconomachy이다. 좀 더 자세히 살펴보면 730년에서 787년까지 기간인 "1차 성상파괴주의"First Iconoclasm와 814년에서 842년까지의 "2차 성상파괴주의"Second Iconoclasm로 구별된다.[38] 이것은 그리스도, 성모, 성자들을 포함한 성스러운 인물들의 이미지들이 적절한가에 대한 신학적 주제와 관련되는데, 성상파괴주의 입장의 논리들은 다음과 같이 정리될 수 있다.

첫째, 그림이나 조각과 같은 생명 없는 이미지 제작을 통해 예수나 성자들을 재현하는 것은 비난받아야 한다.

둘째, 예수에 대한 유일한 허용되는 이콘은 유카리스트the Eucharist 일 뿐이다.

셋째, 예수에 대한 이콘을 만들면 그의 신성과 인간성을 분리하게 된다. 묘사될 수 있는 것은 인간적인 속성들뿐이기 때문이다. 그 분리는 네스토라이애니즘Nestoraianism이다.[39]

넷째, 이콘의 사용은 이교도적 관행으로 돌아가는 것이다. 즉 초기 기독교 전통으로부터 벗어나는 것이다.

---

38 존 할돈John Haldon과 레슬리 브루베이커Leslie Brubaker에 의해 비잔틴 성상파괴주의에 대한 재평가가 이루어졌다고 한다.

39 431년에 신격과 인격은 분리된다고 주장한 네스토리우스의 사상을 받아들여 비잔틴 그리스도교로부터 분리되어 페르시아에 근거를 둔 교파이다. 한편 신격과 인격이 하나라고 보는 입장은 "모노피지티즘"monophysitism이다.

이미지들의 힘이 그 이미지들을 만든 사람들을 결국 파괴할지도 모른다는 불안은 이미지 제작 그 자체만큼이나 오래된 것이기도 하다(Mitchell, *Picture Theory* 15). 서양에서 이미지들, 특히 종교적 상들에 대한 부정적 시각은 다음과 같은 6가지 이유에 기인한 것으로 정리된다(Pattison 92-93).

첫째, 신성을 재현하는 이미지들은 비가시적, 비물질적이며 인간의 상상을 초월하는 신을 왜곡하거나 잘못 재현한다.
둘째, 이미지들은 사람들의 눈과 마음을 지상적인 물질적 영역에 고착시킨다.
셋째, 특히 강력한 이미지들은 눈의 시각적 만족을 통해 사람들을 유혹할 수 있다.
넷째, 우상숭배로 귀착할 위험이 상존하게 된다.
다섯째, 시각적인 상들을 만들기 위해 자원과 재산을 낭비하게 되는 위험이 있다.
여섯째, 이미지들은 신의 말씀으로부터 벗어나게 만드는 위험이 있다.

창세기 1장 26절 인간이 신의 형상대로 만들어졌다는 표현에서의 "형상"은 물질적 화상material picture이 아니라 추상적, 일반적, 영적 닮음, 즉 영적 유사성을 뜻한다. 그런데 물질적 화상과 영적 닮음 사이의 혼동이 문맹인 평신도들의 교육을 위해 유용하다고 보는 성직자들도 있고, 감각을 만족시키고 신앙심을 고양시키는 데에 외부적인 시각적 이미지들이 필요한 사람들도 있다. 예를 들면 "살아있는 그림"tableau vivant, 즉 연극과 그림을 결합시킨 형태가 있었는데, 적절한 옷차림을 한 배우들 혹은 모델들이 주의 깊게 자세를 취하고 움직이지 않은 채로 있는 방식이다. 이러한 "살아있는 그림"이 중세의 "그리스도의 몸"Corpus Christi 축제 때에 이용되었다. 그 축제는 그리스도의 피와 살, 그의 유카리스트Eucharist, 즉 성체聖體 속에서의 실제적 현존에 대한 믿음을 통한 기쁨을 강조하는 축제였는데, 이것은 영적 닮음만이 아니라 물질적 화상으로서의 "형상"에 대한 사람들의 요구에 대한 성상애호주의적 응답이라고 할 수 있다. 이러한 성상애호주의자들의 관점은 다음과 같이 정리된다.

첫째, 가시적 물질 속에서의 신의 육화incarnation라는 개념 자체가 가시적 물질을 통한 시각적 형상화를 정당화한다. 출애굽기에서 모세에게 신이 케루빔cherubim 智天使 형상을 황금으로 만들라는 명령을 준 것도 이점을 반증한다.

둘째, 아이돌idol과는 달리 이콘icon은 실제 사람들을 묘사한다.

셋째, 이콘은 기록되지 않은 구비전통의 일부이다. 이미지들을 만들고 경배하는 것을 반대한 필서 전통과는 달리, 이것은 정교 Orthodoxy에서 바실 대제Basil the Great를 언급하며 권위를 인정받은 패러도시스paradosis 혹은 전통이다.

넷째, 아케이로포이에타이acheiropoietai, 즉 인간의 손으로 만들지 않은 이콘, 즉 기적적으로 존재하게 된 이콘이 있다.

그 자체로서 내재적으로 성스러운 것들로 범주화되는 아케이로포이에타이는 신에 의해 만들어진 것으로 간주된다. 성스러운 것으로 인정되는 이미지들 중에는 성스러운 사람의 초상화 혹은 성스러운 초상화가에 의한 초상화도 포함된다. 에반젤리스트 누가, 즉 누가복음서 저자 누가Luke the Evangelist의 "테오토코스와 아이"Theotokos and Child

[그림 10]
이탈리아 Lucca의 Berlinghiero (ca. 1230)의 작품으로서 뉴욕의 Metropolitan Museum of Art에 소장되어 있는 **Hodegetria**의 예이다. 아기예수가 고대철학자 풍의 옷을 입고 있고, 손에는 두루마리를 들고 있다.

가 있다(Apostolos- Cappadona 228). 아케이로포이에타이의 예로는 전설적인 에데사의 만딜리온Mandylion of Edessa이나 베로니카 베일Veil of Veronica, 튜린 수의Turin Shroud 등이 있다. 이 용어는 자연현상들 속에서 기적적으로 발생하는 것으로 믿어지는, 종교적, 영적 성격의 시뮬라크라simulacra를 지칭하는 것으로 확대되었다.40

역사적으로 성상파괴주의적 입장은 본래 성상반대적aniconic 종교인

---

40 이런 이미지들은 과학적으로는 파레이돌리아pareidolia의 형식으로 설명되기도 한다. 즉 특정의 패턴에 대한 사람들의 정신이 지닌 과도한 민감성에 의해 이미지들을 잘못 지각하는 현상이다. 구름 속에서 사람의 얼굴모습을 본다거나 달 표면에서 토끼를 본다는 것과 같다. 이것은 아포페니아apophenia, 즉 무의미한 데이터에서 유의미한 패턴을 보는 경험의 일종이다.

이슬람교의 영향이라는 설명도 있다. 7, 8세기 이슬람의 군사적 성공들에 대한 신뢰 때문에 비잔틴 기독교도들이 자극받았다는 것이다. 여성들과 수도승들은 성상숭배를 옹호했기 때문에 비잔틴 사회에서의 정치적, 경제적 분열이 야기되기도 했다. 콘스탄티노플의 부유한 그리스인들은 성상파괴주의에 대해 강하게 반대했다. 반면에 동방의 빈한한 비그리스인들은 성상파괴주의를 옹호했으므로 이 논쟁에 담긴 일종의 계층갈등을 볼 수 있다. 9세기에 동방정교의 승리에 의해 성상파괴주의가 패배하게 되었지만 그 이후로도 그 둘 사이의 갈등은 다양한 형태로 존속된 셈이다.

대체로 그레고리 대제Gregory the Great 이후 프로테스탄트 혁명 the Protestant reformation에 이르기까지는 시각적 이미지들의 사용이 "문맹자들의 경전"the scriptures of the illiterate으로 인정되었다고 할 수 있다(Viladesau, *Theology* 135-36). 그러나 예를 들면 1538년 영국에서 헨리 8세의 대주교대리인vicar general인 토마스 크롬웰 Thomas Cromwell의 지시에 의해 런던의 성모상들을 불태우게 한 일에서 드러나듯이 성상애호주의와 성상혐오주의 사이의 대립이 다시 부각된다(Turner 140-43). 사실 유럽에서는 중세 후기 이후 종교사상을 이미지들로 결정화하는 경향이 많아졌는데, 성모상의 경우, 성모의 초자연적 능력에 대한 상징이 아니라 그런 능력이 그 특정의 성모상 자체에 내재되어 있다고 보는 경향도 생기게 되었다. 따라서 그런 현상에 대한 심리적, 사회적 논의도 필요하게 되었다. 마찬가지로 신적, 초자연적 기원을 지닌 것으로 믿어진 이콘들과 연관된 기적들에 대해 많은 논의가 있었다. 그리스도나 성모가 자신들을 그릴 초상화들을 위해 화가 앞에 앉아 있었다고 믿기도 했고, 특히 성모의 초자연적 능력이 특정의 성모상에 내재되어 있다고 보는 경향이 생기기도 했다(Turner 140-43).

다양한 방식의 성모상 중에서 호데게트리아Hodegetria, 즉 "길을 보여주는 그녀"She who shows the Way라는 뜻을 지닌 성모상은 마리아가 아기예수를 안고 그가 인류를 위한 구원의 원천이라고 오른손으로 가리키는 모습이다.

이 호데게트리아에서 파나기아 엘레오우사Panagia Eleousa, 즉 "온화한 자비의 성처녀"Virgin of Tender Mercy로 발전했는데, 여기서는 아기예수가 주로 왼쪽에 있고 성모와 뺨을 맞대고 있다. 파나기아Panagia는 "성스러움 전체"All holy라는 뜻인데, 동방교회에서는 성모, 즉 테오토코스Theotokos를 묘사하는 방식은 관객을 향해 정면을 향하고 서 있는 전신의 모습이다. "테오토코스"는 "신 잉태자"God-bearer라는 뜻인데, 네스토리우스는 이것 대신에 "크리스토토코스"Christotokos, 즉 "그리스도 잉태자"Christ-bearer라는 개념을 쓰는 것이 맞는다고 보았다. 앞에서도 언급했듯이, 네스토리우스는 신성과 인격의 동시적 공존이 불가능하다고 보았다.[41]

---

41 네스토리아니즘은 아시리안Assyrian 동방교회를 형성했고 로마 가톨릭에 의해 이단시되었는데 실크 로드를 통해 중국, 몽고, 일본 등으로 전파되었다. 7세기 중국 당 태종 때 "경교"景敎라고 지칭되었다. 우리나라에도 8, 9세기 신라시대 때 경교가 전래되었을 가능성이 있다. 불국사에서 발견된 석제십자가나 십자무늬 장식, 그리고 마리아관음상 형상도 그 전파의 흔적이라고 할 수 있다(『불국사에서 만난 예수』, 『아시아 기독교 경교의 이야기』 참조). ("마리아관음상"이란 일본에서 16세기와 에도시대에 기독교 금지정책으로 탄압 당했던 교인들이 만든 관세음보살 모습을 한 마리아상을 뜻하기도 한다. 마리아상을 불상과 비슷하게 만들어서 비기독교인들의 눈을 피하려고 했다는 것이다.) 법정스님이 마리아상을 본떠 관음보살상을 만든 경우도 있다.

[그림 11]

작자미상의 **Vladimir Icon.** Tretyakov Gallery, Moscow. 블라디머는 10세기 말 기독교로 개종
한, 키에프Kiev의 통치자 이름인데, 이 블라디머 이콘은 12세기에 콘스탄티노플Constantinople에서
키에프로 옮겨진 것으로 여겨진다. 성모가 뺨을 온화한 자태로 아기예수의 얼굴에 맞대고 있으
며 아기예수는 팔로 그녀의 목을 감싸고 있으며 사랑스럽게 성모의 얼굴을 쳐다보고 있다.

[그림 12]

시에네스Sienese 회화의 창시자로 알려진 두치오 디 부오닌세냐Duccio di Buoninsegna
의 **Madonna and Child.** 아기예수가 성모의 베일을 들추어 보고 있는데, 성모의
슬픈 얼굴표정은 십자가 수난을 예견하고 있음을 암시한다. 나무에 템페라와 금
으로 그린 것인데, 발코니 난간과 우아한 휘장drapery이 그림의 성스러운 세계
와 그림을 보는 사람의 세속적 세계를 결합한다. 액자 아래에 보이는 것은 촛불
에 탄 흔적이다. 뉴욕의 메트로폴리탄 뮤지엄 오브 아트The Metropolitan Museum
of Art의 Guide 235면에 설명과 사진이 실려 있다.

이 중에서 "블라디머의 테오토코스"Theotokos of Vladimir로 불리
는 12세기 비잔틴에서 제작된 "블라디머 이콘"Vladimir Icon은 대표
적인 파나기아 엘레오우사의 유형들 중의 하나이다.

이것은 악을 퇴치하는 것으로 믿어진 수호신, 즉 팔라디움palladium
으로 여겨졌다. 팔라디움은 우리말로는 부적, 호신부 등으로 옮겨지는
탈리스먼talisman과 애뮬릿amulet과도 유사한 개념인데, 악을 물리치
는 영적 힘을 지닌 것으로 상정된다는 점에서는 동일한 탈리스먼과 애
뮬릿을 굳이 구별하면, 탈리스먼은 스와스티카swastika나 솔로몬의 봉

인Seal of Solomon, 알라딘의 요술램프와 같이 특정의 의도로 제작자가 만든 것으로 그것을 지니면 더 많은 힘을 얻을 수 있는 것으로 믿어지는 것이고, 애뮬릿은 십자가나 마늘과 같이 악이나 질병으로부터 보호해 주거나 치유의 힘을 지닌 것으로 믿어지는 물상들이다.

두치오 디 부오닌세냐Duccio di Buoninsegna가 1300년경에 그린 『마돈나와 아기』Madonna and Child라는 그림은 목판에 템페라tempera와 금으로 그린 것인데, 이것은 서양미술사에서 마리아와 아기 예수를 그린 그림을 성스러운 존재에 대한 상징적 이미지로 보는 비잔틴 관념으로부터 벗어나서 모자母子 사이의 심리적 관계를 탐구하면서 인물상에 새로운 인간성을 부여했다. 모자 사이에 일어날 수 있는 실생활의 모습을 보여준다.

성모 마리아상의 유형들 중에서 특히 "아기예수에게 수유하는 마리아"Mary breastfeeding Jesus와 관련된 논의는 시각문화적 맥락에서 검토할 만하다. 예수의 십자가 순교crucifixion 이미지가 인간에 대한 신의 사랑을 표현하는 주된 상징으로 부상하기 전에는 아기예수에게 젖을 먹이는 마리아의 이미지가 주된 상징이었으며 중세 시대까지는 그런 그림이 다양한 맥락에서 그려졌다. 예를 들면 프리실라Priscilla 카타콤Catacomb에서 발견된 기원 250년의 성모상은 수유하는 성모의 모습과 아기 예수가 함께 있는 모습이다. 또한 이집트와 중동의 초기 교회인 콥틱 정교회Coptic Orthodox Church의 성모상도 같은 모습이다.

동방기독교 전통에서는 "갈락토트로포우사"Galaktotrophousa로 지칭되었는데, 15세기 인쇄기술의 발명 이후 대량으로 복제되기 시작한 포르노그래피의 영향으로, 여성의 신체의 성적 대상화sexualization가 일어났고, 동시에 의학적 목적으로 그린 해부학적 그림들이 많이 유포됨으로써 신체의 탈신비화demystification가 진행됨에 따라 신체를 신

[그림 13]
"Maria Lactans: Mary as Nursing Mother"라는 표제를 붙인 갤러리를 수록
하고 있는 사이트(www.fisheaters.com/marialactans.html)를 통해서도 기원 250년
경의 Priscilla Catacombs에서 발견된 이 이미지로부터 19세기까지의 다양한
"마리아 락탄스"Maria Lactans 그림들을 볼 수 있다. 중세와 르네상스 시대
때 토스카나the Tuscan 학파에서 인기 있는 묘사방식이었다고 한다.

성의 반영으로 보는 전통적 견해가 손상되었다. 이런 사정으로 가슴을
드러내는 마리아 상에 대한 재고가 일어났다는 것이다. 14세기까지는
성모 마리아의 드러낸 가슴은 사랑과 양육과 같은 신의 인간에 대한
보호의 이미지였다. 그러나 18세기 중엽에 오면 그것은 성적erotic이
거나 의학적medical인 것이었고 가슴은 종교적 상징으로서의 지위를
상실했다(Miles, *Complex Delight* 10). 이것은 근대 기독교에서의 인
간의 신체에 대한 태도의 형성에 관한 역사적 고찰을 통해 이해될 수
있을 것이다.

[그림 14]
레오나르도 다 빈치Leonardo da Vinci가 1490년경에 그린 것
으로 언급되는 "**Madonna Litta**"도 그러한 "마리아 락탄스,"
즉 수유하는 어머니 모습의 성모상의 한 예가 된다. Hermitage
Museum, Saint Petersburg 소장.

로버트 W. 스크리브너Robert W. Scribner가 검토한 것과 같이, 성
스러운 이미지the sacred image와 관능적 응시the sensual gaze의 문
제는 15세기 말에서 16세기 초 유럽에서 중요한 문제로 부각되었는
데, 이 문제는 숭배와 감각작용 사이의 관련에 대한 논의를 위해 살
펴볼만 하다. 16세기 초에 성상혐오주의자인 울리히 즈빙글리Ulrich
Zwingli는 성스러운 여성들이 마치 남자들의 육적 욕망을 자극하기
위해 유곽 주인들이나 요부들처럼 묘사되고 있다고 교회에서의 이미
지들에 대해 비판했다(Scribner 129-30). 교회에 걸린 그림들에 대한

그러한 비판은 단지 우상들에 대한 성경적 금지로부터만이 아니라 숭배에서의 모든 관능성에 대한 거부로부터 나온 것이다.

중세인들에게는 한쪽 가슴을 드러낸 여인의 상반신 이미지는 포르노그래피적인 것이 아니라 양육 받는 아기와 관련된 일상적 광경이었을 것이다. 즉 시각적 연상이 달랐을 것이다. 한쪽 가슴을 드러낸 성모 마리아라는 시각적 이미지와 관련된 경제적 조건이 13세기 말에 식량공급의 위기가 도래함으로써 모유수유가 강조되었던 시기였다는 점과 연관성이 있다는 설명도 있다(Miles, "Virgin" 197). 마가렛 R. 마일즈Margaret R. Miles는 시각적 양식은 혹독한 것들을 정복하는 방법인데, 이 성모상들이 거의 예외 없이 남자들이 그린 것들로서 보는 사람들을 보다 더 깊은 사랑에 찬 경건함affective piety으로 인도하려는 메시지를 제시하려는 것이라기보다는 대단히 복합적인 반응들을 환기한다고 본다. 아기에게 수유하는 여자의 가슴은 위협과 위안이라는 이중성을 지닌 모호한 상징이었다는 것이다("Virgin" 205). 또한 한 가지 부연할 만한 것은 "마리아 락탄스" 이미지는 지중해 문화 전통의 영향이 있었다는 점이다. 이집트의 여신 아이시스Isis가 아들 호루스Horus 신에게 수유하는 모습의 상들이 있기 때문이다.

스크리브너의 설명에 따르면, 중세 말의 대중적 경건은 "응시의 경건"a piety of the gaze이었는데, 이것은 보기visio를 통해 사람들이 성스러움을 이해할 수 있다는 전제로부터 나온 것이다. 이것은 가시적 세계는 불가시적 세계에 대한 기호라는 전제와 관련된다. 스크리브너는 미사Mass 중에 고양elevatio 경험을 야기하는 시각적 경험을 "성사적 응시"the sacramental gaze라고 부른다(131). 성사적 응시를 통한 성스러움에 대한 지각은 묘사된 인물의 눈과의 묵상적 만남으로부터 촉발된다. 15세기 베로니카 베일에 대한 "이마고 파이에타티스"*imago pietatis*가 한 예이다. 성사적 응시는 보기에 대한 중세의 이론의 맥락에서 이해되어야 한다. 즉 중세인들은 보는 자the beholder, the viewer와 보임을 당하는 자the beheld, the viewed 사이의 물리적 연결[혹은 신체적 결합]을 상정했다. 그 둘 사이에 물질 혹은 에너지 흐름이 있다는 것이다. 보기를 감각적, 관능적 행동이라고 본 것이다. 마치 그 둘이 서로 접촉하는 것으로 여겼다(131-32).

15세기 말에 광학적 지식과 원근법 이론들의 발달에 의해 보기에 대한 그런 인식이 변화하게 되었다. 특히 알베르티Alberti의 원근법 이론에 의해 세계를 객관적 대상으로 관찰하게 되었다. 그 결과 종교적 그림들이 탈성화desacralise되었다. 즉 성스러움의 자연화the naturalisation of the sacred 혹은 세속화가 이루어진 것이다. 스크리브너는 크라나흐 디 엘더Cranach the Elder의 1513년『성 마가렛』*St. Margaret*과 1509년의『성스러운 가족』Holy Family을 예로 들면서 그 점을 지적한다. 『성 캐서린과 성 바바라와 함께 있는 마돈나와 아기』*Madonna and Child with Saint Catherine and Saint Barbara*에서는 성스러운 응시의 강렬한 정서적 요소들이 자연주의적 묘사에 의해 고양될 수 있다는 것을 보여준다. 오스텐도르페Ostendorfer의 작품인『레겐스버거의 아름다운 마리아』*Beautiful Maria of Regensburg*에서는 숭배자들이 황홀경으로 빠져드는, 숭배의 감각적, 관능적 황홀의 표현을 본다. 성상들이 인간적 욕망을 자극하는 대상이 된 것이다.

마크 C. 테일러Mark C. Taylor가 지적하듯이, "기독교 역사를 통해, 숭배를 유도하고 증진시키는 종교적 이미지들의 능력이 인정되었는데, 다양한 시대와 장소에서 이미지의 힘은 효능이거나 아니면 위험으로 여겨졌다"(167). 사도행전 17장에서 읽을 수 있듯이, 사도 바울이 아테

네에서 한 연설에서도 기독교와 시각예술 사이의 갈등에 관한 인식이 오래된 것임을 확인할 수 있다. 종교개혁을 주도했던 사람들은 일종의 시각혐오주의를 지닌 셈이었다. 그들이 보기에 로마 가톨릭 종교는 일종의 눈-서비스eye-service인데, 그것을 귀-서비스ear-service로 변경해야 한다고 주장했던 것이다(Clark, *Vanities of the Eye* 161). 그들이 보기에 비시각적인 것과 영적인 것을 희생하고 시각적인 것과 물질적인 것에 지나치게 많은 관심을 기울인 것은 잘못이었다. "진정한 종교는 시각을 기도와 설교를 듣는 것과 같은 진지한 일에 대한 방해로 본다. 사람들은 자주 그들 주변에 보이는 것들의 유혹 때문에 영적인 실천으로부터 육체적으로 빗나가게 된다. 눈먼 사람은 신에 대한 진정한 봉사를 수행할 수 있지만 귀가 먼 사람은 그렇게 하지 못하는데, 그 이유는 말씀이 육신이 된 것이지 색채나 형태가 그렇게 된 것이 아니기 때문이다"(Clark, *Vanities of the Eye* 27-28).

르네상스 시대의 시각에 대한 낙관주의를 비판하고 철저히 시각을 비하했던 사람은 캘빈주의자 조지 헤이크월George Hakewill이었다. 그는 『눈의 허영』*The vanitie of the eie*이라는 책에서 눈이 시기와 질투를 포함한 주요한 죄악들에 대한 책임이 있다고 말한다(Clark, *Vanities of the Eye* 25). 이러한 종교개혁주의자들의 관점에서는 이미지들이 불신되었는데, 특히 우상숭배idolatry는 비가시적인 것 대신에 가시적인 것을 숭배하는 것으로 정의되는 것이 아니라 창조주 대신에 피조물을 숭배하는 것으로 정의되는데, 창조주에 대한 숭배는 어떤 형태의 시각적 재현 없이도 가능하다는 것이다.

비잔틴의 성상파괴운동은 레오 3세Leo III가 726년경 에게해 지역의 지진의 탓을 성상 사용으로 돌리고 성상을 제거할 것을 명령한 것으로부터 본격화된다. 그러나 786년 니케아Nicea에서 소집된 공회에서 성상지지자iconodule들의 세력이 확장되어 성상 사용이 다시 허용되었다. 815년까지 잠시 허용되었지만, 성상파괴운동이 거부되고 이콘들에 대한 경배가 회복된 843년까지 성상파괴운동이 이어졌다 (Louth 7). 성상 사용의 타당성에 대한 논거 3가지에 대해 신준형은 초대교회에서 성상을 사용했으며, 이 점이 중시되어야 한다는 것, 예수의 육화incarnation 자체가 성상 사용을 정당화한다는 것, 성상 사용은 훈육적 효과가 있다는 것 등으로 정리한다(『천상의 미술』 44).[42] 특히 이 타당성의 핵심은 신에 대한 숭배worship와 이미지에 대한 경배veneration를 구별한 데에 있다. 이것은 제7공회에서 중요한 이론적 토대가 되었던 다마스쿠스의 요한John of Damascus의 주장에 담겨있다.

다마스쿠스의 요한(675-749)은 "만약 우리가 보이지 않는 신의 이미지를 만드는 시도를 한다면 참으로 그것은 죄가 된다. 신체가 없고, 볼 수 없으며, 그릴 수도 없고, 형태가 없는 존재를 묘사하는 것은 불가능하다. ... 그러나 우리가 지상에서 육신으로 보이셨고, 사람과 접촉하셨으며, 형언할 수 없는 선량함 속에서 본성, 감정, 형태, 색채, 육체를 취하셨던 육화된 신성the incarnated deity의 이미지를 조성하는 것은 잘못이 아니다"(Kessler 35)라고 말했다.

윌리엄 A. 다이어니스William A. Dyrness는 이와 같은 다마스쿠스

---

42 "구약의 시대에는 비물질적이며 제한되지 않는 신은 그리지 않았다. 그러나 이제 신이 인간의 육신을 입고 인간에게 보였으며 인간과 대화를 나누었다. 나는 내가 볼 수 있는 신의 이미지를 만드는 것이다. 나는 물질을 숭배하는 것이 아니라 물질을 만든 신을 숭배하는 것이다. 이 신께서는 나를 위하여 물질(인간)이 되었고 스스로를 낮추어 물질(육신) 안에서 사셨으며, 물질(인간으로서의 삶)을 통해 나의 구원을 이루셨던 것이다. 나는 나의 구원을 이룬 그 물질(예수의 육화된 존재)을 끊임없이 기릴 것이다. 신으로 숭배하지는 않을 것이나 경배할 것이다"(신준형, 『천상의 미술』 51-52).

의 요한의 이미지 옹호론에 대해 언급하고 나서 "그러므로 이콘은 ... 신성한 생각을 고무하기 위한 심미적 이미지 이상의 것이었다. 그것은 깊이 간직된 신학적 확신을 표현하는 어떤 것이며, 보는 이들을 움직여 신을 사랑하게 하고 신에게 봉사하게 하기 위한 것이었다. 많은 점에서 이콘은 시각적 형식 속의 신학이었고, 이콘을 제작하는 실천, 즉 많은 기도와 영적 준비를 통해 성취되는 그 실천 자체가 영적 훈련으로 인식되었다"(37)라고 말한다. 그러한 이콘의 옹호가 그리스도와 사도들에게까지 거슬러 올라가는 전통에 대한 재긍정이라는 것이다. 이콘 숭배의 가장 중요한 특질은 엘리아데가 설명하듯이, "이콘이 가지는 초자연적 힘에 대한 신앙은 이콘 그 자체와 그것이 나타내는 인물 사이에 어떤 연속성을 상정하는 신앙"(『세계종교사상사』 3, 100)이다. 엘리아데는 이콘이 일루드 템푸스illud tempus, 즉 예수, 성모, 사도들이 사람들 사이에서 살았던 때를 재현해 준다고 말한다 (『세계종교사상사』 3, 103).

폴 코르비 피니Paul Corby Finney에 의하면 초기 기독교는 신 혹은 신성을 본다는 관념과 보인 것에 대해 시각적으로 재현하는 것과 관련된 관념은 3가지 고대관념들에 의해 형성되었다. 즉 인간은 신에 대한 직접적 비전을 가질 수 있다는 것, 그렇게 할 수 없다는 것, 비록 인간이 신을 볼 수 있기는 하지만 보아서는 안 되고 본 것을 재현하면 안 된다는 것. 이 3가지 중 첫 번째는 신에 대한 도상적 견해인데, 초기 기독교인들은 이 견해를 받아들이지 않았다. 이 중에서 3번째 믿음, 즉 인간이 신을 볼 수 있으나 응시하지 말아야 하며 본 것을 재현하지 말아야 한다는 것, 이 성스러운 금기sacred taboo가 가장 오래된 것이다. 그런데 초기 기독교에서는 2번째를 가장 중시했다(Finney viii). 요한복음 14:8에서 예수가 필립Philip을 가르칠 때 언급하듯이, 신을 인간적 형상으로 상상하는 것, 즉 인간중심주의 anthrpomorphism의 오류를 범하지 않아야 한다고 보았기 때문이다.

6세기 말경에 그레고리 대제가 우상파괴주의자 세레누스Serenus에게 쓴 편지에는 형상들이 우상숭배의 근거가 된다기보다 글을 읽을 수 없는 이들에 대한 복음서의 기능이 된다고 옹호하는 부분이 있다. 또한 칼리크투스the Callixtus 지하 감옥에 그려진 그림들과 상징들은 "테케메리아 테오우"tekmeria theo, 즉 "신의 구원의 힘에 대한 기호들"을 보여준다고 주장하는 연구결과들도 참고할 수 있다. 서유럽은 16세기 종교개혁 시대에 마틴 루터Martin Luther의 성상반대론과 안드레아스 칼쉬타트Andreas Karlstadt에 의해 주창된 성상파괴운동을 통해 8세기 비잔틴에서의 성상파괴주의와 성상옹호주의 사이의 갈등, 즉 아이코노포비아와 아이코노필리아 사이의 갈등이 재연되기도 했다.

"성상옹호론자들은 시각능력이 인간의 인식과 지식에서 차지하는 높은 비중을 지적한다. 인간은 시각 경험을 통해 가장 효과적이고 강렬한 체험을 하기 때문에 아이콘을 바라보는 행위를 통해서 더 효과적이고 직관적으로 신을 이해할 수 있다"(신준형, 『천상의 미술』 51)라는 관점에 의해, 르네상스 시대 때 미켈란젤로Michelangelo가 시스틴 성당Sistine Chapel의 벽화들을 그렸고, 『피에타』Pieta를 만들었으며, 레오나르도 다 빈치Leonardo da Vinci가 『최후의 만찬』Last Supper을 그린 것이라고 할 수 있다. 예수의 육화, 성경, 성찬식, 그리고 이콘도 "신성함이 인간이 이해할 수 있는 보이는 형상으로 현현한 것"으로 이해되어야 한다(신준형, 『천상의 미술』 51). 비잔틴 제국 시대에 발달한 기독교 예술은 헬레니스틱 예술에서의 자연주의를 추상적 미학으로 대체했다. 대상들을 정확하게 묘사하는 것보다

도 종교적 의미를 제시하는 것이 주된 목적인 히에라틱hieratic 양식
이 되었다고 할 수 있다.[43]

　　이미지에 대한 기독교의 이해는 2가지 대립적인 방향으로 전개되었
다. 첫 번째는 비잔틴 이콘처럼 다른 초월적 세계를 보여주는 "창문"
의 역할을 하는 신성한 이미지들을 만드는 것인데 이 경우의 이미지
는 자연주의를 피하고, 상징주의를 선호함으로써 이미지의 자기부정
self-negation을 보여준다. 두 번째는 세속적이고 감각적인 세계 그 자
체를 신의 활동의 장소로 긍정하는 방향이다(Viladesau, "Aesthetics
and Religion" 33).

　　불교에서도 초기 불교도들은 석가모니를 깨달은 자로서 열반Nirvana
에 도달한 사람으로 보았고, 그 완전한 경지를 시각적으로 표현하는
것은 단지 탑stupa과 같은 추상적 형태로만 가능한 것으로 여겼는데,
제도적 종교로서의 불교에 대한 사람들의 요구가 강해짐에 따라 교리
에 대한 시각적 보조물로서의 아이콘들이 필요하게 되었다고 한다
(Honour 224). 같은 관점에서 조병활은 "현재 남아있는 증거로 볼 때,
부처님 입적 후 500년간은 불상은 존재하지 않았다. 이 시대를 흔히
'무불상 시대'로 부르는데, 이때에는 보리수, 빈 대좌, 법륜, 불족적 등
으로 부처님을 표현했다. ... 모양相으로 부처님을 재현한다는 것이 금
기시됐다. 육신과 감각의 세계를 초월해 열반의 세계에 들어간 존재를

---

43 히에라틱(혹은 神官문자적) 양식은 상형문자적hieroglyphic 양식과 함께
　　이집트에서 발달한 필서 체계로서 2세기에 알렉산드리아의 성 클레망
　　St. Clement of Alexandria이 처음 이 용어를 사용했다고 한다. 여기서는
　　"성인, 성직과 연관된 것"이라는 뜻으로 쓰인다. 이집트의 문자는 신성문자
　　hieroglyph, 신관문자hieratic, 민중문자demotic으로 나누어지는데, 신관문자는
　　상형문자의 윤곽을 흐트러서 파피루스 등에 흘려 쓰는 데 사용했다고 한다.

다시 현상계의 모습으로 재현한다는 것도 쉽게 받아들이기 어려웠을 것이다"(164)라고 쓰고 있다. 따라서 인도의 초기 사원에서는 석가모니의 본생도本生圖와 불전도佛傳圖 혹은 불교교리를 묘사한 그림들은 있었지만 석가모니의 모습을 그린 존상화尊像畵는 없었다. "석가모니 입멸 후 약 500여 년 뒤인 1세기 후반경 인도 북부 간다라Gandhāra 지방과 중부 마투라Mathurā 지방에서 불상이 탄생하면서, 불화에서도 부처를 인간의 모습으로 형상화하는 전통이 생겨났다"(김정희 30). 불교경전의 설화적인 내용을 시각화한 변상도變相圖의 경우, 불교관행에서 명상과 시각화의 중요성을 보여주는 예가 된다. 변상도는 당대唐代에 그려진 둔황敦煌 벽화에서 그 기원을 찾을 수 있다. ("변"은 산스크리트어로는 "parinama"이다.) 한국에는 본생변을 없고 불전변으로 팔상도가 있다. 회화성보다 도상적 성격이 주가 된다.

다이아나 L. 에크Diana L. Eck는 간다라 지역에서는 불상의 양식이 그레코 로만Greco-Roman이었고, 마투라 지역에서는 기원전 3세기경 마우리안Mauryan 시대의 건장한 야크사yaksa, 즉 나무들이나 채소적인 풍성함과 관련된 비아리안 인도non-Aryan India 시대의 남성, 여성 신들의 흔적을 많이 담고 있는 것으로 구별한다(39). 에크의 설명에 따르면 불족적과 같은 반아이콘적aniconic 상징들에 의해 묘사되었던 붓다가 기원 1세기에 의인화된anthropomorphic 이미지, 즉 이콘적iconic 이미지로 묘사되기 시작했다는 것이다. (그리스도나 성모 마리아 상과 같은 정통 기독교에서의 이콘들을 생각하면 된다.) 그러나 반이콘적 이미지는 의인화된 형태나 재현적 유사성을 시도하지 않는 이미지들이다(Eck 32).

붓다를 인간중심적 형태로 재현하는 것을 피하고 그 대신에 다양한 상징들의 사용에 의존하는 반아이코니즘aniconism을 불교가 적어도 기원 1세기까지 고수했는데 그 이유는 우선 공空 emptiness과 삼라만상의 궁극적 무상성을 강조하는 전통 때문이었을 것이다. 그 기간에 붓다를 형상화하는 이미지들은 빈 왕좌, 보리수나무, 기수 없는 말, 족적, 법륜the dharma wheel 등이었다. 이러한 반아이코니즘은 초기불교 경전 『디가 니까야』Digha Nikaya에서 보고된 붓다의 말과 관련된다. 그런데 이 반아이코니즘에 대해서 수전 L. 헌팅턴Susan L. Huntington은 반대 이론을 제시한다. 그녀는 반아이코니즘적 장면들로 설명된 것들이 붓다에 대한 인간중심적 재현을 대체한 것으로 볼 수 없다고 말한다. 그녀는 그 이미지들 혹은 부조들은 불상의 대체물이라기보다 그것들이 있는 장소들에서 이루어진 숭배의 신성한 중심부들이었다고 보며 그 부조들은 본질적으로 그 장소들에 대한 초상화이고, 그 장소들과 관련된 순례와 헌신의 실천들을 보여주는 것이라고 말한다(402).

데이빗 맥마한David L. McMahan은 대승불교에 관한 저서에서 "서구세계의 시각성과 같이 불교적 시각성도 미혹과 지배를 위한 잠재가능성을 지니지만, 동시에 억압적인 인지적, 사회적 구조들로부터의 해방을 위한 희망도 지닌다"(196)라고 쓰고 있는데, 그는 불교적 시각성이 서양의 시각중심주의의 한계와 위험에 대한 해독제가 될 수 있을 것인가? 라고 자문한다. 근대유럽철학과 고대 불교철학이 근본적으로 시각적 사유라는 면에서는 유사하다. 그러나 "보는 자와 보이는 것 사이의 [단절과 분리가 아니라] 상호작용, 상호교환, 상호통합에 의한 유동성과 변용"(190)을 추구하는 불교적 시각성은 서양의 시각중심주의와 다르다고 볼 수 있다. 서양의 시각중심주의가 대상으로부터의 주체의 분리와 소외를 야기한 반면에, 상호의존성interdependence에 대한 불교의 강조는 그것과는 대조적이기 때문이다.

[그림 15]

미륵하생경변상도彌勒下生經變相圖. 일본 신노인親王院에 소장된 고려불화이다. 고려 30대 왕인 충정왕 때 1350년에 제작된 불화로서 미륵하생경의 내용을 담고 있는 변상도이다. 상단에는 미륵불이 중생들에게 설법하는 장면인데, 의자에 앉아 있는 자세이며 주위에 제석천, 범천, 십대제자, 12신장이 협시하고 있다. 미륵불의 머리 위로는 성불하기 이전에 거주하던 도솔천궁의 모습인데, 악기를 연주하는 천녀를 그렸고 미륵불 아래에는 전륜성왕과 왕비가 미륵의 설법을 듣고 출가하기 위해 삭발하는 모습, 말과 코끼리가 끄는 수레 등이 보인다.

종교적 이미지들에 대한 2가지 태도를 상정해 볼 수 있다. (이 경우의 이미지란 예술적 이미지들, 신과 신성에 대한 이콘들, 영화나 사진에 의해 제시되는 시각적 이미지들을 다 포괄한다.) 첫 번째는 명상의 과정에서 마음을 집중시킬 수 있게 해 주는 수단, 일종의 "얀트라"yantra, 즉 명상이나 숭배의식에서 마음의 견인줄을 맬 수 있게 하는 장치로서 삼각형들과 원들의 기하학적 연결의 다이아그램이고 두 번째는 이미지가 신과 신성의 실제적인 구현으로서 신의 현존으로 충전된 것으로 보는 태도이다(Eck 45).

"얀트라"는 "도구"나 "기계"를 뜻하는 산스크리트어이다. 동양의 신비주의에서 마음을 집중시키기 위해 사용하는 상징들이나 기하학적 도형을 지칭한다. 얀트라에서 주로 차용되는 것들은 점, 사각형, 삼각형, 꽃무늬 패턴 등이다. 원은 원소 물의 에너지, 사각형은 원소 흙(땅)의 에너지, 상향의 삼각형은 원소 불의 에너지, 하향 삼각형은 원소 물의 에너지, 대각선은 원소 공기의 에너지, 수평선도 원소 물의 에너지, 수직선도 원소 불의 에너지, 점은 원소 에테르의 에너지 등이다. 피타고라스Pythagoras는 도형을 시각적 음악visual music이라고 불렀다고 한다. 얀트라는 만트라mantra, 즉 성스러운 음악의 조화로운 음조를 시각적으로 재현하는 만다라mandala 이미저리의 특별한 영역이다(만다라는 힌두교와 불교에서 모두 사용되는 용어이지만, 얀트라는 힌두교의 맥락에서만 사용된다).

만다라는 특히 탄트릭불교Tantric Buddhism를 대표하는 것으로서 "성스러운 원"을 뜻하는데 대우주macrocosm와 소우주microcosm 혹은 개별 실천자가 우주와 마음/몸의 조화를 가능하게 하는 것으로서 명상이나 제의에서 사용된다(Coogan, *Eastern Religions* 138-39). "다섯 붓다의 만다라"Mandala of the Five Buddhas가 유명한데, 티베트의 탄트릭 불교Tantric Buddhism에서 중요한 역할을 담당한다.

[그림 16]
"Mandala of the Five Buddhas." 1860경에 제작된 네팔Nepal의 만다라
이다. 그림의 중앙에 Virochana, 즉 지장여래, 서쪽에 아미타불Amitabha,
북쪽에 아모가시디Amoghasiddhi, 즉 성취여래, 동쪽에 악쇼브야Akshobhya,
남쪽에 라트나삼바바Ratnasambhava, 즉 보생여래를 그린다. 만다라는 상징
화 과정에서 오색五色을 포함하게 되었다
(Coogan, *World Religions* 177).

　　장엄용, 예배용, 교화용으로 나누어지는 불화佛畵는 "불교교리를
쉽게 전달하는 '시각적視覺的 경전經典'으로, 불교를 전파하고 신도
들에게 종교적 신비감과 환희심을 불러일으키는 그림"(김정희 20)이
라고 할 수 있으며, "불전에 봉안하여 예배하는 그림부터 불전을 장
식한 단청, 불교설화를 그린 그림에 이르기까지 모두 불화라 부른다.

또한 어떤 바탕에 그렸느냐에 따라 벽화, 탱화, 단청 등으로 나누며, 주제에 따라 여래화, 보살화, 나한[부처의 제자]·조사[한 종파를 세운 사람]화, 신중[불교의 호법신]화 등으로 나눌 수 있다"(김정희 24).

에드윈 베반Edwyn Bevan도 신성에 대한 시각적 재현을 금지했던 초기 기독교도들과 마찬가지로 불교도들도 부처의 존재를 족적이나 빈 왕좌 등으로 표현했는데, 로마제국과 교류하게 된 인도에서 불상을 만든 것은 신의 형상들을 만드는 것에 대해 거리낌이 없었던 그리스 예술가들이었다고 설명한다(102-3). 그리스인들에게 산다는 것은 "숨 쉰다"는 것이라기보다 "본다"는 것이라고 할 정도로 삶과 시각적 환상을 중시했던 문화였다. 우리는 "그는 마지막 숨을 거두었다"라고 하지만 그리스인들은 "그는 마지막 눈길을 거두었다"라고 한다(드브레, 『이미지의 삶과 죽음』 22). 간다라Gandhara 지방에서 특히 그리스인들과의 교류를 반영하는데, 1세기 이후 불교가 재현예술을 활용한 것이 증거이다. 데라바다Theravada 사원들은 단일한 불상 조상에 집중하지만 마하야나Mahayana 사원들은 다양한 형상들이 이용된다. 그러나 선禪불교는 여전히 반이코니즘에 경도한다.

선불교는 공에 대한 대승불교Mahayana 교리와 경제성, 단순성, 자유자재에 대한 도교 원리의 영향을 받아 독특한 서예와 그림, 형태들을 만들었는데 시와 결합하여 깨달음을 표현하거나 그것으로 인도하는 수단으로 이용한다(Viladesau, "Aesthetics and Religion" 28). 물론 불교에서의 시각화visualization는 명상의 기법들 중의 하나로 인정되는 점도 있다. 그렇지만 불교적 명상이 추구하는 해탈을 설명하는 개념들 중의 하나가 "무상삼매" animitta-samādhi이고, 『금강경』金剛經에서도 척파해야 할 것으로 거론되는 "니밋따"相가 "마음에 어떤 것이 형상화visualization된 것"(각묵, 『금강경역해』 94)이라고 풀이되듯이, 기독교와 마찬가지로 불교에서도 시각 혹은 시각적 이미지는 효능과 위험이라는 이중성을 지닌 것이 된다.

힌두교에서의 박티Bhakti, 즉 종교적 헌신은 신성의 구현된saguni 양상을 강조하는 경향이 있다. 따라서 숭배는 물질적 이미지들murti 속에 재현된 신들의 육화avatara에 대한 경배를 포함한다(Bilimoria 145). 힌두교에서는 순례자가 신성한 이미지를 보기 위해 순례하는 것만이 아니라 이 이미지 속에 깃든 신에게 자신을 보여주려는 목적이 있다고 한다. 다이아나 L. 에크Diana L. Eck는 "힌두교의 이해에서는 신[혹은 신성]은 이미지 속에 현존하므로, 그 이미지의 시각적 이해가 종교적 의미로 충전된다. 이미지를 보는 것이 숭배행위이고, 눈을 통해 신의 축복을 받는다"(3)라고 말한다.

멜라니 J. 라이트Melanie J. Wright는 인도 영화와 힌두교에서의 "다르산"darśan 개념을 연관 지어 논하는데, 그에 의하면 인도의 종교적 숭배에서 하나의 중요한 형태인 "다르산"은 "신이나 성자의 이미지를 보는 행동을 통해 신성을 경험하는 것"을 뜻한다(151). "성스러움에 대한 시각적 지각"the visual perception of the sacred이라고 정의될 수 있는 "다르산"은 양방향의 보기two-way look이다. 힌두교에서는 순례자가 신성한 이미지를 보기 위해 순례하는 것만이 아니라 이 이미지 속에 깃든 신에게 자신을 보여주려는 목적이 있다. 힌두사상에서는 신은 자신이 자신의 이미지 속에서 보이도록 자신을 드러낸다고 믿어지기 때문이다. 즉 다르산은 그것을 받을 뿐만 아니라 동시에 그것을 주는 것이다. 숭배자를 위해 신은 이미지 속에 깃든다. 그리하여 숭배자가 무한성을 파악하도록 돕는다는 것이다.

시각적인 것이 종교적 상상력을 약화시키는가 아니면 오히려 강화하는가라는 물음이 있을 수 있는데, 라이트의 설명에 따르면 인도의 경우 "다르산" 개념에 내포된 것은 바로 시각적인 것이 영적인 것과 상충된다고 보는 관점과는 다르다(152). 다르산이란 문자적으로는 "신을 보고 신에 의해 보이는 것"이라고 번역할 수 있는데, 신자가 신이나 고도로 존경받는 사람, 혹은 성스러운 사물과의 접촉에 의해 축복받는 순간을 지칭한다(Huyler 263). "인도의 종교와 예술에 대한 대부분의 연구에서 다르산을 신을 목격하는 (동시에 신에 의해 목격되는) 충만한 순간이라고 지칭하는 것이 일반적이면서 적절한 일이다. … 신, 성인, 성스러운 장소, 혹은 다른 성스러운 힘을 지닌 대상에 대한 다르산을 가지는 것은 숭배자를 다양한 방식으로 고양되게 만들며, 다르산의 감흥적인 잠재력은 반복되는 보기의 행위들을 통해 부단히 갱신된다"(Packert 11-12)라는 것이다. 힌두교인들은 신이 "다르산을 주고"*darśan denā*, 사람들이 "다르산을 받는다"*darśan lenā*라고 표현한다. 에크는 이 점에 대해 "이러한 종교적 의미에서의 '보기'는 숭배자들에 의해 먼저 시작되는 행동이 아니다. 오히려 신이 자신을 그린 이미지 속에서 보일 수 있도록 자신을 제시한 것이다. … 이러한 '성스러운 지각'*sacred perception*, 즉 신성한 이미지를 진정으로 볼 수 있는 능력은 숭배자에게 베풀어진 것이다"라고 말하고, 『바가바드 기타』*Bhagavad Gītā*에 나오는 신의 현현*theophany*의 예에서 크리슈나*Kṛṣṇa*, 즉 인도의 영웅으로서 고대의 목동 신 cowherd god을 볼 수 있는 눈이 아르주나*Arjuna*에게 주어진 것과 같은 것이라고 부연한다(6).

이 "다르산" 개념과 그리스의 "데오리아"theoria의 유사성에 대한 논의도 있다. 영어 단어 "theory"의 어원인 "데오리아"도 성찰이나 통찰 혹은 무엇인가를 보는 행위와 그 행위에 의해 보이게 되는 대상 등을 뜻한다. 다르산만이 아니라 힌두교에서의 숭배와 영예의 의식rite,

[그림 17]
Duccio di Buoninsegna(c. 1278-1318)가 "Noli me tangere"를 소
재로 1308년에서 1311년 사이에 그린 것으로 알려진 작품. 이탈리
아, Siena의 Museo dell'Opera del Duomo 소장이다.

즉 푸자*pūjā*는 모든 감각작용의 전적인 사용을 특성으로 한다. 즉 신
의 이미지를 보는 것darśan, 손으로 그것을 만지는 것sparśa, 자신의
사지를 만지는 것nyāsa, 만트라mantra의 성스러운 소리[기도문, 성스
러운 신앙고백문]을 듣는 것śravana을 포괄한다(Eck 11-12). 즉 푸자
는 소박하게 꽃과 물을 바치는 것과 다르산*darśan*(신의 눈길을 보는
것)과 프라사드*prasād*(신에게 바친 성스러운 음식이 성화되어 다시 숭
배자에게 돌아오는 것) 등을 포함하는 종교적 의식이다.

  힌두교에서의 다르산과 유사하게 서양에서도 중세 말까지는 숭배대상
과의 시선접촉에 내포되는 촉각적 속성을 강조하는 이론이 지배적이었
다. 스튜어트 클라크Stuart Clark가 설명하듯이, "거양擧揚된 성체聖體,
십자가에 매달린 그리스도상, 기타 다른 신성한 이미지들을 보는 일은
보는 사람 자신의 시선으로 그것들을 만지는 것 혹은 그것들에 의해 만

져지는 것을 뜻했다. 시각 그 자체가 영적으로 효험이 있으며, 성스러운 것들과의 직접적, 즉각적 개입으로 간주되었다"(161)라는 것이다.

[그림 18]
이탈리아 르네상스 시대의 파르마Parma 학파의 대표적인 화가로서 18세기 로코코Rococo 미술을 예시한 화가로 평가받는 Antonio Allegri da Correggio(1489-1534)가 1534년경에 그린 작품이다. Spain, Madrid의 Museo Del Prado에 있다. 같은 주제로 티시언Titian 이 1514년경에 그린 "**Noli me tangere**" 그림이 The National Gallery, London에 있으며, 그 외에도 다양한 화가들이 이 장면을 그린 그림들이 있다.

그런데 요한복음 20:17에 나오는 막달라 마리아Mary Magdalene와 부활한 예수 그리스도 사이에 있었던 일화에 대한 것은 흔히 "나를 만지지 말라"Noli me tangere 아이코노그래피로 표현된다.

바바라 베어트Barbara Baert는 "나를 만지지 말라"에서 감각들이 도치된다고 말한다. 즉 촉각이 약화될 때 시각이 강화된다는 것이다.

[그림 19]
Greece, Almopia의 Archangels Monastery에 있는 이코노스타시스iconostasis.

만지지 못하게 함으로써 응시의 에너지를 보존한다는 것인데, "나를
만지지 말라"는 것은 "그대의 눈으로 나를 만지도록 하라"를 암시한
다. 이것은 초기 기독교 교부들에 의해 이미 응시를 접촉의 직유로 보
는 방식이 이루어졌다는 점에서 쉽게 이해될 수 있다. 부활한 그리스
도를 만지지 않음으로써 막달라 마리아에게는 "성찰의 응시"the gaze
of insight가 가능해졌다고 할 수도 있다(Baert 46).

라틴어로 된 "Noli me tangere"는 그리스어로는 "me mou haptou"인
데 "haptein"은 촉각적 행동을 뜻하기도 하지만 또한 "고착하다," "집착
하다"라는 뜻으로도 쓰인다. 따라서 "만지지 말라"는 것은 "나에게 집
착하지 말라" 혹은 "나를 떠나보내라"라는 뜻으로 옮겨지기도 한다. 이
것은 성역sanctuary과 회중석nave를 분리하는, 비잔틴 전통의 동방교회
에서의 이코노스타시스iconostasis, 즉 그림 스탠드의 상징적 의미에서
도 볼 수 있는 육과 성, 지상과 천상, 인간과 신 사이의 구분의 의미를

암시하는 것 같다. 나무나 돌 혹은 철로 된 스크린에 3개의 문이 그려지는 것이 대표적인 이코노스타시스의 형태이다.

이코노스타시스의 도입은 우상파괴주의에 대항하는 의미를 지닌다. 이 스크린에 그려져 있는 다양한 이콘들은 십자가를 통한, 천상과 지상이라는 두 세계의 화해를 선언한다. 또한 이것은 초창기의 스크린이 숭배자들이 제단이나 성역의 프레스코 혹은 모자이크를 완전히 볼 수 없게 하지 않았던 제단 주변 사제석 막chancel screen 형태였다는 점에서도 알 수 있듯이, 얼핏 보기glimpse만 허용함으로써 신성을 신비화하여 계속 힘을 유지하려는 의도의 산물이라고도 할 수 있지 않을까?

III

이미지의 예술적 이용

시네마적 이미지와 종교적 시각

크리스티앙 메츠Christian Metz는 "보기"가 보편적, 자연적 현상이 아니라 문화적으로 구성되는 것이라는 점을 강조하기 위해 만든 "시각체제"scopic regime라는 용어를 이용하여, 특수하게 시네마적인 "시각 체제"는 "보이는 대상의 부재"라고 정의한다(61). 메츠는 『상상적 기표』Imaginary Signifier의 "시네마의 시각체제"라는 제목의 장에서 연극과 시네마를 비교하며, 연극의 경우는 시청각적으로 주어진 것들 the audio-visual given이 관객이 있는 곳과 같은 공간에서 물리적으로 현존하는데, 시네마에서는 그것을 상effigy으로 만들어 "원초적인 다른 어떤 곳"a primordial elsewhere에서 보여준다고 말한다(61). (대체로 시네마cinema라고 하면 영화film만이 아니라 영화작품들을 생산, 배포하는 제도들과 그 영화작품들을 소비하는 관객을 포괄한다.) 이점에서 보면, 영화예술은 근본적으로 존재presence와 부재absence의 문제를 중심으로 하는 종교, 특히 불교의 세계인식을 담기에 좋은 그릇이 되는 면이 있는 것 같다.

사실 영화 보기는 넓은 뜻에서의 종교적 경험과 유사한 면이 있다. S. 브렌트 플레이트S. Brent Plate는 "영화는 종교적 신화나 제의와 같이 다른 세계들에 대한 창문들을 제공한다. 시네마의 매력, 그리고 참으로 그것의 약속은 단지 한 번에 90분 정도 동안이라도 '무지개 너머' 저편, 무엇인가 초월적인 것에 대한 섬광 혹은 얼핏 보기a glimpse 를 제공하는 방식이다"("Inrtoduction" 3)라고 말한다. 마찬가지로 존 라이덴John Lyden도 종교와 예술, 특히 영화에서 "참여자는 대체실재 an alternate reality를 경험하기 위해 의례공간ritual space으로 들어간 다"(52)라고 말함으로써 불교만이 아니라 모든 종교의 존재양식은 영화를 포함한 예술의 존재양식과 유사하다는 점을 지적한다.44

마가렛 R. 마일즈Margaret R. Miles는 영화는 시작 단계에서부터 종교와 긴밀한 관련성이 있었다고 말하고 먼저 사진영화photographic film 가 성공회Episcopal 사제였던 하니발 굿윈Hannibal Goodwin에 의해 고안 되었으며, 1898년 1월에 최초의 사진영화가 상영되었다고 지적한다 (*Seeing and Believing* 6). 그것은 예수의 십자가 수난과 죽음에 관련 된 13개의 그림판들을 보여주는 것이었는데, 중세의 십자가 수난극 Passion Play의 양식을 따르는 것이었다. 종교와 스펙터클의 동시성 은 오래된 것이었고 영화의 초창기 내용들이 종교적인 것이었다. 그 런데 근대유럽에서 인쇄술의 발달에 의해 담론성과 이성을 중시하게 됨으로써 교회의 봉건적 권력이 침체되는 결과가 초래되었는데, 이와 같이 종교적 권위의 약화와 영화의 확산 사이의 연관성에 대한 지적 도 있다(Wright 2).

베르너 허조크Werner Herzog는 자신의 "미네소타 선언: 다큐멘터 리 시네마에서의 진실과 사실"The Minnesota Declaration: Truth and

---

44 "종교와 영화"라는 주제는, 윌리엄 블리젝William L. Blizek과 미쉘레 데마 레Michele Desmarais에 의하면, 4가지 논점들을 지닌다. 즉 첫째, 영화를 해 석하기 위해 종교를 이용하는 것, 둘째, 종교를 비판하기 위해 영화를 이용 하는 것, 셋째, 종교를 촉진시키기 위해 영화를 이용하는 것, 그리고 넷째, 문화적 가치들을 드러내기 위해 영화를 이용하는 것이다(18).

fact in documentary cinema에서 "시네마에는 보다 더 깊은 진리의 층이 있다. 시적인 황홀한 진리ecstatic truth가 있다. 그것은 신비롭고 포착하기 어렵다. 단지 조작fabrication의 상상력과 양식화를 통해서만 도달될 수 있다"(301)라고 쓰고 있는데, "시적인 황홀한 진리"의 포착에 대한 열망은 바로 종교적 경험에 대한 추구와 다르지 않다. 그리고 그것이 형상적 차원에 대한 추구와도 같은 것인데, "아마도 허조크는 언어에 대한 그의 전면적인 불신 때문에, 그의 관객이 언어 상실의 상태a state of wordlessness에 처하도록 조장하거나 유인하기 위해 노력한다. 그의 시네마는 황홀의 양식 속에서 외견상 '이성적인' 담론에 수반되는 변형과 왜곡에 대항하는 것이다"(Prager 6)라는 설명에 보이듯이, 허조크는 담론적 양식에 의한 진실 혹은 실재의 변형을 불신한다. 따라서 그가 형상적인 것의 차원을 중시한다는 것으로 해석해도 될 것이다. 티모시 코리건Timothy Corrigan도 허조크 영화에 보이는 "어떤 종류의 언어(역사, 문학, 정치 등)와 이미지들의 최면적 내용"(*The Films of Werner Herzog* 16) 사이의 긴장에 대해 언급하는데, 그 긴장은 형상적인 것의 차원에 더 근접하는 "이미지들의 최면적 내용"이 언어, 즉 담론적인 것의 차원보다 더 강력한 것으로 만든다.

허조크는 또한 "영화는 단순히 보여야 한다. 그것은 학자들의 예술이 아니라 문맹자들의 예술이다. … 나에게 영화는 철학에 관한 것보다 훨씬 더 많이 실제적 삶에 관한 것이다. 내가 만든 모든 영화들은 이런 종류의 성찰이 없이 만들어졌다. 성찰은 언제나 영화가 만들어진 이후에 온다"(70)라고 말하는데, 그가 쓰고 있는 "성찰"이란 다름 아닌 담론적 체계화와 같은 것으로 볼 수 있을 것이다. 이것도 그가 담론적인 것의 차원 혹은 텍스트적인 것이나 내러티비티narrativity보다 형상적인 것의 차원을 더 중시한다는 점을 드러내는 것으로 풀이될 수 있다.

내러티브 혹은 내러티비티는 인과율에 따라 현실적 생활세계의 사건들을 일관된 시간적 질서로 통합시키는 일종의 "메타코드"metacode이다(White 1-2). "메타코드"는 실제적 사태들에 허구적인 일관성을 부여하는 것이라고 할 수 있으며 그것은 대체로 선형성linearity, 즉 인과율에 토대를 둔 순차적인 진행을 특징으로 한다. 그와 같은 일관된 질서가 없이는 사람은 혼란의 와중에서 방황할 수밖에 없을 것이다. 따라서 인간의 의미화 과정에서 필수적인 내러티브는 본질상 비선형적인 삶에 대응하는 인간의 생존전략이 되는 것이라고 할 수 있다. 그렇지만 내러티브의 선형성은 일관된 질서의 구축을 위해 세계의 다양성을 왜곡시키게 된다. 이 점에서 비선형적인 하이퍼텍스트hypertext를 가능하게 한 우리 시대의 디지털 미디어 테크놀로지는 새로운 가능성을 열어준다.[45] 일관성 혹은 선형성은 우리의 현실적 삶에서 불가피하게 요구된다. 인간의 삶은 비선형적 특성을 지니고 있긴 하지만, 인간은 시간적 질서 속에서 지각하고 행동한다. 그런데 시간은 연속성을 함의하며, 이 연속성이 내러티브를 발생시킨다고 할 수 있다. 이 점에서 일관성 혹은 선형성이 해체되면 동시에 도덕성도 붕괴된다고 보는 수도 있을 것이다. 그러나 내러티브의 선형성은 세

[45] 디지털 미디어 기술의 시대에 내러티브 이미지들을 사용하는 비선형적 내러티브 혹은 하이퍼텍스트적 내러티브가 다양하게 생산되고 있다. 디지털 미디어 기술의 도래 이전에도 비선형적 내러티브 작품들을 쓴 작가들이 있었는데, 그들이 선형성을 부정한 이유는 담론계의 근본적인 요소인 선형성이 인간의 본래적 체험을 왜곡하는 경향이 있다고 보았기 때문일 것이다. 따라서 비선형적 내러티브의 방식은 텍스트적인 것 혹은 담론계보다 오히려 형상적인 것 혹은 우리가 "형상계"라고 부를 수 있는 차원을 지향한다고 볼 수 있을 것 같다. 폴 리쾨르Paul Ricoeur는 "시간에 대한 선형적 재현"을 극복하는 것이 현대의 내러티브 이론의 경향이라고 말한다(30).

계와 인간 경험의 다양성을 쉽게 제한하고 왜곡시키는 면이 있음을 부정할 수 없다.

시네마 이론가들은 대체로 기표signifier와 기의signified 사이의 대립에 토대를 둔 페르디낭 드 소쉬르Ferdinand de Saussure의 기호론semiology에 의존하여 영화를 일종의 언어로 보고 선형적 내러티브를 중심적인 연구대상으로 부각시켰다. 그러나 질 들뢰즈Gilles Deleuze는 내러티브로부터 분리되는 시각적 이미지의 자율성에 대해 주목한다. 들뢰즈에게 내러티브의 조건은 공간-시간의 규칙성과 연속성인데, 이 규칙성과 연속성의 틀을 그는 "감각-운동 도식"sensory-motor schema이라고 부른다(*Cinema 2* 127). 이것은 이른바 "경로적 공간"hodological space 속에 구체적으로 설정되는데, "경로적 공간"이란 "힘들의 영역, 이 힘들 사이의 대립과 긴장, 그리고 목표, 장애, 수단, 우회로의 분포에 따른 긴장의 해소"(*Cinema 2* 127-28)로 정의된다. 즉 "경로적 공간"이란 사회와의 연관성 속에서 심리적 사건들이 발생하는 과정을 뜻하는데, 이 과정을 형성하는 것이 감각-운동 도식이라고 할 수 있다. 들뢰즈의 분석에 의하면, 고전 시네마의 사유 이미지에서 중심적인 것이 그러한 감각-운동 도식인데, 그것이 사유와 이미지 사이의, 인간과 세계 사이의 조화로운 관계를 가능하게 한다. 헐리우드의 장르영화genre film와 같은 고전 시네마에서 인물들이 특정한 내러티브적 위치에 설정되어 사물들을 관습적으로 지각하는 것은 그 때문이다.

반면에 현대 시네마에서 감각-운동 도식의 붕괴는 세계와 우리 사이의 관계의 단절을 암시한다. 특히 유럽의 현대 시네마 혹은 모더니스트 예술영화art film에서 감각-운동 도식이 해체된 원인들 중에는 의식의 흐름Stream of Consciousness과 누보 로망Nouveau Roman 등과 같이 형상을 더 중시하는 새로운 내러티브 양식들의 영향도 있다. 들뢰즈에 의하면, 이와 같이 감각-운동 도식이 와해될 때, 비非내러티브적 이미지, 즉 순수 시각적, 청각적 이미지들이 출현한다(*Cinema 2* 15). 감각-운동 도식의 부재 속에서 인간과 세계의 결합은 와해되고, 세계는 이질적인 것으로 보이게 된다. 따라서 현대 시네마의 목표들 중의 하나는 인간과 세계의 새로운 접속에 대한 추구가 된다. 들뢰즈는 연대기적 시간의 수평적인 선과 관계가 없는 비연대기적, 수직적 현재 속에서 발생하는 "잠재태적 사건"a virtual event에 대해 설명하고, 비연대기적, 수직적 현재는 심층적인 "순수한 광학적 비전"a purely optical vision을 통해 파악될 수 있다고 말한다(*Cinema 2* 100). 우리는 이 "순수한 광학적 비전"을 형상과 관련하여 논의해 볼 수 있을 것이다.

이것을 이해하기 위해서는, D.N. 로도윅D.N. Rodowick이 말하듯이, 근대 철학이 조직적으로 제외했던 것들, 즉 "같은 표준으로 잴 수 없는 공간들" incommensurable spaces, "비선형적 역학"nonlinear dynamics, "시간적 복잡성과 이질성"temporal complexity and heterogeneity, "비모순의 원리에 의해 지배당하지 않는 논리"logic unruled by the principle of noncontradiction 등을 파악해야 한다(*Reading the Figural* 49).

들뢰즈는 충동-이미지impulse-image에 관해 설명하면서, "구성된 주체들과 관련이 전혀 없는 비형태적 기능들, 행동들, 혹은 에너지의 역동력에 의해 횡단되는" 영역을 "본원적 세계"originary world라고 말한다(*Cinema 1* 123). 파편들과 충동들의 영역인 본원적 세계는 물질적 세계를 출현시키는 일종의 "원초적 늪"primal swamp이라는 것이다.[46]

---

46 들뢰즈는 "본원적 세계"는 "형성되지 않은 질료, 스케치들[ebauches, 거친 형태들, 애매한 윤곽들] 혹은 파편들[morceaux]"로 구성되고, "구성된 주체들과 관련조차 없는 비-형태적 기능들, 행동들, 혹은 에너지 역동력에 의해 횡단된다"라고 설명한다. "근본적인 시작이면서 동시에 절대적인 끝"인 본원적 세계는 쇠퇴의 고유한 시간성을, 즉 원시적 기원에서부터 "가장 큰 기울기의" 법칙을 고수하는 궁극적인 파괴에 이르기까지의 잔혹한 통로를 가지고 있다(보그, 『들뢰즈와 시네마』 128).

들뢰즈가 "본원적 세계"라고 하는 것은 부단히 변화하고 생성하는 우주적 장에 설정되어 그 장으로부터 분리될 수 없는 채로 주체와 객체의 경계가 해체되는 경지라고 할 수 있는, 불교사상에서의 공空 혹은 순야타*sunyata*와 비교될 수 있다. 이와 같은 뜻에서의 "본원적 세계"는 담론적 설명에 의해서가 아니라 형상적 경험 혹은 형상의 기능을 통해 확인될 수 있을 것이다.

들뢰즈가 폴 세잔Paul Cezanne에 대해 언급하면서, 그림의 모든 수단들을 동원하여 "산들의 주름잡는 힘, 사과의 발육하는 힘, 풍경의 보온하는 힘을 가시적인 것으로" 만드는 데에 세잔의 천재성이 있다고 한 부분에 보이는 "힘을 가시적인 것으로" 만드는 기능을 형상의 기능이라고 할 수 있다(Bogue, *Deleuze on Music* 125). 세잔의 그림이 "즉각적인 감각적 체험"과 "추상적 사유의 작동들"을 동시에 지니는 이른바 "조직화된 감각의 논리"a logic of organized sensation를 보여준다는 것인데(Bogue, *Deleuze on Music* 205), 우리는 형상에 의해 유발된 명상meditation을 통해 그와 같은 "조직화된 감각의 논리"를 인식할 수 있다. 로널드 보그Ronald Bogue는 프랜시스 베이컨Francis Bacon과 세잔은 관습적 재현과 추상 사이의 "형상적 중간 행로"a figural middle course를 추구한다고 쓰고 있는(*Deleuze on Music* 131), 이와 같은 "형상적 중간행로"라는 것을 우리는 일종의 명상이라고 이해해도 될 것이다.

허조크는 "영화는 분석이 아니라 마음의 흥분the agitation of the mind이다"(139)라고 했는데, 이 "마음의 흥분"이란 특수한 정신적 경험을 야기시키는, 인습적인 사유패턴을 붕괴시키는 "비선형적 시간과 공간적 왜곡"non-linear time and spatial distortion이라고 할 수 있다(Powell 147). 이 "비선형적 시간과 공간적 왜곡"의 예를 우리는 허조크 자신의 <유리의 핵심>*Heart of Glass*이라는 작품을 통해 확인할 수 있다. 애나 포웰Anna Powell은 그 작품의 타이틀 시퀀스 장면을 자세히 검토한다. 정지장면과 같은 부동의 인물이 카메라에 등을 돌린 채 앉아 있고, 거의 알아차릴 수 없을 만큼 안개 자욱한 들판에서 소들이 풀을 뜯어먹는 모습이 보인다. 이 영화에서는 클로즈 업close-up 대신에 인물들과의 감정적 이입을 차단하는 미드 쇼트mid shot와 롱 쇼트long shot를 주로 사용함으로써 관객을 "명상적 양식"the meditative mode 속으로 진입시킨다(Powell 149). 여기서 말하는 "명상적 양식"이란 피어 파올로 파졸리니Pier Paolo Pasolini가 말하는 "시의 시네마"cinema of poetry와 같다(182). 그것은 "카메라를 의식하게 만드는 것"allowing the camera to be felt인데, 베르톨트 브레히트Bertolt Brecht의 서사극epic drama에서의 소외효과alienation effect와 같이 관객이 몽환 속에 빠지지 않게 하는 기법과 어느 정도 비슷한 것 같다. "자유간접 시점 쇼트"free indirect point-of-view shot로 지각되는, 영화 배후에 있는 또 다른 영화를 의식한다는 것인데, 들뢰즈도 지각-이미지perception-image 개념과의 연관 속에서 파졸리니의 "시의 시네마" 에세이를 다룬다(*Cinema 1* 74).

들뢰즈가 지각-이미지의 한 유형인 그램gramme의 주요한 예로 든 것은 "공간의 정복"과 "시간의 정복"의 수단으로 지가 베르토프 Dziga Vertov가 예찬한 다큐멘터리적 "키노-아이"kino-eye이다.[47] 베르토프는 키노-아이는 보이는 세계만이 아니라 순진무구한 눈에는 보이지 않는 세계까지도 모두 다큐멘터리 시네마적으로 암호 풀이하는

---

47 "키노-아이"kino-eye는 지가 베르토프(1896-1954)의 반反픽션적 특성의 영화, 즉 스토리와 서사의 배제를 강조하는 영화의 방식을 지칭한다. 베르토프는 키노-아이가 가시적 세계를 탐색하는 과학적 방법이라고 규정한다.

것이라고 정의한다(87). 키노-아이는 "시간의 현미경 또는 망원경," "시간의 네거티브," "제한과 거리 없이 보는 가능성"으로 정의되기도 하는데, 베르토프는 "시간과 공간의 제한으로부터 벗어나서 우주 속에 주어진 어떤 지점들도 서로 결합한다"라고 말한다(41, 18). 『무비 카메라를 든 남자』*The Man with a Movie Camera*에서 베르토프의 키노-아이의 열망이 가장 온전하게 실현된다. 이런 다큐멘터리적 "키노-아이"는 모든 공간적 지점들을 어떤 시간적 연속 속에서도 서로 연결하는데, "물질의 눈, 물질 속에서의 눈이며, 시간에 더 이상 종속되지 않는다"(*Cinema 1* 81)라고 들뢰즈는 설명한다.

이와 같은 맥락에서 우리는 배용균의 <달마가 동쪽으로 간 까닭은?>을 살펴볼 수 있다. 윌리엄 블리젝William L. Blizek과 미쉘레 데마레 Michele Desmarais는 <달마가 동쪽으로 간 까닭은?>을 다루며, 전체 영화 중에서 대화가 6, 7 장면에서만 나오는 그 영화를 선불교 사상에 대한 "시각적 설명"a visual explanation이라고 평가하고, 그 상상의 핵심이 "현재 혹은 순간 속에서 살아가는 것"이라고 정의한다(23-24). "현재 혹은 순간 속에서 살아가는 것"은 "마음챙김"mindfulness의 상태를 추구하는 명상적 삶을 뜻하는데, 그 작품이 선불교 사상에 대한 "시각적 설명"이라는 평가에 대해 주목할 필요가 있다. 물론 영화가 시각을 중심으로 하는 예술이라는 점에서 그것은 자명한 평가라고 할 수도 있겠지만, 그 작품이 선불교사상에 대한 담론적 체계화가 아니라 형상적 차원을 더 중시하는 것이라는 점을 지적했다고 할 수 있다. 우선 불교에서의 시각적 이미지에 대한 태도에 대해 살펴볼 필요가 있다.

불교에서의 시각화visualization는 명상의 기법들 중의 하나로 인정되는 점도 있다. 이 시각화라는 것은 케빈 트라이노어Kevin Trainor의 설명에 의하면, "특정의 이미지 혹은 아이콘, 즉 부처 혹은 보살의 신체적 형태, 정토의 특징들, 혹은 단지 어떤 물리적 대상이나 색채에 대해 집중적으로 상상하는 것"(86)을 뜻한다. 시각적 상상력을 이용하는 명상 기법이 "밖에 서는 것"ecstatic이 아니라, "안에 서는 것"enstatic을 위한 기법과 결합된다는 것인데(McMahan 145), 이러한 시각화의 결과는 척파해야 할 "상"相이라고 볼 수도 있다. 불교적 명상이 추구하는 해탈을 묘사하는 것들 중의 하나가 "무기호"The Signless, "무상삼매"animitta-samādhi라고 한다면 시각적 이미지에 치중하는 것의 한계를 인정할 수밖에 없을 것이다. 왜냐하면 "니밋따"nimitta의 노예가 되어서는 안 되기 때문이다. 지각된 것에 의미를 부여하는 행동은 개념화samjna이고, 정신적 이미지에 부여된 의미는 개념nimitta이다(Wang 46).

원효는 『금강삼매경론』에서 "무릇 모든 망상이 무한한 과거로부터 유전하게 된 것은 단지 형상에 집착하여 분별하는 병으로부터 기인한 것이다. 그러므로 이제 흐름을 거슬러 근원에 돌아가고자 하면 먼저 모든 형상이 실체가 아님을 알게 하여 이를 없애야 하므로 처음에 무상법無相法을 관해야 함을 밝힌 것이다"(김달진 186)라고 쓰고 있다. 『대승기신론』이나 『금강삼매경』은 산스크리트어로 된 원본이 남아있지 않기 때문에 "상"相으로 한역된 개념이 무엇인지 확인할 수는 없으나, 『금강반야밀경』에 나오는 "상"相 개념에 대해 조사해 볼 수 있다. 그런데 『금강반야밀경』의 제4장 "묘행무주분"妙行無住分에 나오는 "부주어상"不住於相이라는 말에서의 "상"相이 산스크리트어로 "니밋따 산냐"nimitta-samjñā로서 "상이라는 생각"을 뜻하는데, 한역漢譯한 구마라집은 표식, 모습, 외관, 형태 등을 뜻하는 니밋따도 "상"相으로 번역하고 지각작용을 뜻하는 산냐도 같은 "상"相으로 번역하며, 이 니밋따 산냐도 "상"相으로 번역하고 있기 때문에 혼동이 생기게 된 면이 있다. 현장은 니밋따 산냐를 상상相想이라고 직역한다. 김윤수는 "고정된 형상이나 개념[相]으로써 생각하는 것이 '상(想)'이기 때문에 '상(相)'과 '상(想)'은 별개가 아니다. 오히려 '상(想)'보다는 '상(相)' 쪽이 이 경전[금강경]의 바탕이고 불교의 핵심이라 할 무상의 종지를 전달하는 데 보다 적절한 역어라는 것이 구마라집의 안목이었다고 이해하는 것이 고래 주해가들의 일치된 의견이었다"(316-17)라고 말한다.

각묵은 "산냐는 마음에 무엇이 형상화된 것이 아니라 개념화되고 이념화, 이상화 내지는 음운화verbalization, 관념화된 것인 반면 니밋따는 마음에 어떤 것이 형상화visualization된 것이라고 할 수 있겠다"(94)라고 풀이한다. 상相은 "감각적 현상"sensuous phenomenon이라고 변역될 수도 있다. 또는 "대상에 대한 지각"the perception of an object이라고도 번역된다. 『금강경』은 진정한 보시는 색, 즉 형상이라고 번역되는 루파rūpa와 겉모습인 니밋따를 떠나야 하며, 또한 산냐를 척파해야 한다고 설파한다(각묵 87).

須菩提, 於意云何? 可以身相見如來不?
(수보리야, 네 뜻에 어떠하뇨? 몸의 형상으로 여래를 볼 수 있겠느냐? 없겠느냐?)

不也, 世尊, 不可以身相得見如來. 何以故? 如來所設身相, 卽非身相.
(없습니다. 세존이시여! 몸의 형상으로는 여래를 볼 수 없습니다. 어째서 그러하오니까? 여래께서 이르신 몸의 형상이 곧 몸의 형상이 아니기 때문입니다.) (『금강경』 제5 如理實見分)
김용옥은 이 부분에 대한 강해에서 "相에 해당되는 산스크리트어는

'laksana'인데 'nimitta'와 대응하여 물체의 외면적 특징을 나타내는 말이다. 그것은 표시, 싸인, 심볼, 증거, 성격, 속성, 성질 등의 의미를 내포하고 있다"라고 쓰고 있다(『도올 김용옥의 금강경 강해』 201).

원효의 『대승기신론소 별기』의 머리말에 "만상의 밖을 벗어나지 않았으나 오안으로 그 몸을 볼 수 없으며, 백가의 말 속에 있으나 사변으로 그 모양을 말할 수 없다"非像表也, 五眼不能見基軀. 在言表也, 四辯不能談基狀(은정희 18-19), 그리고 대승大乘을 체득한 이는 "명상名相을 초월하여 돌아가는 데가 있다"超名相而有歸(은정희 20)라고 말한 데에서도 "상"相이라는 개념이 보인다.

프랜시스카 조Francisca Cho의 설명에 따르면 마드야미카 불교 Madhyamika Buddhism, 즉 용수龍樹 Nagarjuna에 의해 확립된 중관파中觀派 불교에서 "조작"fabrication이라고 하는 것, 즉 prapažca 가 사유의 한계라는 것인데, 그것을 극복하는 방법이 원효가 말한 명상名相의 초월일 것이다. 조는 "이천오백 년 동안의 불교 역사에서 다양한 불교 텍스트들과 실천들이 있었지만 반복적인 주제는 진정한 종교적 보기religious seeing가 인지적 사유cognitive thinking에 의해 방해받게 된다는 점이다. 사유는 언어와 그것의 개념적 범주들, 불가피한 가치들을 포함한다. 마드야미카 불교가 조작이라고 부르는 정신적 작동들을 포함한다"("Buddhism, Film" 118)라고 말한다.

불교사상과 영화이론이 합류할 수 있는 가능성에 대해 모색하면서 프랜시스카 조는 "영화가 종교적으로 기능할 수 있는 하나의 방식은 우리를 도와서 우리의 일상적인 개념적 망상이나 분별지를 해체하여 그것으로부터 벗어나게 해 주는 것"이라고 보고, "불교사상과 영화이론은 그런 과정이 어떻게 성취되는가에 대해 같은 관점을 지닌다. 그것들은 우리의 현상적 경험들의 성격에 착안하여, 우리가 우리의 현실 혹은 실재를 어떻게 구성하는가에 대한 철학적 명상을 제공한다"("Buddhism, Film" 119)라고 말한다. 또한 조는 공안의 "직지"直指 direct pointing라는 비언어적 기호의 사용방법과 영화가 함께 시각적 수단을 이용한다는 점에서도 불교와 영화예술의 근친성을 지닌다고 말하고 있다("Imagining Nothing" 195).

조는 영화에 대한 문학적 접근과 비문학적 접근을 구별하고, 영화를 하나의 종교적 실천으로 봄으로써 영화에 대한 비문학적 접근을 시도한다. 조는 비문학적 접근은 "현상들에 대한 우리의 응시를 비담론적 방식으로 고정시킬 수 있는 영화의 능력"에 초점을 두는 것이라고 적절하게 지적한다("Buddhism, Film" 119). 영화의 능력은 의미meaning로부터 보기seeing로 나아가게 하는 것이라고 할 수도 있는데 그것을 우리는 종교적 경험의 방식이라고 볼 수 있다.

조는 "미메시스 혹은 재현에 대한 아리스토텔레스적 강조와 대조적으로 아시아적 기준은 수행performance에 내재된 진리를 중심으로 한다. 당연히도 아시아적 시론이 지속적으로 수행의 현실화와 수행자에 의해 창조되는 현존에 초점을 맞춘다"("The Art of Presence" 110)라고 말한다. 조는 "비이데올로기적, 컬트적 영화보기의 방식"a non-ideological, cultic way of viewing film("Imagining Nothing" 169)이라는 용어를 만들고, 종교적 의미화라는 비로고스중심주의적 전통에 참여하는 컬트적 경험으로 영화를 인식하는 것이 흥미롭다고 말한다. 컬트적 의미화 양식은 종교적 깨달음의 경험에 대한 선불교의 반담론들antidiscourses과 결부된 종교적 의미에 관한 이론을 통해 정교화될 것이다("Imagining Nothing" 170).

<달마가 동쪽으로 간 까닭은?>에 대한 검토에 앞서서 "보기"의 방

식들은 자연적인 것이 아니라 구성된 것이고 그 방식들이 역사를 지닌다는 점을 다시 강조할 수밖에 없다. 예를 들면 성별과 계층에 따라서 다른 시각체제를 지니게 되는데, 관음적이고 사디스트적인 경향이 강한 남성적 응시male gaze와 시각적 표면의 물질성에 주목하는 비지배적 여성적 일별female glance의 구별에서도 다른 시각체제를 확인할 수 있다. 시지각을 포함하여 인간의 지각작용은 역사를 가졌고 각 사회계층은 세계를 지각하는 특유의 방법들 혹은 시지각의 방식을 가지고 있다. 시각체제에 대한 이해는 우선 사람의 시지각의 방식에 대한 성찰을 전제로 한다. 우리는 우리의 기억, 두려움, 욕망, 계획 등을 통해 사물들을 지각한다. 우리는 또한 우리에게 흥미를 일으키지 않는 사물의 측면들을 무시하면서 선택적으로 지각한다. 즉 지각은 사물의 특징들 중에서 우리가 관심을 가지는 것들은 선택하고, 생존과 관련이 없는 것들은 무시함으로써, 주위의 공간을 효율적으로 관리하고 통제할 수 있게 해 주는 것이다.[48]

지각작용에 대한 이와 같은 관점은 인간의 감각기관에 관한 루돌프 아른하임Rudolf Arnheim의 설명에서도 보인다. 그는 "감관感管의 기능을 적절히 이해하려면 이것이 인지 그 자체를 위한 도구로 나타나지 않고 생존을 위한 생물학적 보조로 진화했음을 명심할 필요가 있다"(『시각적 사고』 44-45)라고 말한다. 아른하임은 또한 시각작용은 "구조적 전체의 창조"를 통해 문제를 해결하는 과정이라고 분석한

---

48 "지각은 생명체가 그 주위의 공간을 관리하고, 협의 결정하도록 돕는다. 그 것이 더 많은 공간을 관리할수록, 그것의 선택권들이 더 커지게 될 것이고, 더 많은 시간동안 그 선택권들을 실행해야 할 것이다. 그러나 지각은 사물들에게 무엇인가를 부가함으로써가 아니라 공제控除함으로써, 즉 주위 대상들의 특징들 중에서 생명체가 흥미와 관심을 가지는 것들을 선택하고, 생존과 관련이 없는 것들은 무시함으로써, 생명체가 그것의 환경을 관리하도록 돕는다"(보그, 『들뢰즈와 시네마』 236).

다(『미술과 視知覺』 90). 또한 "지각은 역사를 가졌고 사회계급들은 세계를 지각하는 특유의 방법들을 가지고 있다"(워커, 『비주얼 컬처』 50)라는 점을 강조한다.

그렇다면 한국적 시지각의 방식, 혹은 "한국적 시각체제"라는 개념과 "불교적 시각체제"라는 개념도 성립될 것이다. 예를 들면『금강경』 金剛經의 제18장 "一切同觀分"에서는 육안肉眼, 천안天眼, 혜안慧眼, 법안法眼, 그리고 불안佛眼 등을 구별하고 있는데, 형상적 기능과 시각성에 대한 불교적 관점과 함께 불교적 시각체제에 대해서는 어떻게 이해해야 하는가? 은정희의 주해에 의하면, 육안은 육신이 가지고 있는 눈, 천안은 색계의 천인天人이 가진 눈으로 선정禪定을 닦아 원근, 내외, 주야를 막론하고 잘 볼 수 있는 눈, 법안은 중생을 제도하려는 보살이 법문을 조견하는 눈, 혜안은 진공무상眞空無相의 이치를 조견하는 지혜의 눈, 불안은 불타의 몸 중 앞의 사안을 구비한 것이라고 한다(18). 각묵은 육안은 보통의 범부들이 가지고 있는 육신의 눈이며, 천안은 보통사람들의 시계로는 볼 수 없는 초능력, 혜안은 반야, 즉 지혜의 눈, 법안은 법을 보는 눈, 불안은 붓다의 눈이라고 설명한다(336-37). 여래는 금강경에 의하면 이 오안五眼을 다 지니고 있기 때문에 중생들의 마음을 다 안다는 것이다.

김윤수는 용수의『대지도론』大智度論(권 제33)에 보이는, 이 오안에 대한 설명을 인용하여 요약한다. 천안은 장애에 구애되지 않고 사물을 볼 수 있는 것, 혜안은 제법의 공한 실상을 볼 수 있는 눈, 법안은 "진제眞諦를 넘어 중생제도를 위하여 갖가지 세속제를 분별할 수 있는 후득지의 근거가 될 수 있는 눈"이며, 불안은 이 모든 것을 아무런 제한 없이 볼 수 있는 눈이라는 것이다(467). 육안을 제외한 천안, 혜안, 법안, 그리고 불안은『대승기신론소』별기 권6에 "지관문"

止觀門이라는 제명 하에서 찾아볼 수 있다. 『대승기신론』에는 "지라고 하는 것은 모든 경계상을 그치게 함을 말하는 것이니 사마타관을 수순하는 뜻이기 때문이요, 관이라고 하는 것은 인연생멸상을 분별함을 말하는 것이니 비발사나관을 수순하는 것이기 때문이다"所言止者, 謂止一切境界相, 隨順奢摩他觀義故. 所言觀者, 謂分別因緣生滅相, 隨順毗鉢舍那觀義故(은정희 366)로 되어 있다. 은정희의 설명과 같이 "만약 사람이 오직 지止만을 닦으면 곧 마음이 가라앉거나 혹은 게으름을 일으켜 여러 선을 즐기지 않고 대비大悲를 멀리 여의게 되니, 이러므로 관觀을 닦는 것이다"(403).

비캬내러티브적 이미지와 불교사상

"불교영화"라는 것은 하나의 장르 개념이라기보다는 불교를 소재로 하거나 불교사상을 주제로 하는 영화 혹은 불교적 관점으로 해석할 수 있는 영화작품을 뜻한다. 예를 들면, 와쵸우스키 브라더스The Wachowski Brothers의 <매트릭스>*The Matrix*도 불교영화에 포함될 수 있으며, 서양에서 상당수의 불교영화가 만들어지고 있다. <매트릭스>에서의 중심적 인물인 토마스 앤더슨Thomas Anderson을 예수 형상a Jesus figure으로 해석하는 연구도 있다. 그러나 줄리앙 필딩Julien Fielding의 관점과 같이 깨달음에 의해서만 탄생과 죽음과 재생의 순환으로부터 벗어날 수 있다는 불교적 가르침에 대한 표현으로 그 작품을 해석하는 것이 더 적절한 것 같다(Blizek 19-20).

엄밀하게 말하면, 불교영화는 "불교의 세계관에 대한 영화적 표현이다"라고 정의할 수 있을 것이다. 그런데 "불교영화"라는 범주를 인정하기 위해서는 불교미술에 대해 홍윤식이 "올바른 불교미술의 이해를 위해서는 형상에 대한 미술적 관찰과 내용에 대한 종교적 관찰과의 양자를 종합함으로써 비로소 그 전면적 이해가 가능하다"(19)라고 말한 것을 참조해야 한다. 홍윤식이 여기서 언급하고 있는 "형상"은 불교미술 작품들에서의 시각적 이미지들을 가리키는 것으로 풀이되는데, 그것은 불교영화의 경우에도 적용할 수 있다. ("불교미술"이라는 이름이 미술의 입장에서 붙인 것일 뿐 불교 자체에서 붙인 것은 아니라고 보는 관점을 따르면, 불교미술을 신앙과 예배의 대상으로보는 것이 불교 안에서의 관점일 것이다.)

불교적 삶과 사상을 형상화한 예술, 특히 한국의 불교영화를 통해 형상적 사유의 존재양식에 대해 살펴볼 수 있는데, 들뢰즈의 시네마적 이미지의 분류학을 적용하여 분석해 볼 수 있을 것이며, 비내러티브적 이미지들의 몽타주가 형상성 혹은 형상의 존재양식이 될 수 있음을 확인해 볼 수 있을 것이다. 그런데 들뢰즈가 말하는 "형상을 통한 사유"는 『대범천왕문불결의경』大梵天王問佛決疑經에 나오는 "염화시중"拈花示衆의 일화가 예증한, 불립문자不立文字, 교외별전敎外別傳, 직지인심直指人心, 견성성불見性成佛이라는 4가지 종지를 중심으로 한 선불교 사상과 연관하여 이해해 보는 것이 더욱 용이할 수도 있다. 배용균은 한편의 "명상영화"meditative film (Stringer 135)로 평가받는 <달마가 동쪽으로 간 까닭은?>의 크레딧 타이틀이 나오는 첫 장면에서, "그는 진리를 묻는 제자 앞에 말없이 한 송이 꽃을 들어 보였다"는 자막을 보여주고 영화를 시작한다.[49] 가섭존자Mahakasyapa

---

49 배용균(1951-)이 감독, 각본, 촬영, 편집, 미술, 소품 등을 모두 담당한 1989년 작품이다. 그 해의 제42회 로카르노Locarno 국제영화제 골든 레오파드(1등상) 수상작이다. 이 작품에 대한 정보는 2007년에 감독판으로 DVD를 출시한 마일스톤 영화와 비디오Milestone Film & Video 회사에서 만든 웹 사

라는 제자만이 뜻을 알고 얼굴에 미소를 머금었다는 그 "염화시중"拈華示衆의 일화는 다름 아닌 담론적 의미화에 저항하는 형상성의 힘을 보여준다고 할 수 있을 것이다. 프랜시스카 조는 이 작품에서의 주된 공간적 무대가 속세에서 절연된 산정과 암자로 설정된 것이 실재가 "동시에 존재하면서 부재하는" 것이라는 대승불교Mahayana Buddhism 의 주된 사상을 공간적으로 환기하는 것이라고 해석한다("Imagining Nothing" 184). 프렌시스카 조가 말하는 것은 『반야바라밀다심경』에서의 "색즉시공" 色卽是空 사상이다.

<달마가 동쪽으로 간 까닭은?>을 불교영화로 범주화하고 불교적 시각 혹은 불교사상과의 연관성이라는 틀 속에서만 보는 것은 문제가 있을 것이다. 예를 들면 프랜시스카 조는 이 작품에 대해 "계층과 빈곤에 관한 현시대의 관심사를 드러내기 위해 불교적 여과장치a Buddhist filter를 이용한" 작품이라고 말한다("The Art of Presence" 107-20). 이것은 임권택의 <만다라>와 함께 <달마가 동쪽으로 간 까닭은?>도 "복잡한 현대세계에서 삶을 영위하고 있는 한국 사람들을 괴롭히는 심리적, 정서적 불안"을 조사한 것이라는 이향진Hyangjin Lee의 관점에서도 보인다(61). 그러한 해석은 대체로 이 영화의 내러티브적 측면에 초점을 맞춘 것으로 보인다.

그레고리 J. 왓킨스Gregory J. Watkins는 <달마가 동쪽으로 간 까닭은?>은 "명상적으로"meditatively 만들어진 것이라고 본다고 말하고, 제작과정만이 아니라 명상적으로 보는 것, 즉 "영화감상의 명상적 양식"의 가능성에 대해서도 묻고 있다(245). 형상적인 것의 기능들 중에서 가장 주목할 만한 것은 명상적 태도의 유발이다. 명상은

이트를 통해 확인할 수 있다.
<http://www.milestonefilms.com/pdf/BodhiDharmaPK.pdf> 참조.

다른 방식으로는 볼 수 없는 것의 포착을 가능하게 한다고 볼 수 있다. 이것은 영화가 특정양식의 "보기"의 방법을 배양한다는 것이다. 조는 이 작품의 도입부의 몽타주가 일종의 "시각적 공안," 즉 내러티브적, 논리적 일관성을 해체하는 과정을 통해 의미화 하는 "시각적 공안"a visual koan ("Imagining Nothing" 187)이라고 말한다.

<달마가 동쪽으로 간 까닭은?>에 대해 논하면서 이윤희는 이 작품의 "비내러티브적 형태"에 대해 주목하고, "극의 사건이 인과관계에 의존하여 진행되는 것이 아니라 우연성의 법칙에 의해 전개되며, 스토리와 플롯의 구성 또한 연대기적이지 않고 또한 끝에 어떤 결론을 제시하지 않으며, 관객에게 극으로부터 떨어져 자신의 순수 직관에 의해 해석하도록 한 대안적 내러티브 체계인 것이다"(39)라고 말한다. 관객에게 전달되는 것은 "끊임없이 확인되는 삶의 고통, 두려움, 그리고 삶에 대한 애정, 불가능한 득도에의 희구"(40)라는 것이다. 비내러티브적 전개 혹은 일견 무관한 것으로 여겨지는 이미지들의 몽타주는 들뢰즈와 가타리가 강조한 리조매틱스rhizomatics의 창조적 방식과 다르지 않다.

그런 점에서 보면 이 작품은 일종의 아방가르드 시네마의 속성을 지닌다. "제외와 삭제라는 짝을 이루는 원리들에 토대를 둔 재현적 질서의 구성에 의해 현실과 아이덴티티의 현존하는 관념들에 대한 확증이 성취되는 주류 시네마와 대조적으로 아방가르드 시네마는 주류 시네마의 작동에 의해 차단되는 강밀도들에 대해 접근할 수 있게 한다"라고 말하는 로버트 랩슬리Robert Lapsley에 의하면 사실주의 작품들은 지시대상물을 안정되게 만들고 세계를 쉽게 독해될 수 있는 형태로 정돈하는 데 반해 아방가르드 작품들은 난해함과 쉽게 이해될 수 있게 만드는 것에 대해 저항함으로써 사실주의의 이미 확립

된 형태들에 의해서는 제시되지 않는 것들의 현존을 관객들에게 증명한다는 것이다(213, 234-35).

영화와 관객 사이의 관계에 대해, 리처드 러쉬톤Richard Rushton은 들뢰즈의 이론과 그 주제를 관련하여 논한 글에서, "흡수"absorption와 "몰입"immersion이라는 2개념을 설정할 필요가 있다고 말한다(49). 흡수는 관객이 영화 속에 빠져드는 것이고 몰입은 영화가 관객을 감싸 안는 것이라고 구별된다. 러쉬톤은 관객에 대한 들뢰즈의 관점은 흡수라고 지적하면서, 영화가 다른 존재 혹은 사람 "되기"becoming의 가능성을 제공하는 것이라고 본다. 반면에 몰입은 흡수와 달리 자기 자신의 자아 속에 확고하게 머무르는 선택만을 제공하는 것이라고 구별한다(51). 이러한 관점은 자아 혹은 자율적, 독자적 주체의 확립이라는 견지에서 전개된 영화 관객이론과는 달리 시네마 스크린 앞에서 자아를 망각하고 통제력을 상실하게 되는 것에 대해 주목한다. 그렇게 될 때만이 우리의 현존하는 주체성의 족쇄들을 풀 수 있고, 경험하고 이해하게 되는 다른 방식들을 알 수 있게 된다는 것이다. 몰입은 자기 자신 밖으로 나가는 것에 대한 거부이면서 "황홀에 대한 거부"a refusal of ecstasy, 다르게 되기의 가능성에 대한 거부, 자기 자신의 사유의 확실성만 유지하려는 태도, 타인의 사유를 사유하고 타인의 감각을 경험할 수 있게 하는 초대에 대한 거부, 즉 요약하면 "수동성에 대한 거부"라는 것이다(Rushton 53).

이 문제는 영화적 경험filmic experience에 관한 관심의 맥락에서 다룰 수 있을 것이다. 영화적 경험은 스크린 위의 이미지들과 소리들이 우리의 감각을 사로잡는 순간에, 그리고 우리가 보고 있는 것 혹은 우리가 보고 있다는 사실 그 자체에 대한 반성적 관심과 관련되는 이해를 자극하는 순간에 이루어진다. 다시 말하면 우리에게 다가와서 말을 거는 무엇인가가 있다는 것(감각적, 인지적 과잉)과 그 무엇인가에 우리가 노출되고 있다는 것에 대한 확인을, 즉 우리 자신과 주변을 다시 규정할 수 있게 만드는 확인을 결합시키는 상황이다(Casetti 56-57).

그렇게 정의될 수 있는 영화적 경험은 들뢰즈적 뜻에서의 감각-운동 도식이 부재하는 현대 시네마에서 인간과 세계의 새로운 접속에 대한 추구가 리좀rhizome의 방식, 즉 이접적 종합의 방식으로 나타나는 것과 관련시켜 논의해 볼 수도 있을 것 같다. <달마가 동쪽으로 간 까닭은?>에서 비내러티브적 이미지들의 몽타주를 통해 표출된 것도 그런 방식으로 볼 수 있을 것이다. 같은 관점에서 이윤희는 이 영화에서 인물 쇼트와 자연 쇼트가 몽타주로 연결되어 있는데 "몽타주된 자연의 이미지는 관조적 이미지로 자리하며 때로는 인물의 심리와 무관하게 전개되기도 한다"(41)라고 분석한다. 그런데 린다 얼리취Linda C. Ehrlich는 이 작품 속에서 확인할 수 있는, 무관한 이미지들의 몽타주라는 형식에 대해 언급하면서, 그것이 불교사상에서 찾아 볼 수 있는 "상호관련성" 혹은 "하나의 사건, 사물, 사람이 인연생기因緣生起의 연쇄 속에서 다른 것으로 변형되는 것"(176)이라는 인식을 표출한 것이라고 해석한다. 구체적으로 살펴보면, 이 영화의 마지막 부분에서 우리는 다음과 같은 이미지들의 몽타주를 볼 수 있다.

S# 124: 아궁이 안에서 타들어가는 장작불, 그것을 응시하는 해진의 얼굴에 일렁이는 불빛, 혜곡의 유품인 보따리를 아궁이에 넣는 해진. 서서히 불이 붙어 타기 시작하는 보따리

S# 125: 환기창에서 새어 나와 벽을 타고 오르는 연기. 처마와 마루 등에서 계속 새어 나오는 연기

S# 126: 처마 끝에 앉아 있는 새

S# 127: 암자의 옹달샘에서 표주박으로 길어 올린 물을 그릇에 담는 해진. 그릇을 들고 법당 안으로 들어가는 해진의 뒷모습

S# 128: 처마 끝에서 날개를 퍼덕거리며 날아오르는 새

S# 129: 하늘 위로 날아올라 멀리 오른쪽 위로 사라지는 새

S# 130: 소를 데리고 오른쪽으로 멀리 걸어가는 기봉의 모습[50]

이 마지막 부분에서 주요 등장인물들만이 아니라 이 작품 전체를 통해 연관성이 모호한 채로 자주 출현했던 이미지들, 즉 물, 연기, 하늘, 강, 새, 그리고 소가 결합되어 있는 것을 볼 수 있다. 그와 같은 몽타주를 통해 이 작품이 관객에게 전달하는 것은 인연생기설만이 아니라, "끊임없이 확인되는 삶의 고통, 두려움, 그리고 삶에 대한 애정, 불가능한 득도에의 희구"(이윤희 39-40)라고 할 수 있는데, 그것도 넓게 보면 삶의 고苦에 대한 불교적 인식과 무관하지 않을 것이다.

이 작품의 마지막 장면은 강가를 따라 기봉이 소를 데리고 가는 모습이 익스트림 롱 쇼트extreme long shot로 조망되고 있는데, 이것을 주인공이 자연 속으로 귀의하는 모습으로 풀이할 수도 있고, 이 영화에서 "사바세계"로 일컬어진 마을로 돌아가는 모습으로 볼 수도 있다. 그런데 이 마지막 장면만이 아니라, 작품 속에서 여러 번 등장하는 소 이미지는 무엇보다도 심우도尋牛圖 혹은 십우도十牛圖와 관련시켜 논의할 수 있다. 이 점을 주목한 남명자도 "어린 동자승 해진

---

50 2007년 마일스톤 영화와 비디오 회사에서 출시한 감독판 DVD에는 그 이전 판에서는 볼 수 없었던 10분 정도의 장면이 포함되어 상영시간이 145분이며, 모두 18개의 장들로 구성해 놓았다. 마지막 18장은 해진의 독경소리에 눈을 뜨는 기봉의 모습부터 시작하여 엔드 크레딧이 나오는 장면까지이다. 이 책에서는 이윤희가 자신의 논문 뒤에 첨부해 놓은 "<달마가 동쪽으로 간 까닭은?> 장면분석"(80-85)에서의 장면번호를 따른다.

과 청년승 기봉이 참된 자각을 추구해 가는 모습에서 십우도와의 일체감을 볼 수 있다"(91)라고 말한다. 남명자는 혜곡이 빼내었던 젖니를 암자의 뜰에서 해진이 줍는 것과 십우도의 제2도인 견적見跡, 즉 소의 발자국을 발견하는 것을 일치시키고 있다(92).

오도悟道를 소에 비유하고 소를 찾는 동자를 구도자로 비유하여 수행의 단계를 도해한 심우도에 대한 홍윤식의 설명에 따르면, 그것은 『화엄경』에 나오는 선재동자의 취향상趣向上의 구법행각과 비교될 수 있는 전반부와 『법화경』에 나오는 궁아동자의 환원상還源上의 발걸음과 비교될 수 있는 후반부로 이루어져 있다(339-40). 그것은 심우尋牛, 견적見跡, 견우見牛, 득우得牛, 목우牧牛라는 표제들로 된 전반부를 『화엄경』 그리고 기우귀가騎牛歸家, 망우인존忘牛人存, 인우구망人牛俱忘, 반본환원反本還源, 입전수수入廛垂手라는 표제들로 된 후반부를 『법화경』과 관련시킨 해석이다.

곽암廓庵의 심우도尋牛圖는

소를 찾는다는 심우(尋牛)
소의 발자국을 발견하는 견적(見跡)
소를 발견하는 견우(見牛)
소의 고삐를 붙잡는 득우(得牛)
소를 키우는 목우(牧牛)

라는 표제들로 된 전반부와 다음과 같은 후반부로 구성되어 있다.

소를 타고 집으로 가는 기우귀가(騎牛歸家)
소를 잊었으나 사람은 있는 망우인존(忘牛人存)

소도 사람도 모두 잊는 인우구망(人牛俱忘)

본래의 모습으로 되돌아가는 반본환원(反本還源)

세상으로 나가서 중생을 제도하는 입전수수(入廛垂手)

한편 보명普明의 목우도牧牛圖는

소를 키우기 이전의 일인 미목(未牧)

처음으로 길들이기인 초조(初調)

길이 든다는 수제(受制)

머리를 돌리는 일인 회수(廻首)

저절로 복종하는 순복(順伏)

근심걱정이 없어지는 무애(無碍)

저절로 알아서 한다는 임운(任運)

서로가 잊는다는 상망(相忘)

혼자서 기뻐 날뛴다는 독조(獨照)

두 배로 밝아진다는 쌍민(雙泯)

으로 되어 있다(박용숙 326).

곽암의 심우도 혹은 보명의 목우도에서 소는 진리 혹은 도道의 상징이며, "구도자(소년)가 진리를 만나서 그것을 터득하고, 종래에는 진리 자체를 잊어버리는 경지에 도달하여 속세로 나가 중생을 제도한다는 내용"(박용숙 324)으로서 박용숙은 이것이 미트라Mithras/Mitra 신앙과 관련된다고 말한다(331). 미트라교는 중동지방의 고대 페르시아에서 유래된 종교로서 모든 것을 보는 진리의 수호자인 미트라는 소들의 보호자로 믿어졌다.

기봉이 소를 데리고 마을로 향해 걸어가는 마지막 장면은 "기우귀가"라는 후반부의 첫 번째 도상과 관련됨으로써 전체적으로 이 작품은 심우도의 전반부, 즉 『화엄경』에 나오는 선재동자의 취향상趣向上의 구법행각을 영화적으로 형상화한 것이라는 해석이 가능할 것이다. 사실 이 작품은 『화엄경』에 표현된 좌坐, 입立, 보步, 주走, 비飛, 무舞, 귀歸라는 기거동정起居動靜의 형태들을 영화적 이미지들로 표출하고 있다.

들뢰즈는 『감각의 논리』The Logic of Sensation에서 프랜시스 베이컨Francis Bacon의 회화에 관한 논의를 전개할 때 "형상"the Figure을 "구상"figuration과의 차이를 통해 설명한다.[51] 구상은 관습과 코드에 의한 클리셰의 재구성이라고 할 수 있는데, 베이컨과 같은 화가가 추구한 것은 그와 같은 클리셰에 대한 싸움일 수밖에 없다. 그렇기 때문에 박성수가 설명하는 것과 같이, "이미 존재하는 진부한 구상에 촉각적인 작용을 가하여 그 진부함[클리셰]을 깨뜨리는 것 ... 구상을 닮지 않으려고 매순간 새롭게 생성되는 구상이 바로 형상이다"(『감각의 논리』 208).

<달마가 동쪽으로 간 까닭은?>에서 혜곡이 계곡의 나무 아래에서

---

51 다니엘 스미스Daniel W. Smith는 『감각의 논리』 영역본의 "번역자의 서론"에서 "'구상'은 그것이 재현하는 것으로 가정하는 대상과 관련된 형태를 지칭하는 것인데 반해서, '형상'은 감각에 연결된 형태, 이 감각의 폭력을 직접적으로 신경체계에 전달하는 형태이다"(Deleuze, *Francis Bacon* xiii)라고 구별한다. 하태환은 『감각의 논리』 우리말 번역본의 역자주에서 이미지와 형상을 구별하면서 이미지는 <어떤 사물의 이미지>에서처럼, 많은 경우 되돌아가는 이미지 밖의 지시대상을 상정하는" 것이고, 형상은 "사물과 동등한 존재론적 가치를 획득한, 자족적이고 독자적인 상"이라고 말한다(3). 료타르의 "형상적인 것"the figural과 들뢰즈가 대문자로 쓴 "형상"the Figure은 맥락이 같은 것이라고는 할 수 없지만, 비담론적인 것이라는 점에서는 근본적으로 같은 것으로 볼 수 있을 것이다.

기봉에게 불법을 가르치며 하는 말 속에 "홍두깨"로 표현된 것은 "얼굴"이라는 유기적 구성이 해체될 때 출현하게 되는 "머리" 혹은 들뢰즈가 말하는 "동물-되기"Becoming-animal의 상태라고 할 수 있다.

> 혜곡: 여기 홍두깨가 있어서 학의 머리에 꼬리는 용이고 사슴 등에 가슴은 도마뱀이로다. 성도 이름도 없는 그 하나는 네가 태어나기도 전의 본래 얼굴이고, 부모가 태어나기도 전의 본래 몸뚱어리다. 이 본래의 하나를 얻어 생사 일대사를 해결하거라. (S# 45)

혜곡이 말하는 홍두깨의 형태는 "구조화된 공간적 구성"으로서의 얼굴이 아니라 그 구성을 해체해 버린 머리라고 할 수 있다. "본래 몸뚱어리"는 들뢰즈가 형상을 설명하면서 예로 든 "기관 없는 신체"body without organs와 같은 것으로 풀이해 볼 수 있다. 그것은 들뢰즈가 "담론들 이전의, 단어들 이전의, 사물들이 만들어지기 이전의 신체"(*Cinema 2* 172-73)라고 부르는 것과 같은 차원을 나타내는 것으로 볼 수 있다. 들뢰즈는 "형상은 엄밀히 말해 기관 없는 신체이다(신체를 위해 유기체를 해체하고, 머리를 위해 얼굴을 해체한다). 다음, 기관 없는 신체는 살과 신경이다. 이어서 파장이 신체를 통과하여 거기에 여러 층위들을 새긴다. 그리고 감각이란 신체 위에 작용하는 힘들과 파장과의 만남으로서, <감각적인 체조>이고 외침-숨결이다"(『감각의 논리』 75-76)라고 말한다.

여기서 들뢰즈가 말하는 "감각"은 추상적인 "읽기"가 아니라 구체적인 "보기"와 같은 과정을 통해 감득될 수 있을 것이다. 추상적인 개념적 사유와 감각적인 시각적 체험이라는 도식적인 이분법에서 바로 추상적인 개념적 사유와 연관되는 것이 담론/텍스트/읽기이며, 반면에 형상/이미지/보기는 감각적인 시각적 경험과 관련되기 때문이다.

형상과 형상성은 파계破戒의 개념에 의존하는 것이라고 볼 수 있다. 왜냐하면 형상은 담론의 법칙을 해체하려는 욕망과 관련을 지니는 것으로 이해할 수 있기 때문이다. 제프리 베닝턴Geoffrey Bennington도 료타르의 형상 개념을 욕망과 결부시키는데(91), 료타르 자신도 형상적인 것을 "원초적 과정, 무질서의 원리, 환희 jouissance로의 돌입" 등으로 나타내고 있다(328). 그렇다면 <달마가 동쪽으로 간 까닭은?>과 같은 불교영화 작품들에서 "원초적 과정, 무질서의 원리, 환희jouissance로의 돌입"을 어떻게 확인할 수 있는가?

그러한 경험은 이른바 "마음챙김"mindfulness의 상태를 추구하는 명상적 삶을 통해 가능해지는 것이라고 할 수 있다. 그런데 선불교적 실천에서는 공안의 사례들에서 확인할 수 있는 것과 같이 담론적 개념들에 의한 왜곡을 해체하기 위해 몸짓과 이미지를 이용한다. 예를 들면, 이 영화의 제목이 된 질문도 하나의 공안에서 나온 것이다.

"무엇이 조사[祖師, 즉 달마]가 서쪽에서 오신 뜻입니까?"
"뜰 앞의 잣나무다." (『趙州錄』 34)
"무엇이 조사가 서쪽에서[인도에서 동쪽으로] 오신 뜻입니까?"
"외양간에서 소를 잃었구나." (『趙州錄』 116)

즉 선불교에서는 담론적 개념들에 의한 언어적 조작을 파괴하여 궁극적 실재로 나아가는 것을 지향한다고 할 수 있는데, 그렇기 때문에 추상적 언어에 의한 설명을 지양하고 "뜰 앞의 잣나무"와 같은 구체적 이미지를 통해 대답하고 있는 것이다. 이와 같이 선불교가 담론적인 것을 부정한다는 점에서 형상성을 중시한다고 볼 수 있을 것이다. 사실 불교적 시각예술의 전통에서 특히 선불교 사상은 화려한 장식과 풍부한 시각적 상상력으로 충만한 대승불교의 시각적 경향으로부터 거리를 유지하는 면이 있다(Brinker 145).

물론 불교에서의 시각적 이미지는 일종의 방편方便에 지나지 않는 것이라고 할 수 있다. 홍윤식은 "불교의 궁극적 경지는 초월적인 것이면서 어디까지나 내재적이며, 내재적이면서 초월적인 것이다. 그러나 그를 표현하기 위해서는 형상을 지녀야 한다. 즉 무상無相이 유상有相이 되는 것이다"라고 말하고, 무상의 지가 근본지이며, 유상의 지는 방편지方便智인데, 자비는 근본지를 토대로 "형상 있는 지智"를 형성해 나가는 일이라고 설명한다(32).

방편skillful means이라는 개념은 『법화경』Lotus Sutra의 16장에서 "생명 있는 존재들을 위해 나는 방편의 힘을 사용한다"(Reeves 295)라고 한 부분에서 보인다. 또한 "살아있는 존재들은 다른 성격들과 다른 욕망들, 다른 활동들을 가지므로, 그리고 나는 그들을 선의 뿌리를 내리도록 인도하고자 하므로, 나는 다양한 가르침들을 공유하기 위해 다양한 인과율적 설명들, 우화들, 그리고 다른 종류의 표현들을 사용해 왔다"(Reeves 293)라고 한 부분에서도 보인다.

예를 들면 『화엄경』Avatamsaka Sūtra의 마지막 장에서 깨달음을 추구하는 선재동자, 즉 수다나Sudhana에게 나타나는 다양한 형태의 인간 형상들은 모든 존재들이 보살bodhisattva들이라는 대승불교의 관점을 나타낸다는 점과 방편지의 기능에 대해서 알 수 있게 해 준다. 즉 각 사람의 특성에 따라 다른 외양을 취한다는 것, 그것이 중생 구제를 위한 방편이라는 것을 보여준다는 것이다(Cho, "The Art of

Presence" 112).

웬디 도세트Wendy Dossett도 중심적인 대승불교 개념인 "방편"upāya에 대해 언급하고, 모든 불교의 언어 혹은 그림들이 임시적인 수단, 즉 방편이라고 말한다(211). 도세트는 "선禪은 이원론적 언어의 경계들을 초월하는 깨달음에 대한 추구를 옹호한다. 언어, 개념들, 이미지들과 관행들이 어느 정도의 용도는 있긴 하지만 있는 그대로의 실재를 보는 일로부터 벗어나게 만들기 쉽다. 그러나 선조차도 그것의 목적을 성취하고 설명하기 위해 방편들을 잠정적으로 이용할 수밖에 없다"(212)라고 부연한다.

홍윤식이 "만약 붓다를 위하여 여러 가지 형상을 건립하고 조각하여 중상衆相을 이루면 모두 불도를 이룬다. 혹은 교슬포膠膝布로써 장식하여 불상을 만들면 이 공덕에 의하여 모두 불도를 이룬다. 또한 채화彩畵하여 불상의 백복장엄百福莊嚴의 상을 나타내고 모든 사람들로 하여금 그렇게 하게 하면 모두 불도를 이룬다"(『법화경』 방편품의 게송偈頌)(홍윤식 189)라고 한 데에서도 보이듯이, 불도를 위한 다양한 형상들은 일종의 방편이라고 할 수 있다. 그러한 방편은 언어적 조작을 해체함으로써 형상성을 지향한다.

이성적 질서 속에서 코드화되고 텍스트화됨에 따라 상실되는 형상계의 진실은 료타르에 따르면, "사건" 속에서만, 즉 일단 발생하고 난 이후에는 다시는 발생하기 이전과 같을 수 없는, "발생의 근본적인 특이성"the radical *singularity* of happening (Readings xxxi)을 특징으로 하는 "일어남"occurrence 속에서만 그 자체를 제시하는데, 이와 같은 뜻에서의 "사건"은 불교, 특히 선불교에서의 공안의 예에서 찾아볼 수 있다. 우리의 일상적 세계인식과 인습적 사유방식을 방해하고 충격을 주기 위한 행동이라고 할 수 있는 조주의 기행은 담론적 기능을 해체하는 형상적 기능을 나타내고 있는 것으로 풀이할 수도 있을 것이다.

조주[趙州 777-897]는 이런 질문을 받은 적이 있다. '한 줄기의 빛이 수십만 갈래로 갈라지고 있다면, 이 한 줄기의 빛은 어디에서 비롯된 것일까요?' 이 질문은 가장 심오하고도 당혹스러운 철학적 질문들 중의 하나이다. 그러나 노승은 답변에 많은 시간을 들이지도 않았으며, 장황하게 논의하지도 않았다. 그는 다만 아무 말 없이 자기의 신발 한 짝을 벗어 던졌다. (콘즈, 『불교사상과 서양철학』 262)

우리의 일상적 세계인식과 인습적 사유방식을 방해하고 충격을 주기 위한 행동이라고 할 수 있는, 그러한 조주의 기행奇行은 담론적 의미화를 해체하는 형상성의 힘을 나타내고 있는 것으로 풀이할 수 있다. 또한 그것은 앞에서 언급했던 이성적 질서 속에서 코드화되고 텍스트화한 구상을 벗어난 세계에 대한 동경을 나타내는 것이라고도 할 수 있다.

해진: 거기도 나와 같이 어머니 아버지가 없는 아이가 있을까요?
기봉: .... 그럼 해진인 엄마 생각 나? 엄마가 없어서 슬프지?
해진: 아니 ... 기억이 안 나요. 난 기억을 못 하는데 어떻게 슬퍼요?
(S# 18)

이 장면에서 해진이 말하는 "거기"는 기봉이 "사바세계"라고 말한 곳을 지칭하지만, 해진이 기억하지 못하는 "엄마"의 세계는 이성적 질서 속에서 코드화되고 텍스트화한 구상을 벗어난 세계 혹은 들뢰즈가 "본원적 세계"originary world라고 부른 것과 근본적으로 같은 차원을 뜻하는 것으로 풀이할 수 있다. 이 영화의 도입부 부분에 두꺼비가 땅에서 기어가는 장면이 삽입되어 있는데, 일견 혜곡의 일갈에 놀라 달아나는 미물로 보이지만, 이 생물이 지닌 원형적, 신화적 의미는 그것이 비와 관련된다는 점에서 "본원적 세계"의 회복에 대한 욕망을 암시하는 것으로 해석된다. 예를 들면, 남아메리카 지역에는 기우제 기간 동안에 소년들이 개구리 혹은 두꺼비의 소리를 흉내 내는 풍습이 있는데, 이것도 참조될 수 있다. 중앙아메리카mesoamerican 지역에서는 해양 두꺼비의 분비물이 일종의 미약성분이 되어 샤먼들이 황홀경 상태에서 신들을 만날 수 있게 해 주는 힘이 있는 것으로 여겨지고 그 지역의 제의에서 중요한 요소가 된다고 한다.

<달마가 동쪽으로 간 까닭은?>에서 배용균은 프레임, 커트, 쇼트, 그리고 몽타주의 수직적 과정들을 통해, 그리고 (롱 쇼트) 지각-이미지, (미드 쇼트) 행동-이미지, 그리고 (클로즈업) 감정-이미지들의 수평적 과정들을 통해, 이 "본원적 세계"의 차원을 구현하고 있다. 그런데 이 영화에서 "본원적 세계"의 형상성은 회화적 공간을 시각적으로 조직화하는 르네상스적 원근법, 보는 자의 눈을 중심적인 것으로 구성하는 방식이 아닌 비원근법적 공간의 형성을 통해 구현된다. 주은우가 지적하고 있듯이 원근법의 시각은 "시각공간을 미리 합리화하고 그 속에서 보이는 것들을 시각적 통제의 대상"으로 만들며 "결국 가시적 대상들을 통제하려 하고 그 운동을 정지시키는 원근법의 시각적 주체는 눈과 응시를 일치시키려는 불가능한 시도에서 연원하는 악의적인 힘, 에고의 편집증적 구조가 발휘하는 공격성으로 정의되는 주체"(『시각과 현대성』

235-36)의 억압적 시각이다.[52] 이것과 대조적으로 동양화에서의 비원근법적 공간에서는 자아와 세계 사이의 구획이 모호하게 된다(김우창, "영상과 장소" 199). 주은우가 진조복鎭兆復의 관점을 빌어 설명하고 있듯이, "서구 원근법에서의 고정된 하나의 시점과 달리 중국화에서는 재현대상이 되는 경치 속을 '걸어 다니는 관찰자'라는 관념에 의거하여 고정된 시점에서 관찰하고 묘사하지 않는다. 이러한 점은 선 원근법의 원리와 대조적으로 '산점투시'散點透視로 요약된다. 즉, 시점이 끊임없이 이동하며 다중적이며 동시적인 것이다"(41).

배용균은 마치 수묵화水墨畵와 같은 장면들을 통해 그러한 비원근법적 공간을 만들어내고 있으며, 이 점을 우리는 다른 한국의 불교영화 작품들에서도 확인할 수 있을 것이다.

---

52 "합리주의와 경험주의의 의해 자아와 타자, 구경꾼과 볼거리의 이분법이 확립되며, 실증주의적 방법론과 과학에서의 '관찰'의 특권화가 유래된다. 그러나 이 시각은 신체와 결부된 생리적인 시지각이 아니라 신체로부터 추상된 시각이다. ... 그러므로 서구 현대성의 인식론을 지배하던 시각은 실제의 시각과 다른 것이라고 할 수 있는데, 이 점에서 원근법적 시각양식과 상동성을 찾아볼 수 있다. 원근법적 시각 양식에서 보는 주체 역시 신체가 폐색되고 하나의 점으로 환원된 초월적인 주체이고, 이 주체의 시각은 고정된 단안적 시각이며 세계를 통제하는 전능한 힘이 부여된다는 점에서 실제의 시각과 다르기 때문이다"(주은우 253-54).

IV

이미지의 심리학적 이용

가이디드 이미저리의 종교적 이해

명상수련을 위해 그림을 포함한 시각적 이미지들을 이용할 수 있는 근거는 충분하다. 신현중은 "중세부터 내려오는 시각적 명상법의 핵심은 자신의 영혼 속에서 예수가 생존하던 당시의 상황을 상상으로 재구성하고 자기 자신이 그 안으로 들어가는 것이다. 이미 15세기에 그려진 플랑드르의 성화들은 사실 그 안의 공간이 우리의 상상 속에서 명상을 위한 공간으로 이용되도록 그려져 있다"(『파노프스키와 뒤러』100)라고 쓰고 있다. 이 시각적 명상법은 가이디드 이미저리Guided Imagery의 방식과 관련된 맥락에서 논의될 수 있을 것이다. 1508년에 완성된 알브레히트 뒤러Albrecht Dürer의 "만인의 순교자"Martyrdom of the Ten Thousand라는 제목의 제단화altarpiece에 대한 에르빈 파노프스키Erwin Panofsky의 3단계 해석을 소개하면서 그것의 논리적 문제점들을 지적한 후 신현중은 "시각적인 상상력을 최대한 이용하는 명상법"에 대해 말한다. "만인의 순교자"에 보이는 순교자의 행렬을 보면서 보는 이가 수행할 수 있는, 시각적 상상력을 통한 명상이 일종의 가상현실virtual reality과 같다는 지적은 흥미롭다.

마틴 로스먼Martin L. Rossman은 가이디드 이미저리가 "마음의 이용되지 않은 치유 자원들을 가동하기 위한 대단히 강력하면서도 대단히 안전한 치료적 접근"(217)이라고 주장한다. 로스먼에 의하면 마음/몸 상관 치료의 선구자는 방사선 종양학자인 칼 시몽통O. Carl Simonton인데, 그는 시각화를 통해 암과 같은 질병의 치유만이 아니라 영적 문제들에 대해서도 해결책을 찾아보려고 했다. 질병치료분야에서 시몽통과 스테파니 매튜스Stephanie Matthews 등에 의해 1970년대부터 정기적인 가이디드 이미저리의 사용이 면역체계 자극에 도움을 준다는 점이 확인되었다. 진 액터버거Jeanne Achterberg와 버니 시겔Bernie Siegel도 특수한 증상과 질병 치료를 위해 일련의 가이디드 비주얼라이제이션Guided Visualization을 발전시켰다. 그들은 신체의 반응을 변화시키는 데에 이미저리가 영향력을 행사할 수 있다는 점을 인정한다.

이와 같은 가이디드 이미저리 기법은 시각화된 이미지들을 이용하여 치유를 위한 초월적 경험 혹은 황홀경을 추구한 샤머니즘Shamanism의 방식과 유사하다. 액터버거의 말처럼 샤먼은 "무아지경을 넘나들며 제의祭儀를 거행하는 자"로서 "상상의 세계를 넘나드는 항해를 통해 신비한 능력과 지식을 얻고, 이를 토대로 그 사회의 비전을 제시하고, 그 사회의 병폐를 정화하며, 사회구성원들의 질병을 치료한다"(『상상과 치유』 31)라고 할 수 있기 때문이다. 이 점에서 가이디드 이미저리는 이미지에 대한 심리학적 이해로부터 출발한다고 볼 수 있다. 에이브리 로버트 덜레스Avery Robert Dulles는 이미지의 심리학은 대단히 미묘하고 복합적인데, "이미지들은 사람에게 실존적으로 말을 건네고 사람의 말로 나타낼 수 없는 영혼의 심연 속에서 반향을 찾는다. 그 이미지들은 비개념적이고, 심지어는 잠재의식적인subliminal 방식으로 이해되는 잠재적latent 의미를 제시한다. … 성경과 교회 설교에서 사용되는 것과 같은 종교적 이미지들은 우리의 경험을 새로운 방식으로 집중할 수 있게 한다. 그 이미지들은 심미적 호소력을 지니고 정신에 의해서만이 아니라 상상력, 마음, 혹은 더 적절하게 말하면 인격전체를 통해 이해된다"라고 적절하게 설명하고 있다(12).

레슬리 데이븐포트Leslie Davenport에 의하면 고대 이집트, 중국, 인도 등의 여러 문화권에서, 그리고 불교, 유대교와 기독교에서, 영적, 육적 치유를 위해 이미저리를 이용했던 것에서 그 역사적 연원을 찾을 수 있는데, 그녀는 "내적 이미지들이 섬세한 신체적 변화를 야기한다는 기본전제는 가이디드 이미저리를 이용하는 종교적 전통에 의해서도 이해된다"(35)라고 말한다. 또한 데이븐포트는 초기 기독교의 명상적 기도에서도 가이디드 이미저리를 사용했다고 지적한다. 그녀에 의하면, 14세기에 나온 『무지의 구름』*The Cloud of Unknowing*이라는 문헌에, 마음으로부터 모든 이성적 생각들을 제거하고 난 이후의 "식역識閾 공간"the liminal space에서 이미지들이 출현한다고 언급되고 있는데, 인간이 신성神性과 조우하는 것이 다름 아닌 그러한 공간이라고 보았다는 것이다(36).

그런데 기독교적 시각에서 가이디드 이미저리는 몇 가지 점에서는 위험한 것으로 비판되기도 한다. 월터 래리모어Walter L. Larimore는 "시각화를 사용하여 영들을 소환하는 것은 성서에서 금지된 것이다. 사람이 자신의 영혼의 심층으로 들어가는 것은 명상의 경우에도 때로는 그렇듯이 해로운 결과를 가질 수 있다"라고 말하고, 시각화가 "긴장을 이완하는 무해한 방식"일 수도 있지만 "비술적秘術的 활동"occult activity일 수도 있다고 진단한다(269). 이른바 "내적 자아들" 혹은 영적 영역과 접촉하기 위해 시각화를 이용하는 것은 성서적으로 금지된 것이고 위험하다는 것이다. 그렇지만 래리모어도 언급하고 있듯이 "중립적 이미지들, 즉 평화로운 강둑, 꽃들이 만발한 정원, 긴장을 이완하는 패턴들을 이용하는 시각화는 평온하게 만드는 유용한 방법이 될 수 있다. 특정 유형의 통증들, 특히 스트레스와 불안과 관련된 것들은 가이디드 이미저리에 의해 해소될 수 있다. 시각화는 전문적인 상담에서 유용한 부가물이 될 수 있다"(270)라는 점은 인정할 수 있다. 앤 벨포드 울라노프Ann Belford Ulanov와 배리 울라노프Barry Ulanov는 영적 명상에서 상상력이 집중을 방해하는 것으로 보고 상상력에 대해 부정적으로 보는 전통은 불행한 것이라고 말한다(『치유의 상상력』 62). 그들은 "우리가 이미지의 영역을 넘어갈 때조차도 우리는 이미지 없음이라는 이미지를 사용한다"라고 말하고 상상력이 기도에서도 중심적인 것이라고 본다.

조셉 니덤Joseph Needham은 도가道家적 명상은 기독교적 명상과는 달리 "잡념들과 이미지들의 자연스러운 범람으로부터 마음을 벗어나게 하려는 목적"(179)을 지닌 것이라고 정의한다. 이것은 『도덕경』道德經 1장에서 노자老子가 "그러므로 늘 욕망에서 벗어나 있는 자만이 '묘'妙를 볼 수 있고, 결코 욕망에서 벗어나지 못한 자는 '요' 徼밖에 볼 수 없다"故常無欲, 以觀其妙, 常有欲, 以觀其徼라고 한 데에서도 보인다(김용옥, 『길과 얻음』 23-24).[53] 이런 관점을 따르면 이미저리를 명상의 방해요소로 보아야 하겠지만, 또한 니덤은 도가적 명상은 "도의 통일에 대한 집중"이라고 할 수도 있고 "도의 통일에 대한 시각화"라고 할 수 있다고 말하는데(180), 이 시각화는 가이디드 이미저리가 지향하는 것과 크게 다르지 않다. 또한 중국에서 개발된 도가적인 "기공의학氣功醫學의 다양한 체계와 내용 가운데 하나의 특징은 치료자와 환자의 신념 그리고 상상력을 활용하는 것"(전홍

---

53 이 부분에 대해 기아-푸 펭Gia-Fu Feng과 제인 잉글리쉬Jane English는 "Ever desireless, one can see the mystery. Ever desiring, one see the manifestations"라고 번역하고 있다(Lao Tsu 3).

준 109)이라는 점도 참고할 수 있다.

전홍준이 자신의 책에서 소개하고 있는 "빛의 명상법"도 가이디드 이미저리와 상당히 유사하다. 그는 "어떤 사람이 온몸을 항상 행복감에 충만하게 할 수만 있다면 그는 자연치유력의 욕조 가운데 몸을 담그고 있는 것이나 다름없습니다. ... 이 방법은 다음과 같은 요령으로 합니다"라고 소개하는 "빛의 명상법"은 가이디드 이미저리의 방식과 크게 다르지 않다. "첫째, 몸의 긴장을 풀고 아랫배로 천천히 호흡한다. 둘째, 약 1-2분 후 호흡에 대한 생각은 잊어버리고 과거에 가장 행복했던 일, 혹은 가장 행복할 것이라고 상상되는 어떤 일을 떠올린다. 그 행복한 일을 가슴으로 느낀다. 셋째, 잠시 후 행복한 일 자체는 잊어버리고 행복한 느낌만 남게 된다. 넷째, 이제 가슴 속에 행복감을 최대로 증폭시키며 그 극대화한 행복감을 온몸으로 확대시킨다. 다섯째, 전신의 모든 세포가 행복감으로 충만 되어 몸 자체가 곧 행복덩어리라고 상상하며 그렇게 느낀다. 이 느낌을 계속 유지한다"(전홍준 109).

힌두교와 불교의 도그마에 영향을 준 탄트리즘Tantrism에서 성스러운 이미지를 시각화하고, 신이 이미지를 통해 인간에게 말한다고 본 것에서도 이미저리의 힘에 대한 인식이 확인된다. 탄트리즘에서는 시각화된 상징들이 흔히 신들이며, 성스러운 이미지들에 집중하는 것이 내적인 영적 에너지를 활성화하고 궁극적으로 신성과의 결합을 경험하게 하는 것이라고 본다. 불교의 경우 가이디드 이미저리는 "루파 자파"rupa japa, 즉 관상염불觀相念佛과 관련이 있는 것으로 볼 수 있다. 틱낫한Thich Nhat Hanh은 "관세음보살의 이름을 부르거나 그를 마음속에 떠올려 마음을 완전하게 집중시키고 순수하게 만들면, 모든 고통을 극복할 수 있다. ... 불교뿐만 아니라 다른 영적인 전통에서도 행해지고 있다"(『틱낫한 스님』 169)라고 설명한다. 관세음보살의 이름을 부르는 것을 산스크리트어로는 "나마 자파"nama japa, 즉 명호염불名號念佛이라고 하고 관세음보살의 아름다운 이미지를 마음속에 떠올리는 것은 "루파 자파"라고 하는데, 틱낫한은 이 "루파 자파"에 대해 "이는 '마음속에 형상을 불러일으킨다'는 의미이다. 마음속에 위대한 존재의 이미지를 불러일으켜도, 마찬가지로 마음이 한 점으로 모아져 순수하게 깨어나기 때문에, 고통을 이겨내는 데 도움이 된다"(틱낫한 스님』 170)라고 말한다.

같은 맥락에서 시각화를 통해 정토 도달이라는 이상을 추구하는『관무량수경』觀無量壽經 The Kuan Wu-Liang-Shou-Fo Ching에 대해 제프 윌슨Jeff Wilson은 "아미타불과 그의 정토에 대한 비전을 창조함으로써 수행자는 어떤 점에서 보면 그 정토와 자비로운 구원자가 나타나게 할 수 있었다. 그 해결책은 너무나도 역동적인 것이어서 많은 시각화 실천들이 중앙아시아와 동아시아 전역에서 수 세기 동안 발전되었다"(『틱낫한 스님』 167)라고 말한다. 『관무량수경』에 근거한 관경십육관觀經十六觀은 정토의 여러 가지 정경을 생각하는 16가지 수행법을 일컫는다. 해, 물, 땅, 나무나 부처와 보살 등에 대한 관상觀相을 통해 마음을 다스리는 방법이다.

『관무량수경』은 중국에서 관경觀經 kuan-ching visualization texts으로 분류되는 유형의 텍스트에 속하는데, 그것은 초월적 붓다의 비전을 생성하는 것에 관심을 갖는다. 이런 텍스트들 속에 포함된 시각화 실천들은 그것들이 축복을 주고, 믿음을 강화하며, 부정적인 업보를 제거하고, 평화롭고 환희에 찬 마음을 생성한다는 믿음을 지닌 채 추구된다(Wilson 169). 십육관十六觀은 일몰관日沒觀, 수상관水想觀, 지상관地想觀, 수상관樹想觀, 팔공덕수상관八功德水想觀, 진신관眞身觀,

관음관觀音觀, 세지관勢至觀, 보관普觀, 잡상관雜想觀, 상배관上輩觀, 중배관中輩觀, 하배관下輩觀 등이다. 그리고 십육관의 내용을 그린 도상이 심육관변상도十六觀變相圖로 조성되었다(김정희 378-79). 변상도變相圖라는 것은 "불교교리나 경전의 내용을 직접 그리거나 판화로 찍어 시각적으로 표현한 그림"(김정희 284)이다.

[그림 20]
관경십육관변상도. 조선시대 1465년 비단에 채색. 일본 지은인知恩院 소장.
조선 초기 왕실 발원 불화.

이와 같이 시각적 상상력에 호소하는 명상법은 중세시대 위僞보나

벤투라Pseudo-Bonaventure와 루돌프 작센Rudolph of Saxon이 제시한 방법론으로서 예수회Society of Jesus의 창립자인 스페인인 이냐시오 데 로욜라Ignatius de Loyola (1491-1556)의 『영성수련』*Spiritual Exercises*에서도 제시되고 있다. 신준형의 설명에 의하면, 이 명상법의 2가지 방법론은 상상력의 구사와 상상 속에서 이루어지는 성인과의 대화colloquy이다(『천상의 미술』 97-113). 수행자가 상상 속에서 명상의 주제를 자세하게 이미지화하고 상상 속의 사건에 직접 참여하기 위해 시지각만이 아니라 오감을 활용하도록 지시되어 있다. 루돌프 작센과 위보나벤투라의 책들은 상상력을 이용하여 그리스도의 일생을 감성적 이야기로 윤색하고 있는데, 독자가 자신의 상상으로 마음속에서 이미지를 그려나가게 하고 또한 그 이미지들 속의 사건에 직접 참여하는 자가 되도록 권고한다(신준형, 『천상의 미술』 108).

  서양의 경우, 로마와 비잔틴 수사 교육에서 설득을 위한 이미지의 수사적 사용에 대한 이론이 중시되었고, 느끼고, 기억하고, 인식하기 위해 마음속에 그림을 그리는 것의 필요성을 강조했다. 이것이 생생한 감각적인 "말-그림"word-painting 혹은 "에나르게이아"enargeia이다(Carruthers 130-33). 이 방법을 가이디드 이미저리 기법의 전신이라고 할 수 있을 것 같다. 제로니모 나달Geronimo Nadal(1507-1580)이 16세기 말에 출판한 『복음 역사의 이미지』*Evangelicae Historiae Imagines*는 이 『영성수련』의 도해판이라고 할 수 있다. 이에 대해 신준형은 "성 이그나티우스는 『영성수련』에서 마음속에 이미지를 그리는 것을 영성수련의 방법론으로 제시했다. 나달은 예수의 일생을 묘사한 동판화들을 다수 실음으로써 수련자가 이 이미지들을 직접 보면서 명상을 수행하도록 했던 것이다. 시각적으로 상상되어야 할 심상을 동판화 그림으로 대치했다고 볼 수도 있고, 동판화를 보면서 마음속의 이미지를 더욱 쉽고 풍부하게 쌓아갈 수 있도록 했다고도 볼 수 있다"(『천상의 미술』 301)라고 설명한다.

성 이냐시오 이후 특히 스페인에서 영적 경험에서의 시각적 감각과 상상력의 중요성이 부각되었고 이것이 종교미술의 발전에 영향을 주었다. 그런데 시각적 상상력과 함께 직접적으로 미술을 명상 혹은 관상의 수단으로 활용하여 궁극적으로 비전을 보려는 행동들은 15세기 플랜더스Flanders에서 행해졌으며, 이 목적을 위해 그 지역에서 제작된 종교화들이 많이 있었다. 바로크 시기에 들어오면서 스페인에서는 "그림이 비전의 메타포가 되고 결국에는 비전 그 자체가 되는 시각적 명상의 방법론"(신준형, 『천상의 미술』 264)이라고 할 수 있는 플랜더스적 요소를 계승하는 종교화들로 발전하는데, 프란시스코 리발타 Francisco Ribalta (1565-1628)의 『성 베르나르를 감싸 안는 예수 그리스도』Christ Embracing St. Bernard와 같은 작품이 대표적인 예가 된다.

이와 같이 개관해 본 것에서도 알 수 있듯이, 가이디드 이미저리 기법은 단순히 대체의학Alternative Medicine의 한 유형만이 아닌 인간의 존재양식과 관련된 종교적, 역사적 연원을 지니고 있는 것으로 이해할 수 있다. "영감과 심리적 안정을 위해 종교적 이미지들을 찾는 것을 특별히 혁명적인 생각이라고 할 수는 없다"라고 보는 벨루스 나파르스텍Belleruth Naparstek은 "사람들은 그들의 종교적 교육으로부터 친숙한 이미지들을 환기한다. 즉 예수 혹은 성모 마리아, 선호하는 성인들 혹은 천사들, 붓다 혹은 알라, 쉐키나Shechinah 혹은 성령과 같이"라고 말하고 "어떤 사람들은 단지 자신들이 미지의 아름다운 사랑이 깃든 존재들에 의해 둘러싸여 있다고 볼 수도 있다. 영혼을 양육하고, 가슴을 열게 하며, 혼을 고양시키는 것은 무엇이든지 우리의 건강을 위해 좋다. 보다 더 큰 원근법을 볼 수 있게 우리를 깨우고 안이건 밖이건 간에 더 감미롭고, 더 사랑이 깃든 실재를 일별할 수 있게 해 주는 것은 무엇이든지 우리에게 더 많이 도움이 되는 이미저리다"(『가이디드 이미저리』 94-95)라고 덧붙인다.[54]

이렇게 도움이 되는 이미저리는 넓은 뜻에서의 종교적 이미지라고 할 수 있는데, 우리는 이것을 시를 포함한 문학작품들에서 볼 수 있는 시적 이미지들에서도 찾을 수 있다.

산골짜기 넘어서 떠도는 구름처럼
지향 없이 거닐다
나는 보았네.
호숫가 나무 아래
미풍에 너울거리는
한 떼의 황금빛 수선화를.

은하에 반짝이며
반짝거리는 별처럼
물가를 따라
끝없이 줄지어 피어 있는 수선화.
무수한 꽃송이가
흥겹게 고개 설레는 것을.

---

54 쉐키나의 영광Shekinah Glory라는 말이 있는데, 쉐키나는 히브리어로 거주 dwelling를 뜻한다. 불이나 구름과 같은 가시적 모습으로 신이 이 땅에 임재하는 것을 "쉐키나의 영광"이라고 한다.

주위의 물결도 춤추었으나,
기쁨의 춤은 수선화를 따르지 못했으니!
이렇게 흥겨운 꽃밭을 벗하여
어찌 시인이 흔쾌치 않으랴.
나는 지켜보고 또 지켜보았지만,
그 정경의 보배로움은 미처 몰랐느니.

무연無然히 홀로 생각에 잠겨
내 자리에 누우면,
고독의 축복인 속눈으로
홀연 번뜩이는 수선화.
그때 내 가슴은 기쁨에 차고
수선화와 더불어 춤추노니. (유종호 역)

I wander'd lonely as a cloud
That floats on high o'er vales and hills,
When all at once I saw a crowd,
A host, of golden daffodils;
Beside the lake, beneath the trees,
Fluttering and dancing in the breeze.

Continuous as stars that shine
And twinkle on the Milky Way,
They stretch'd in never-ending line
Along the margin of a bay:

Ten thousand saw I at a glance,
Tossing their heads in sprightly dance.

The waves beside them danced, but they
Out-did the sparkling waves in glee:
A poet could not but be gay,
In such a jocund company:
I gazed-and gazed-but little thought
What wealth the show to me had brought:

For oft, when on my couch I lie
In vacant or in pensive mood,
They flash upon that inward eye
Which is the bliss of solitude;
And then my heart with pleasure fills,
and dances with the daffodils.

예를 들면 이와 같은 윌리엄 워즈워스William Wordsworth의 소품 시에서, "고독의 축복"the bliss of solitude이라는 것은 유년시절에 보았던 강둑의 수선화daffdils의 광경이 내적 이미지로서 환기되어 시적화자를 치유하는 힘을 지닌다는 것인데, 이것은 가이디드 이미저리의 전제와 같다.

또한 월트 휘트먼Walt Whitman은 남북전쟁 동안에 부상당한 병사들에게 시작품을 읽어줌으로써 달래주었다고 한다(Kirklin 156). 영적 치유와 개인성장을 위해 시를 활용하는 것은 샤먼들과 주술사들이 부족과 개인의 건강과 안녕을 위해 종교적 제의에서 시를 낭송했던 원시 시대까지 소급된다.[55] 시적 이미지들을 활용하는 시치료를 포함한 표현예술치료Expressive Art Therapy의 다양한 방법들도 그러한 이미저리를 중시한다. 샤운 맥니프Shaun McNiff가 "시를 쓰는 것은 내적 성찰과 지각적 이해력의 배양, 그리고 언어를 통한 정서의 표현을 포함하는데, 이것들은 모두 치유과정에 자연스럽게 동화된다. 이와 같이 시적 과정의 치유적 차원이 그토록 깊고, 보편적이며, 오랜 역사를 지닌 것인데도 표현예술치료에서 가장 작은 부분이 된 것은 흥미롭지만, 시적 언어의 활용이 모든 표현예술치료방법들에서 널리 스며들어 있다"(112)라고 말하듯이, 시적 언어의 활용이 표현예술치료의 중요한 부분이다. 표현예술치료의 다양한 유형들 중에서 특히 시적 언어의 활용을 중시하는 비블리오테라피Bibliotherapy를 통해 표현예술치료에서의 가이디드 이미저리 기법의 적용 가능성을 모색해 볼 수 있다.

무용, 음악, 드라마, 시각예술, 시 등을 이용하는 표현예술치료는 이미지와 은유의 언어를 활성화한다. 특히 이미지의 치유적 활용이라는 점에서 표현예술치료와 가이디드 이미저리는 유사하다. 우리의 몸은 마음속에서 창조된 이미지들과 외부세계에서 발생하는 이벤트들을 분간하지 않는다. 이미지들은 우리의 생리적 변화를 자극할 수 있다. 가이디드 이미저리와 표현예술치료는 이미지와 상상력의 그와 같은 치유적 양상들을 강조한다. 표현예술치료사들의 예술의 심리치료적 사용과 가이디드 이미저리 심리치료사들의 치유적, 감각적 이미지

---

55 고대 이집트에서는 치유의 단어들을 파피루스에 적고 용액에 넣어 녹여서 환자에게 마시게 했다고 한다. 기록에 있는 최초의 시치료사는 1세기 로마의 의사인 소라누스Soranus인데, 조병manic 환자에게는 비극을 처방하고, 우울증 환자에게는 희극을 처방했다고 한다. 그리스인들은 아폴로신을 시와 의학의 신으로 보듯이, 의술과 예술의 동원관계를 신봉했다.

의 활용은 억압되거나 은폐된 욕망과 감정을 발견하기 위해 우리의 내면을 탐색한다. 표현예술치료의 "치유적 미학"therapeutic aesthetics 은 "미학적 치유"aesthetic therapy인 가이디드 이미저리 기법을 활용할 수 있다.

표현예술치료는 미술치료, 무용치료, 드라마치료, 음악치료, 사이코 드라마, 글쓰기치료, 사진치료, 비블리오테라피 혹은 시치료와 문학치 료 등을 포함한다. 물론 "치료"라는 용어를 쓰긴 하지만 정서적 문제 와 정신적 질병을 지닌 사람들을 예술을 통해 치유하고자 하는 사람 은 당연히 비의학적 치료사non-medical therapist라고 해야 한다. 이 각 치료법들은 독특한 양식들이지만 그것들은 모두 "보다 더 전통적 인 치유법들을 통해서는 가능하지 않은 인식과 자아표현을 위한 의 미 있는 치유적 기회들을 제공하는 것"(Thompson 120)을 지향한다 는 점에서 공통된 목적을 지닌다. 표현예술치료는 샐리 앳킨스Sally Atkins에 의하면 "상담 및 심리치료 분야에서 상호학제적이고 통합적 이며, 예술에 기초한 접근이다. … 표현예술치료는 건강관련 서비스, 치유, 그리고 인간성장과 발달분야에서 예술적 경험의 사용을 수반한 다. 표현예술치료에서 심상, 상징, 스토리텔링, 의식, 음악, 무용, 드라 마, 시, 동작, 꿈 작업 또는 시각예술의 혼합은 인간 경험에 대한 추 상적 형태와 구체적 윤곽을 제시한다"(『표현예술치료소스북』 22). 이 중에서 표현예술치료가 이용하는 이미지와 상징의 치유적 가능성을 가장 직접적으로 모색하고 실천하는 것들 중의 하나가 가이디드 이 미저리라고 할 수 있다.

이미지 혹은 이미저리에 치유적 잠재가능성이 있는 것은 이미저리 가 지닌 다음과 같은 3가지 특징들 때문이다.

첫째, 이미저리는 직접적으로 생리적 반응에 영향을 미친다.

둘째, 연상과 종합의 정신과정을 통해 이미저리는 건강에 대한 성
　　찰과 전망을 제공한다.
셋째, 이미저리는 건강과 밀접한 관련을 맺는 정서에 관여한다.

　예를 들면 걱정이 깊어지면 외부에서 실제로 일어나는 사건들이
아니라 그 사건들과 연관된 생각 혹은 이미지들에도 반응하게 되는
것이 하나의 예가 된다. 가이디드 이미저리는 표현예술치료와 마찬가
지로 무의식에서 생겨나는 이미지가 우리의 내면세계를 이해할 수
있게 해 주며, 상상력은 "지각, 감각, 행동을 잇는 소통체계"로서 "건
강과 질병의 원인이고, 세계에서 가장 오래된 위대한 (즉 효과가 탁
월한) 치유의 원천"(액터버그, 『상상과 치유』 1)이라는 인식을 전제로
한다. 표현예술치료도 나탈리 로저스Natalie Rogers가 지적하듯이,
"마음속에 떠오르는 어떤 상징적 이미지를 지적으로 이해하면 심리
적인 성장도 도모할 수 있다. 창조과정과 상징적인 이미지가 가진 치
유적 특성을 깨달으면 표현예술이 가진 신비스럽고 초월적인 특성들
을 이해할 수 있는 문이 열리는 것이다"(『인간중심표현』 89)라는 명
제에서 출발한다.[56]

[56] 미국에서 1994년에 설립된 "국제표현예술학회"International Expressive Arts
　Therapy Association에 의하면, 그 학회는 개인과 공동체의 변형을 위해 다
　중양태적multimodal 표현예술의 과정들을 이용하는 예술가, 교육가, 상담
　가, 치유사들을 지원하는데, 심리적, 생리적, 영적 안녕을 위한 강력한 수단
　이 되는 표현예술은 시각예술, 동작, 드라마, 음악, 글쓰기, 그 외에 다른 창
　조적 과정들을 결합하여 심층적인 개인성장과 공동체 발전을 촉진할 수 있
　다고 본다. 그 학회는 일정기간 동안의 연구와 수련과정을 마치면 공인표현
　예술치료사registered expressive arts therapist 자격증을 수여한다(<http://www.
　ieata.org> 참조). 우리나라에서는 1998년에 "한국표현예술심리치료협회"가
　IEATA의 한국지부로 인정받았다고 한다. 또한 1982년에 설립된 "한국임상
　예술학회"와 그 이후에 시작된 "한국임상치유예술학회," "(사)한국예술치료
　학회"도 상호 연관된 활동을 하고 있으며, 2004년에 창립된 "한국예술심리

가이디드 이미저리는 특히 우울, 불안, 부정적 사고 등을 감소시키는 데에 도움을 주는 것으로 소개된다. 침술acupuncture, 아유르베딕 의학ayurvedic medicine, 바이오피드백biofeedback, 카이로프랙틱 chiropractic, 아로마테라피aroma therapy, 요가yoga 등과 함께 대체보완의학 기법들 중의 하나로서 이 방식이 논의되기도 하는데, 비록 이미저리의 사용이 진통제 혹은 항불안 약품을 대체해 버릴 수는 없겠지만, 약물을 복용할 수 없거나 거부하는 사람들에게는 유용한 대체물로 제공될 수 있으며, 통증과 불안 치료의 전통적인 방식들에 대한 보조물로 이용될 수도 있다. 현재 건강에 미치는 이미지 혹은 이미저리의 잠재적 영향력에 대한 지식이 증가함에 따라 가이디드 이미저리 기법은 다양한 임상실험의 주목할 만한 결과들을 생성하고 있으며, 저렴한 예방 건강 방법으로 그것을 처방하거나 직접 제공하고 있는 병원들이 늘고 있다.[57]

가이디드 이미저리가 건강과 창조성에 긍정적 영향을 미친다는 것을 입증하는 많은 실험들이 있었다. 그것이 혈압을 떨어뜨리고, 콜레스테롤 수치를 감소시키며, 우울증을 경감시키고, 면역세포 활동을 강화한다는 것이다. 또한 테니스, 수영, 스키 등과 노래 부르기 등 다양한 기술 혹은 창조적 능력을 증가시키는 데에 가이디드 이미저리 기

치료학회"가 적극적으로 체계적인 활동을 하고 있다.

57 미국에서 1989년에 설립된 "가이디드 이미저리 아카데미"Academy for Guided Imagery에 의하면, 1970년대 초부터 O. Carl Simonton, David E. Bresler, Martin Rossman 등에 의해 이미지의 임상적 효과에 관한 연구가 진행되었는데, 특히 Bresler와 Rossman이 공동 창립한 이 아카데미에서는 시각화, 최면, 그리고 일반적인 가이디드 이미저리와 구별되는 이른바 "인터랙티브 가이디드 이미저리"interactive guidied imagerysm라는 용어를 만들고, 가이디드 이미저리에서 내담자/환자와의 적극적인 상호작용을 강조하는 통합적 교과과정을 운영한다(<http://academyforguidedimagery.com>).

법이 이용되는 것으로 보고되기도 한다. 가이디드 이미저리는 우뇌에 기반한 활동이므로, 정서, 음악에 대한 감수성, 직관, 영성, 감정이입 능력 신장에 도움을 줄 수도 있다. 일종의 몽환 상태를 요구하기 때문에 최면의 형식으로 볼 수도 있지만, 최면은 이미지가 없는 언어적 제시도 포함한다는 점에서 그것이 가이디드 이미저리보다 더 큰 범주라고 할 수 있다.

많은 심리학적, 심리치료적 방식들은 인간의 삶에서 이미지와 상상력이 차지하는 중요성에 대한 인식을 중시한다. 심리학적, 심리치료적 방식들이 활용하는 자유연상free association이나 능동적 상상력active imagination 등이 상상력과 이미지의 힘에 의존해 온 기법이기 때문이다. 표현예술치료도 다양한 심리학적, 심리치료적 방식들 중의 하나로 볼 수 있는데, 표현예술치료는 특히 예술심리학과 예술적 실천에 토대를 두는 것으로서 "치유적 미학"therapeutic aesthetics이라고 부를 수 있다. 한편 가이디드 이미저리는 예술심리학과 예술적 실천에 의존하는 것은 아니지만 이미지와 상상력의 힘에 치중한다는 점에서 비록 "치유적 미학"이라고 할 수는 없지만 일종의 "미학적 치유"라고 부를 수 있을 것이다. 스티븐 K. 레빈Stephen K. Levine은 "치유적 미학"에 대해 언급하면서 "표현예술치료의 치료미학에서는 미와 공포, 기쁨과 고통이 함께 한다. 이것이 우리를 일상적 삶에 침잠된 상태로부터 벗어나올 수 있게 하는 황홀경적 경험an ecstatic experience으로서 존재의 새로운 비전으로 인도한다"(73)라고 말한다. 그렇다면 이 "치유적 미학"은 "미학적 치유"라고 할 수 있는 가이디드 이미저리를 어떻게 적용할 수 있을 것인가?

나파르스텍에 의하면 가이디드 이미저리는 3가지 원칙들을 중심으로 진행된다(『가이디드 이미저리』 29-43).

첫째, 마음과 몸의 연결, 즉 마음속에서 만들어진 이미지들을 몸은 외부에서 일어나는 실제적인 사건들과 같은 것으로 받아들인다는 것인데, 이것은 요리법을 읽을 때 타액이 분비되는 것에서도 예를 찾을 수 있고, 성적 환상이 육체적 반응을 야기하게 되는 것도 예가 된다.

둘째, "변용된 의식 상태"the altered state 속에서는 더 신속하고, 강력한 치유, 성장, 학습, 수행 등이 가능하다.

셋째, 우리 자신이 통제의 중심이 될 때, 즉 우리가 스스로 통제할 수 있는 의식 속에 있을 때 더 좋은 느낌을 갖고, 더 잘할 수 있다.[58]

나파르스텍이 말하는 "변용된 의식 상태"라는 것은 파올로 J. 닐 Paolo J. Knill이 말하는 "대안적 세계의 경험"the alternative experience of world과 같은 것으로 볼 수 있는데(81), 나파르스텍은 "변용된 의식 상태"에 대해 "내가 변용된 의식 상태라고 하는 것은 이완된 집중의 상태, 일종의 고요하면서도 활동적인 조심성, 집중된 몽환이다. 주의는 한 가지 것 혹은 대단히 좁은 사물들의 무리에 집중된다. 이런 일이 발생하면 우리는 우리가 초점을 두고 있는 것에 대한 고양된 감수성을 지니게 되는 것을 확인하게 되고 우리 주변에서 일어나고 있는, 우리가 일상적으로 알아차리게 되는 다른 일들에 대해서는 관심이 엷어지게 된다. 우리는 모두 이 상태에 대해 친숙하다. 우리가 너무나 몰두한 나머지 시간 지나가는 줄도 모르게 되고 다른 사람들이 우리에게 하는 말도 들리지 않게 되는 그런 때에 우리는 그 변용된 의식 상

---

58 나파르스텍이 제작한 가이디드 이미저리 CD들을 소개하고 판매하는 웹 사이트가 있다(<http://www.healthjourneys.com> 참조).

태에 있게 되는 것이다"라고 설명한다(『가이디드 이미저리』 36).

나파르스텍은 언급하고 있지 않지만, 이 변용된 의식 상태와 관련된 이미지의 유형들 중에서 종교적 이미지와 관련된 것으로서 엔트옵틱 이미지entoptic image가 있다. 이것은 관찰자의 시각적 처리 조직 내에서 발생하는 시각적 효과들을 지칭한다. 암각화와 같은 선사시대 예술에서 이 엔트옵틱 이미지 혹은 엔트옵틱 현상의 증거를 찾으려는 시도들이 있다. 황홀경trance 상태를 위한 이미지 혹은 물질적 세계를 초월한 영역들에 대한 얼핏 보기glimpse를 위한 중요한 수단이 이 이미지의 경험이라고 한다. 불교에서의 만다라mandala와 얀트라yantra에서도 이 이미지의 흔적을 볼 수 있다. 환상hallucination과는 다른데, 왜냐하면 엔트옵틱 이미지들은 신경체계 안에서 발생하는 기하학적 패턴들로서 주로 시각적인 것인데 환상은 다른 감각작용들 속에서도 경험되기 때문이다(Pearson 87-89).

이 엔트옵틱 이미지와 달리 에이데틱 이미지eidetic image는 "에이데틱 능력"eidetic faculty을 강하게 발달시킨 아이들에게서 나타나는 "기억 잔상殘像"memory after-images, *Vorstellungsnachbilder*에 대한 조사를 통해 더 잘 알 수 있을 것이다(Jaensch 13). 사진적 기억 photographic memory이라고도 불리는 에이데틱 이미지eidetic image와 기억 이미지memory image도 구별되고, 에이데틱 이미지와 잔상도 구별된다. "에이데틱 이미지"라는 용어는 "전에 보았던 무엇인가에 대한 특별하게 정확하고 세부적인 시각적 재현"이라고 정의된다. 그림과 같이 생생하고 정확하게 특정의 이미지들, 즉 그리스어로 "무엇인가 이미 본 것"이라는 뜻인 "eidos"로서의 이미지들을 회생시킬 수 있는 능력을 "에이테틱 기억"edidetic memory라고 한다. 에이데틱 이미지는 일반적인 감각지각sense perception과 기억 사이의 경계 지점에 있는 의사지각a quasi-perception의 예이다. 어른들의 경우 반응의 양식들이 습관에 의해 만들어지고 연상의 통로들도 다양하기 때문에 기억 이미지의 약한 신호만으로도 특정 상황에 대한 반응을 생성하기에 충분한데 비해 아이들은 감각지각의 대상들과 친숙해지도록 학습하는 단계이므로 기억 이미지가 충분한 자극이 되지 못한다. 그러므로 지속적인 검사를 위해 감각 이미지를 정확하고 생생한 디테일로 재생하는 것이 필요하게 되므로 그것이 에이데틱 이미지를 생성한다는 것이다. 그런데 성인이 되어서도 이런 능력을 유지한다면 일상적 행동을 하는 데에 지장이 있을 것이다(Tyrrell 146-47).

　"변용된 의식 상태"와 같은 "이완된 집중의 상태"에 도달하는 과정은 명상과 같이 고도의 집중성을 요구한다는 점에서 자유연상과는 다른 점이 있다. 이러한 고도의 집중성은 일대일로 조정한 가이디드 이미저리, 즉 "통합된 가이디드 이미저리"integrative guided imagery 라고 부르는 방식에 의해 더욱 잘 유도될 수 있다. 이 유형의 이미저리에서는 환자 혹은 내담자와 치료사가 서로 상호작용한다. 이런 경우 치료사 혹은 안내자의 기능은 이미지들을 제공하는 데에 있다기보다 내담자 자신이 자신의 고유한 이미지들을 발견할 수 있도록 보조하는 데에 있다. 그렇게 될 때 그 이미지들은 내담자로부터 직접 나온 것이기 때문에, 내담자 자신을 위해 필요한 것에 대한 직관적 성찰을 제공할 수 있다. 그 이미지들은 정서와 대단히 깊이 연루되어 있으므로 의식적으로 이 이미지들을 변화시키는 것이 내담자 자신의 행복감을 증진시키는 데에 강력한 효과를 지닐 수 있다.[59]

---

[59] 시치료와 문학치료도 상징들과 감각적 양식들을 중시한다. "내담자의 언어와 경험으로부터 나온 시적 표현, 이미저리, 상징들의 사용은 치유적 기능

나파르스텍은 가이디드 이미저리 기법에서의 치유적 힘을 지닌 이미저리의 유형들을 8가지로 정리한다(『가이디드 이미저리』 65-95).

첫째, 감정-상태 이미저리feeling-state imagery는 기분을 변화시켜 주는 이미저리

둘째, 결과-상태 이미저리end-state imagery는 희망하는 상태 속에 이미 도달해 있다고 상상하는 이미저리

셋째, 에너지 이미저리energetic imagery는 몸 안의 세포들과 기관들에 관한 정확한 과학적 지식을 요구하지는 않지만, 전체적으로 몸의 원활한 기운의 상태와 관련된 이미저리

넷째, 세포적 이미저리cellular imagery는 세포적 수준에서의 몸 안의 사건들에 관한 이미저리

다섯째, 생리적 이미저리physiological imagery는 몸이 활동하는 방식과 연관된 이미저리

여섯째, 은유적 이미저리metaphorical imagery는 우뇌적 양식인 상징의 생성과 시적 방식으로 사물을 보는 이미저리

일곱째, 심리적 이미저리psychological imagery는 개인적 심리상태에 관한 이미저리

여덟째, 영적 이미저리spiritual imagery는 영혼에 의도적으로 접근하려고 노력하는 이미저리

이 8가지 유형들 중에서 은유적 이미저리와 심리적 이미저리, 그리

을 지닌다. ... 치유는 적절한 자원과 안내와 함께 안전한 환경 속에서 강력한 정서들을 배출하는 것을 포함 한다"(Mazza, 2005).

고 영적 이미저리가 표현예술치료와 연관성이 가장 많다고 할 수 있다. 바로 이 점에서 표현예술치료에서 가이디드 이미저리의 기법을 활용하면 그 효과를 강화할 수 있는 가능성이 있는 것이다. 특히 은유적 이미저리와 심리적 이미저리, 그리고 영적 이미저리는 표현예술치료의 유형들인 독서치료와 시치료 혹은 문학치료를 포괄하는 개념으로 쓸 수 있는 비블리오테라피에서도 중시된다.[60] 독서치료와 시치료 혹은 문학치료는 우리나라에서 거의 동의어로 사용되는 경우가 많은데 이 치료기법들은 심리역동적 측면을 고려한 예술심리치료의 방법들이라고 할 수 있다. 이야기치료, 글쓰기치료, 드라마치료, 일기치료 등과 같이 다양하게 분화되어 있지만, 그와 같은 넓은 뜻에서의 비블리오테라피 기법들의 전문가들은 치료과정의 도입단계에서 시, 동작, 음악, 그림 등을 수단으로 사용하고 자유연상을 위해 글을 읽어주기도 한다. 이 방식은 가이디드 이미저리와 유사한 것으로 보인다.

그런데 나파르스텍은 "영적 이미지저리"라는 범주 그 자체에 대해

---

60 1916년에 새무엘 크로더스Samuel Crothers에 의해 고안되었다고 하는 "비블리오테라피"라는 용어보다 1960년대 이후 미국에서는 "포이트리 테라피"poetry therapy라는 용어가 더 많이 사용되고 있다. 그것은 "시치료 자격증과 등록을 위한 필요조건 훈련 가이드"Guide to Training Requirements for Certification and Registration in Poetry Therapy를 만들기도 하는 "비블리오/포이트리 테라피 내셔널 연합"The National Federation of Biblio/Poetry Therapy이라는 명칭에서도 보인다. 미국의 National Association for Poetry Therapist에서 모토로 내건 것은 "성장과 치유를 언어, 상징, 스토리를 통해 촉진하는 것"이다. 이 협회에서 만든 프로그램에 따라 일정한 시간의 교육을 받은 사람들에게 발급하는 CAPF(a certified applied poetry facilitator), CPT(certified poetry therapist) 등의 자격증이 있는데, 이러한 자격증과 관련된 일은 The National Federation of Biblio/Poetry Therapy에서 맡고 있다 (<http://www.poetrytherapy.org>, <http://www. nfbpt.com/> 참조). 비블리오테라피의 3가지 구성요소들은 문학, 훈련된 촉진자(치료사), 그리고 환자(내담자)이다. 특히 시치료사는 시작품 혹은 문자로 된 것이건 구술매체이건 문학의 다양한 형태들을 촉매로 이용하고 감정적 반응들을 환기하게 한다.

서는 부정적으로 본다. 그녀는 "나는 영적 이미저리라는 범주는 모든 이미저리가 어떤 의미에서는 다 영적이라는 점에서 잘못된 범주라는 것을 다시 언급하고 싶다. 내가 여기서 영적 이미저리라고 부르는 것은 우리를 고무하여 우리가 신성을 경험하는 방식이 무엇이든 신적인 것과의 직접적인 연결을 경험하게 하는 이미저리를 뜻한다. 이것은 우리 자신에 대해 우리가 제대로 인식하고 우리 자신의 삶 혹은 삶의 목적과 우리가 연결될 수 있게 돕는 것일 수 있고, 또는 우리자신을 모든 사람들과 모든 존재들의 일부로 새롭게 지각할 수 있게 돕는 것일 수도 있다. 다른 말로 하면, 이것은 신비주의자의 광의의 관점에서 나오는 원근법을 우리에게 제공해 줄 수 있는 이미저리이다"라고 말한다(『가이디드 이미저리』143).

나파르스텍이 예시하는 가이디드 이머저리 스크립트를 우리말로 번역하여 인용하면 다음과 같다.

주위를 감싼 공기 속에 무엇인가 유쾌하게 진동하며 에너지를 충만하게 하는 것을 주목할 수 있습니다. 기대와 흥분을 담고 있는 무엇인가를, 무엇인가 놀랄 만큼 좋은 일이 생길 것 같은 예감을 느낍니다. 그리고 그 확실성이 당신 주위에서 자리 잡게 되자 당신은 두 눈을 위로 들어 올립니다. 당신은 멀리서 하나의 현저하게 빛나는 존재가 당신을 향해 다가오는 모습이 처음에는 잘 알아차릴 수 없지만, 점점 더 분명해지는 것을 봅니다. 그 주위로 충만하고 온화한 광휘의 아우라를 발산하면서, 그것의 빛에 드러나는 모든 것들이 강렬하게 더욱 빛을 발하게 하면서 가깝게 다가옵니다. 이 아름다운 존재가 다가옴에 따라 친숙한 듯 그렇지 않은 듯, 여성인지 남성인지, 아니면 인간적 존재가 전혀 아닌지도 모르지만,

그것은 상관없습니다. 당신에게 다가오는 그 아름다운 빛의 차분한 강렬함 속에 담긴 사랑과 지혜를 느낍니다. (오랜 멈춤) ... 이 아름다운 존재의 사랑에 찬 응시에 사로잡힌 채, 깊은 이해와 완전한 안전감에 사로잡힌 채, 당신은 당신에게 그토록 풍부하게 제공된 사랑을 충만하게 깊이 받아들일 수 있습니다. 그에 보답하는 당신 자신의 사랑도 느낍니다. 대가없이 무한하게. 당신들 사이의 이 강력한 회로 속에서 당신들 둘을 채우는 것이 같은 사랑이라는 것을 이해합니다. 주는 자가 받는 자이고, 받는 자가 원천이라는 것을 이해합니다. 그렇게 잠시 동안 그 결합의 풍요로움과 당신의 열린 마음의 무한한 성격을 경험하고 이 절묘한 에너지 속에서 당신이 더 성장한 것을 느낍니다. 당신 주위의 것들이 노래하고 춤추기 시작하며, 그것들 자체의 광휘 속에서 타오르고, 번쩍거리며, 진동합니다. 이 빛의 아름다움 속으로 당신이 녹아들면서 멋지고 평화로운 일종의 기쁨을 느낍니다. 경계들이 녹아들고 당신 주위에 있는 것들의 진동의 일부가 됩니다. 순수한 색채가 되고, 춤추는 에너지, 고양되는 노래, 행성과, 그리고 그것이 지탱하고 영양을 주는 모든 것들과 일치되는 약동을 느낍니다. 당신 자신의 아름다움을 보면서, 이 강력한 치유의 빛의 유리한 지점으로부터 당신 자신의 삶의 여정을 파악합니다. 그 모든 것, 모든 아픔과 공포와 역경을, 모든 용기, 친절, 사랑을, 모든 특별한 재능과 능력을, 승리와 위대한 아름다움의 순간들을, 좌절과 상실된 전망의 순간들을, 그 모든 것을 봅니다. 이 절묘한 빛의 부드러움을 통해서. 이제 당신 자신과 다른 사람들을 향한 새로운 친절을 느낍니다. 당신 자신과 다른 사람들의 과거의 실망에 대해 새로운 용서의 마음을 느낍니다. 그것들을 가게하고, 그 모든 실망들이 사라지게 하면서 가능성과 성장,

당신 자신이 누구인가를 아는 진실대로 사는 것의 여지를 만듭니다. 당신의 목적을 성취하고, 절묘하게 이 빛과 조화를 이루어, 모든 것들과의 화해 속에서, 이 의식에 대한 사랑과 감사를 느낍니다. 당신 자신을 이곳에 있도록 합니다. 그렇게 있는 것이 합당하게 느껴지는 동안까지. 언제라도 시간이 되면, 빛나는 동료가 떠나가게 합니다. 당신에게 올 때와 마찬가지로 부드럽고 매끈하게, 계속 온화하고 편안하게 움직이면서 있었던 곳으로 돌아가게 합니다. 그렇게 평화롭고 편안하게, 당신이 이 아름다운 존재를 당신이 원하면 언제라도 다시 불러올 수 있다는 것을 압니다. 여전히 당신을 둘러싼 강력하고 사랑에 찬 빛의 광휘를, 당신 자신의 빛나는 보호적인 지지대를 느낍니다. 율동적이고 편안하게 호흡하면서 당신은 다시 한번 자신이 아름다운 것들에 둘러싸여 있는 모습을 봅니다. 당신의 몸을 만져 봅니다. 충만하게 현존하고 있으며, 당신을 규정하고 보호하는 당신의 피부를 의식합니다. 안전하고 편안하게 느끼면서 그토록 오랫동안 고요하게 있고 난 후에 움직이는 감각을 즐겨도 됩니다. 이제 온화하게 부드러운 눈으로, 당신이 준비되면 언제라도 방으로 돌아옵니다. 이 일 때문에 당신이 훨씬 더 좋아진 것을 깊은 곳에서 알고 그렇게 당신은 영적으로 깊어집니다"로 되어 있다. (『가이디드 이미저리』144-48)

이와 같은 가이디드 이미저리 기법은 문학치료에서 추구하는 방향과 크게 다르지 않다. 이동민은 문학치료에서의 수필쓰기의 중요성을 강조하면서, "문학작품은 환상의 표현이므로 환상적인 방법으로 바꾸어서 표현하기가 쉽다. 노골적이고 직접적인 감정의 표현이 허용되지 않는다면, 상징과 은유로 바꿀 수도 있고 행간에 묻어서 표현할 수도 있다, 그렇게라도 하면 마음의 고통에서 벗어날 수도 있고, 아주 시니컬한 표현을 하므로 카타르시스도 느낄 수 있다"(80)라고 쓰고 있다. 존 폭스John Fox도 시치료 워크숍을 직접 진행하면서 그 워크숍에 참석한 사람들에게 특정의 이미지를 환기해 볼 것을 요구했다고 하는데, 이것은 가이디드 이미저리의 방식과 유사하다. 그는 "나는 워크숍에 참석한 사람들에게 도시의 복잡한 교차로에 서 있는 자신을 상상해 보라고 요청한다. 아니면 반복되는 일상의 한 장소를 떠올려보라고 한다. 그들이 그 거리의 모퉁이(아니면 그들이 달리 선택한 어떤 공간)를 상상하기 시작하면 나는 될 수 있는 한 자세히 그들이 경험한 이미지와 직접적인 감각에 대해 묘사해 보라고 한다"(『시치료』 78)라는 것이다. 폭스는 "우리 주변의 무수히 많은 이미지들을 알아채기 시작할 때, 세상의 경험에 새로운 빛이 던져진다. 우리는 몸에서 울려 퍼지는 그 이미지들을 느낄 수 있다"(『시치료』 79)라고 말한다. 시적 이미지의 치유적 힘을 긍정하는 그와 같은 방식은 가이디드 이미저리에서도 찾을 수 있다.

비블리오테라피는 정서적으로, 정신적으로 혼란스러운 사람들에 대한 치료의 일부로서 책들과 이야기들을 사용하는 실행이라는 점에서 독서치료와 시치료 혹은 문학치료를 포괄하는 개념이라고 할 수 있다.[61] 로즈메리 톰슨Rosemary Thompson은 비블리오테라피는 "성장

---

61 우리나라에는 "한국독서치료학회"에서 글쓰기치료, 이야기치료, 시치료, 영화치료, 저널(일기)치료 분과들을 설치하고 있는데, 유아교육, 아동문학, 유아문학, 예술상담 등의 전문가들이 주로 참여하고 있다. 한편 "한국문학치료학회"와 "한국통합문학치료학회"는 문학분야 전문가들이 많이 참여하고 있다. "한국통합문학치료학회"에서는 "비블리오"를 "독서"로 하지 않고 "통합문학"이라고 하고 있다. "한국문학치료학회"에서는 영문표기에서 "문학치료"를 "리터러리 테라피"literary therapy로 하고 있는데, 현재 이 용어는 영어권에서는 잘 사용되고 있지 않는 것 같다. "한국독서치료학회"의 명칭과 같이 "비블리테라피"의 "비블리오"를 "독서"로 포괄적으로 번역할 수 있는

적 상호작용 비블리오테라피"developmental interactive bibliotherapy
와 "임상적 상호작용 비블리오테라피"clinical interactive bibliotherapy
로 구별된다고 말한다. 전자는 학교, 병원, 양로원 등에서 문학작품을
읽거나 창작함으로써 성장과 발전만이 아니라 정신건강을 위한 예방적
도구로도 이용된다. 후자는 정신병원이나 정신건강센터 등에서 문학작
품을 읽거나 창작함으로써 치료와 성숙을 촉진하기 위한 수단이다(128).
이렇게 구별되기는 하지만 그 방식들은 "상호작용"을 중시한다는 점에
서 동일한데, 그 "상호작용"은 가이디드 이미저리의 기법을 활용함으로
써 더욱 용이하게 촉진될 수 있을 것이다.

　시치료 혹은 문학치료는 문학작품, 치료사, 그리고 내담자로 이루
어지는 구성요소들 간의 상호작용적 과정이다. 치료사가 선택하게 될
문학작품은 일종의 촉매로 작용하여 내담자의 정서적, 인지적, 사회
적 건강과 행복을 증진시키는 데에 기여한다. 그 상호작용적 과정에
서 4단계들이 출현하게 된다(Thompson 129).

　첫째, 확인recognition 단계에서는 내담자가 치료사에 의해 선택된
　　　　문학작품이 어떤 것인지 알 수 있어야 한다.

데, 김현희 등은 "일반적으로 독서치료는 참여자가 다양한 문학작품들을 매
개로 하여 일대일이나 집단으로 토론, 글쓰기, 그림 그리기 등의 여러 가지
방법의 구체적 활동과 상호작용을 통해서 자신의 적응과 성장 및 당면한
문제들을 해결하는 데 도움을 얻는 것"을 뜻하는 것으로 정의하고(19), 이
경우 "문학작품들"에는 인쇄된 글, 시청각 자료, 노랫말, 자신의 일기 등 글
쓰기 작품들을 모두 포함하는 것으로 본다. 그렇다면 "문학치료는 통합적
치료방법으로서 신체와 마음과 정신의 건강을 돌보기 위하여 여러 수단을
사용한다. 이때 문학이 주도적 혹은 부수적으로 사용될 수 있다. 그리고 훈
련받은 문학치료사가 참여자들에게 글쓰기 작업을 통하여 자신의 문제를
인지하고 감정을 표현하게 하여 자신의 삶을 변화시킬 수 있도록 도와준
다"(변학수, 『통합적 문학치료』 18)라고 정의되는 "문학치료"와 "독서치료"
는 거의 동일한 목표를 지닌 것으로 이해될 수 있다.

둘째, 조사examination 단계에서는 내담자가 치료사의 도움으로 특수한 세부사항들을 탐색한다.

셋째, 병치juxtaposition 단계에서는 문학작품에서의 대조점들과 비교점들을 검토함으로써 태도와 행동, 결정 등에서 현명한 선택을 하기 위한 토대들을 확인하게 된다.

넷째, 자아에의 적용application to self 단계에서는 내담자가 문학작품과 자신을 연결시키고, 현실세계 속에서 새로운 지식을 자신들에게 적용하게 된다.

니콜라스 마자Nicholas Mazza는 시치료의 실제 모델의 3가지 구성 요소를 다음과 같이 정리한다(47).

첫째, 수용적/처방적 구성요소receptive/prescriptive component, 기존의 문학작품을 치료에 이용하는 것

둘째, 표현적/창조적 구성요소expressive/creative component, 내담자의 글쓰기를 치료에 이용하는 것

셋째, 상징적/의식적 구성요소symbolic/ceremonial component, 은유metaphor, 의식rituals, 이야기하기storytelling를 사용하는 것

이 3가지 요소들 가운데 특히 셋째 상징적/의식적 구성요소는 가이디드 이미저리 기법을 적용함으로써 더욱 더 심화될 수 있다. 또한 시치료 혹은 문학치료의 목표도 6가지로 정리된다(Thompson 128).

첫째, 자아와 타인들을 지각하는 데에서 정확성과 이해력을 발전시키는 것

둘째, 창조성, 자아표현, 자아존중감의 계발

셋째, 타인들과의 소통 기술 증진

넷째, 과도한 정서와 긴장의 해소

다섯째, 새로운 사상, 성찰, 정보를 통해 새로운 의미를 발견하는 것

여섯째, 변화 촉진과 적응기능들의 능력 증진 등이다.

이와 같은 비블리오테라피는 "내러티브 테라피"narrative therapy라는 개념으로도 확장되고 있다. 그리고 이 경우의 "내러티브"는 문학 작품들에서의 창조적 상상력에 의한 스토리들만이 아니라 넓은 뜻에서의 모든 이야기들을 포괄하는데, 주로 치유대상이 되는 사람들에 의한 개인사적 이야기들 혹은 스토리텔링이 부각된다. "[스토리텔링을 이용한] 테라피는 환자와 테라피스트가 공동으로 전략들을 만들어서 현재의 문제들을 명백하게 동의된 목적들 내에서 극복하도록 하는 협동적 시도"(Crawford 3)라고 할 수 있다. 이러한 내러티브 테라피는 스토리들과 은유들의 치유력에 대한 믿음에 바탕을 두고 있는데, 근본적으로 이것은 "인지적 행동 모델"cognitive behavioural model에 토대를 둔다. 그것은 개인이 행동하는 방식은 상황 그 자체에 의해서만 지배되는 것이 아니라 그러한 행동에 대한 개인의 해석에 의해서도 지배된다(Crawford 3)는 관점을 지닌다.

그와 같은 내러티브 테라피의 시각은 정운채가 흥興을 문학치료의 방법론으로 검토하는 글에서 "심리적 장애가 있는 환자를 치료하는 중요한 원리는, 심리적 장애의 원인이 된 사건에 대한 기억을 무의식으로부터 일깨워 내고, 이 기억을 환자의 자아가 이해할 수 있도록 전후 맥락을 갖춘 서사적 진리를 구성하는 것"(178)이라고 말하는 것에서도 보인다. 정운채는 "문학의 작품서사作品敍事를 통하여 환자의

자기서사自己敍事를 온전하고 건강하게 변화시키는 일"이 문학치료라고 독특하게 정의한다. 서사란 "인간관계의 형성과 위기와 회복의 과정에 대한 이야기"(정운채 376)인데 자기서사란 각자의 삶을 구조화하고 운영하는 서사이며 이 자기서사에 영향을 미치는 것이 작품서사라는 것이다.

내러티브 테라피의 이념은 내러티브적 은유와 이야기들이 우리의 삶을 형성하는 사건들과 관계양상들을 조직하고, 구조화하며, 의미를 부여한다는 데에 있다. 내러티브 테라피는 자아스토리들self-stories의 제약적 양상들을 해체하고, 아이덴티티의 재저자화re-authoring 속에서, 개인의 창조성을 확인하고 억압된 목소리를 회생시킨다는 점에서 가이디드 이미저리의 기법을 활용하면 그 효과를 극대화할 수 있다. 라이브러리 치료법library therapeutics, 비블리오카운슬링bibliocounselling, 문학치료literatherapy, 읽기치료reading therapy, 치료적 읽기therapeutic reading 등으로 지칭되기도 하는 비블리오테라피는 일반적으로 "읽기지도를 통해 개인의 문제를 해결하기 위한 안," "정신건강을 위해 책을 사용하는 것," "독자의 개성과 문학 사이의 역동적 상호작용 과정" 등으로 정의된다. 이 정의에서 강조되는 "역동적 상호작용 과정"은 가이디드 이미저리의 기법을 통해 더욱 더 용이하게 확립될 수 있다.

연구가들은 비블리오테라피에 개입되는 내담자의 변화과정은 동일시identification와 투사projection, 감정정화abreaction와 카타르시스catharsis, 그리고 성찰insight과 통합integration이라는 3단계들을 거치게 된다고 정리하는데(Rubin, 2008), 그와 같은 변화과정이 내담자의 의식 속에서 직접적으로 구현될 수 있게 하는 데에 가이디드 이미저리의 기법이 적용될 수 있다는 것을 우리는 구체적인 가이디드 이미저리 스크립트들을 통해 확인할 수 있다. 그리고 그 3단계들은 종

교적 이미지와 관련된 맥락에서 자세히 검토될 수 있는 영적 변화과
정으로 볼 수도 있다.

크레이그 스미스Craig Smith와 데이빗 나이룬드David Nylund는 "에
릭슨적 해결 지향 테라피들"Ericksonian and Solution-oriented therapies
과 "포스트모던 테라피적 접근들"postmodern therapeutic approaches
을 구별한다(4). 전자와 같은 전통적인 방식은 하나의 중심적이고 본
질적인 자아가 있다는 전제 하에 환자의 병리학적 진단에 대한 정보
를 중시한다. 그런데 후자는 다면적 자아들과 스토리들에 대한 중시
와 함께 문제에 대한 환자 자신의 경험을 강조한다. 현재의 우리나라
에서의 비블리오테라피를 포함한 표현예술치료는 이 두 가지 방향
중에서 어느 쪽으로 기울어져 있는지를 확인하는 것이 중요한 일이
될 수 있다. 특히 아동을 대상으로 할 경우 아동을 어떤 방향으로 나
가도록 할 것인지, 또는 그런 오리엔테이션을 어떤 기준에 의해 정할 것
인가가 합의되어야 하기 때문이다. 아일린 헬렌 존스Eileen Helen Jones
가 말하듯이 "모든 비블리오테라피스트들의 근본적인 믿음은 특수한
필요성에 초점을 맞춘 선택된 책들을 사용한 구조화된 혹은 유도된
접근을 통해 읽기가 아동의 사고와 행동에 영향 미칠 수 있다"(17)라
고 보는 것이라는 점에서 그러한 기준과 방향에 대한 합의가 중요할
수밖에 없다.

카트리나 브라운Catrina Brown이 지적하는 것과 같이, 테라피는
"사회적 권력의 전략"으로 작동하여 자아를 조정하고 통제하는 면이
있다. 이러한 "테라퓨티즘"therapeutism은 "우리의 사회적 세계를 조
직하는 중심적인 담론적 실천은 사람들이 사회화되어 사회구조 속에
서의 적합한 위치들을 차지하게 되도록 하는 것"(xvi)이라는 전제로
부터 시작한다는 점에서 대단히 보수적인 면이 있다. 왜냐하면 사람

들을 자신들의 내면으로 향하게 하는, 자아에 대한 주관주의적 이해
는 개인에 초점을 맞춤으로써 사회적, 정치적 분석을 약화시키게 되
기 때문이다. 이러한 문제점은 표현예술치료의 다양한 방법들에서도
찾아볼 수 있다. 그러나 가이디드 이미저리와 관련하여 살펴본 내러
티브 테라피는 사람의 삶 속에 개입된 권력의 담론적 관행들에 대해
도전하고 그것들을 비판하는 저항의 방식이 될 수도 있다. 특히 이른
바 "성찰적 포스트모던 내러티브 테라피"는 모든 유형의 테라피들에
내포된 "테라퓨티즘"의 경향을 비판하고 지배적인 사회적 담론들에
대해 도전함으로써 "잠재적인 저항의 사회적 자리"(Brown xvi)가 될
수 있다. 가이디드 이미저리의 기법은 이미지와 상상력의 힘을 이용
하여 심리적 안정을 회복하고 신체적 질병의 치유를 용이하게 하는
것으로서 "테라퓨티즘"의 경향으로부터는 일정한 거리를 유지한다.
더욱 차분한 논의를 통해 보완되어야 하겠지만, 무엇보다도 이 점에
서 표현예술치료가 가이디드 이미저리의 기법을 적용할 만한 가치가
있다. 나파르스텍이 만든 다양한 가이디드 이미저리의 스크립트들 가
운데 가이디드 이미저리의 기법을 파악하는 데에 도움이 되는 하나
의 예를 들면 다음과 같은 것이 있다.

시작하기 전에 가능한 한 가장 편안하게 자세를 취할 수 있도록
몸을 움직여 보고 충분히 몸을 가눌 수 있게 조정하십시오, 그리고
머리, 목, 척추가 바르게 일직선이 되도록 합니다. 한두 번 깊게 몸
을 청소하는 호흡을 하기 위해 가능한 한 안으로 충분히 들이쉬고
배 속까지 들어가게 하여 잠시 멈추었다가 모두 밖으로 내쉽시오.
다시 안으로 숨을 들이쉬고 숨의 따뜻한 기운을 몸 안의 굳은 부
분이나 아프고 딱딱해진 부분들로 보냅니다. 그리고는 날숨과 함께

긴장을 풀어서 내보냅니다. (*Staying Well* 76)

이와 같은 예비적 단계는 "체로키 강가의 돌"Cherokee River Rock
과 같은 표현예술치료의 과정에서의 첫 번째 단계에 해당한다. 즉 키
스 데이비스Keith Davis가 고안한 "체로키 강가의 돌"에서 "활동목
적과 목표"는 "참여자들이 그들의 부담, 근심과 삶의 문제들이 어떻
게 자신을 짓누르고 있으며 끊임없이 약화시키는지 발견하는 것이다"
라는 것으로 되어 있으며, 준비물은 "바위, 돌, 그리고 조약돌이 있는
강이나 개울 또는 시내"로 정하고, 활동방법은 "참여자들과 진행자가
함께 강, 개울 또는 시내에 모인다. 진행자는 참여자들이 그들의 삶
에 있어서 현재의 부담, 근심과 문제들에 관하여 생각하게 한다"로
시작한다(앳킨스, 『표현예술치료』 161).
　가이디드 이미저리의 경우도 참여자와 진행자가 있다는 점에서
같다. 가이디드 이미저리에서는 반드시 특정의 장소로 이동할 필요
는 없지만, 편안한 자세로 앉아서 호흡을 조정한 후 나레이터의 지
시대로 행동한다는 점에서 비슷하다. 다만 "체로키 강가의 돌"에서
는 참여자들이 눈을 뜬 채로 주변의 돌이나 조약돌들을 보다가 각
자의 일상생활의 문제들의 크기에 따라 주변의 조약돌을 수집하게
하는 데에 비해, 가이디드 이미저리에서는 눈을 감고 상상하게 한
다는 점에서 다르다. "체로키 강가의 돌"과 같은 표현예술치료에서
가이디드 이미저리 기법을 적용하는 것은 참여자들이 보다 더 명
상적인 태도를 지니게 함으로써 치유의 과정에 쉽게 몰입할 수 있
게 해 줄 수 있다. 나파르스텍의 스크립트는 계속 다음과 같이 이
어진다.
　그렇게 당신의 숨결이 모든 딱딱하고, 긴장된 부분들로 들어가서

그것들을 풀어주고, 따뜻하게 어루만져 부드럽게 해 주는 것을 느
낍니다. 그리고 나서 모든 긴장을 끌어모아 숨을 내쉬면서 다 밖으
로 보냅니다. 그리하여 점점 더 안전하고 편안하며, 이완된 평온한
느낌이 됩니다. 호흡의 청소하는 활동을 지켜봅니다. 친밀하면서도
거리를 유지한 의식으로. 마음속으로 떠오르는 모든 불쾌한 생각들
도 날숨과 함께 다 내 보냅니다. 그리하여 잠시 동안 마음이 텅 빕
니다. 그 분리된 순간 동안 마음은 자유롭고 맑은 공간이 되어 당
신은 평화의 은총을 받습니다. 마음속에서 진동하는 모든 정서들도
또한 주시하고 확인하여 호흡과 함께 내보냅니다. 그리하여 당신의
정서적 자아도 평화롭고 고요해 집니다. 마치 잔물결 없는 호수처
럼. (*Staying Well* 76-77)

"체로키 강가의 돌"에서는 마치 프로이트Freud의 이른바 "포르트-
다 게임"fort-da game에서처럼, 즉 아기가 가지고 놀던 장난감을 엄
마로 대체하게 되듯이, 참여자가 자신의 문제를 조약돌로 전이하게
하여, 나중에 그 조약돌을 강물 속으로 던지게 하는 일종의 상징적
행동을 통해 문제들을 극복하게 만드는 방법이라고 할 수 있는데, 가
이디드 이미저리에서는 그와 같은 상징적 행동 대신에 마음속에서
이미지들을 환기하게 하고, 그 이미지들을 통해 몸에 직접적인 반응
을 불러일으키게 한다.
　"몸의 지혜"Body Wisdom라는 표현예술치료는 제시카 칠턴Jessica
Chilton이 2002년 캘리포니아 산타 바바라에서 열린 국제표현예술
심포지움의 한 워크숍에서 각색한 것인데, 활동방법 속에 들어있는
"마음챙김"mindfulness 단계는 가이디드 이미저리의 방식을 그대로
응용한 것으로 보인다(앳킨스 100). 그녀는 "내담자가 편안하다면 바

닥에 누워 호흡하도록 한다. 내담자에게 한 번에 한 신체부위를 긴장시키고 나서 그 부분의 긴장을 풀고 바닥에 완전히 맡기는 방법으로 바디스캔bodyscan하도록 한다. 명상을 위해 다음과 같이 조언한다"라고 쓰고 나서 이렇게 덧붙이고 있다.

> 숨을 들이쉬고 내쉴 때 자신의 콧속을 지나가는 공기에 집중하고, 각 호흡마다 폐가 확장되어 가득차고, 수축되어 비워지는 것에 집중하십시오. 마치 하늘에 구름이 떠다니듯이 떠오르는 모든 생각을 흘러가게 하십시오. (『표현예술치료』 100)

이것은 대부분의 가이디드 이미저리 스크립트의 앞부분에서 볼 수 있는 것과 거의 같다. "몸의 지혜"의 치료사는 계속 다음과 같이 조언 혹은 지시한다.

> 이제 당신의 몸을 움직여 닿을 수 있는 만큼 높이 땅에서 하늘로 일어나도록 하십시오. 당신의 몸을 뻗어 가장 높은 곳에 이르게 되면 멈춰서 심호흡을 하고 다시 한번 바닥에 누울 때까지 하늘에서 땅으로 느린 동작으로 엎드리십시오. 멈추고 심호흡을 하고 다시 반복하십시오. 당신의 몸과 동작에 주의를 완전히 집중시키십시오. ... 이러한 동작명상에서 몸을 일으키고 내려올 때 당신의 몸이 만들어내는 작은 동작 하나하나에 주목하십시오. (『표현예술치료』 101)

그런데 이 "몸의 지혜"에서도 나타나듯이 표현예술치료에서는 단순히 상상하게 하는 것이 아니라 동작을 하도록 조언한다는 점이 가이디드 이미저리와의 차이라고 할 수 있겠다. 나파르스텍이 만든 가이디드 이미저리의 스크립트도 "몸의 지혜"와 같은 방식으로 자세에 대한 안내로부터 시작한다.

이제 안전하고 편안한 느낌을 주는 장소를 상상합니다. 가공의 장소이건 실재의 장소이건 과거에 가 본 적이 있는 곳이건 언제나 가보고 싶어 하는 곳이건 상관없습니다. 다만 당신이 안전하고 안락하고 평화롭게 느끼는 곳이면 됩니다. 그 장소가 실지의 장소로 느껴지도록 합니다. 주변을 둘러봅니다. 두 눈으로 살펴봅니다. 색채도 즐기고 풍경도 감상하며, 하나하나 세부사항들을 놓치지 않습니다. 오른쪽도 보고 왼편도 봅니다. 그곳에서 들리는 소리들을 듣습니다. 무슨 소리든지, 바람소리, 물소리, 새와 귀뚜라미, 혹은 그 모든 소리들의 혼합을 듣습니다. 다만 이 장소의 독특한 음악을 당신의 귀로 즐깁니다. 기대앉아 있거나 누워있는 그곳의 감촉을 느낍니다. 발 아래 땅의 질감을, 모래건 소나무 가지건 풀잎이건 느껴봅니다. 편안한 안락의자에 앉아있거나 햇빛 속에서 평평하고 따뜻한 바위에 앉아있거나 그 촉감을 느껴봅니다. 이제 피부에 와 닿는 공기를 느낍니다. 상쾌하고 건조하건 향기롭고 축축한 것이건 느껴봅니다. 집 안에 있다면 얼굴과 손에 전달되는 안락한 벽난로 불길의 따뜻함을 느낍니다. 야외에 있다면, 향기롭고 감미로운 미풍의 섬세한 애무를 느껴보고 다만 피부에 와 닿는 그 장소의 촉감을 즐기십시오. 이제 그곳의 향기를 맡으십시오. 꽃들의 부드러운 충만한 향기든 소금기 섞인 바다 공기의 예리함이든 감미로운 초원의 풀냄새건, 숲속의 이탄 이끼의 자극적인 냄새건, 맡

아 봅니다. (*Staying Well* 77-78)[62]

---

62 나파르스텍의 스크립트는 계속 이어지는데 본문 속의 인용과 마찬가지로
우리말로 번역하면 다음과 같다. "이 장소의 안전성과 아름다움에 점점 더
조화를 이루게 되면서 그곳에 있을 수 있는 것에 대해 감사와 행복을 느낍
니다. 주위를 감싼 공기 속에 무엇인가 유쾌하게 진동하며 에너지를 충만하
게 하는 것을 주목할 수 있습니다. 기대와 흥분을 담고 있는 무엇인가를, 무
엇인가 놀랄 만큼 좋은 일이 생길 것 같은 예감을 느낍니다. 당신 앞을 볼
때, 단지 얼마 떨어져 있지 않은 곳에서 일종의 투명한 스크린이 있는 것을
알아차리기 시작합니다. 그것을 쳐다보자 점점 더 형태를 갖추게 됩니다.
이제 그 스크린을 일종의 평화로운 호기심을 지니고 보자 점차로 그 스크
린 위에 형태가 나타나기 시작합니다. 지켜보니 점점 더 분명한 형체가 되
어 드디어 하나의 상징의 삼차원적 이미지가 분명해 집니다. 그것이 당신이
긍정적인 방향으로 변화시키고 싶고 함께 작업하고 싶은 것이 무엇이든지
그것을 나타내는 상징이 되게 합니다. 그리고 그것을 조심스럽지만 평온한
마음으로, 고요하면서도 호기심에 차서, 지켜볼 수 있습니다. 그것이 천천히
차분하게 형태를 움직여서 모든 각도에서 그것을 볼 수 있기를 원합니다.
스크린 위에 있는 이 상징의 모든 것을 주목합니다. 색채는 무엇인지, 그것
과 연관된 소리는 무엇인지, 모든 진동과 윙윙거리는 소리 혹은 일종의 음
악까지도. 그 상징이 어떤 향기 혹은 냄새를 지닐 수도 있습니다. 혹은 단단
하거나 부드러운 속성, 무겁거나 가볍고, 크거나 작으며, 쓴 맛이거나, 달콤
하거나 신 맛일 수도 있습니다. 그렇게 다음 몇 초 동안 궁금한 마음이 됩
니다. 스크린 위에 있는 것이 무엇이든지 친밀하면서도 거리를 유지한 흥미
를 지니고, 매우 주의 깊게 그리고 모든 감각들을 통해 관찰합니다. 십오 초
에서 이십 초 동안. 그리고 이제 원한다면 스크린 위의 이 이미지가 어떤
식으로건 기꺼이 변경되고 변화되는 것을 봅니다. 그것이 원하는 대로 어떤
방향으로건 움직이는 것을 봅니다. 밀지도 당기지도 않고, 다만 그것이 원
한다면 변형하도록 하고, 원하지 않는다면 그것도 괜찮습니다. 사실 그것이
원하지 않으면 그것을 아는 것도 좋습니다. 그러나 원하면, 원할 수도 있는
데, 다만 그 변화가 일어나는 것을 지켜보십시오. 조용하고 호기심에 찬 초
연한 태도로. 아무리 포착하기 어렵거나 과감하거나 간에 당신의 모든 감각
들을 통해 이 변형을 관찰하십시오. 완결되어야 할 필요는 없다는 것을 이
해하면서, 당신이 알 수 있어야 할 필요는 없지만, 단지 당신의 모든 감각들
을 통해 그 변화를 지켜봅니다. 아무리 오래 걸려도, 조용히 호기심을 지니
고. 십오 초에서 이십 초 동안. 이제 원하면 언제든지 다시 돌아와 스크린과
당신이 형성한 이미지들과 함께 더 작업할 수 있습니다. 아무리 오래 걸려
도 그대로 둡니다. 시간이 얼마나 오래 요구되건 간에 그것이 정확히 올바
른 시간의 양이라는 것을 완벽하게 압니다. 이제 그 이미지가 사라지게 하
는 것을 시작합니다. 그리고 다시 스크린을 보고 그것도 사라지게 합니다.
이제 다시 당신의 특별한 주위환경을 보면서 안전하고 편안하며, 이완되고
평온하게 느낍니다. 아마도 색채가 더욱 밝아졌고, 소리가 더욱 생생하게
들릴지도 모릅니다. 배 속으로 깊이 숨을 들이쉽니다. 준비가 되면 언제라
도 방으로 돌아옵니다. 무엇인가 강력한 것이 일어났다는 것을, 그 때문에
당신이 훨씬 더 좋아졌다는 것을 마음속 깊은 곳에서 압니다"(78-79).

이 점에서 가이디드 이미저리에서 표현예술치료의 기법을 응용하는 것의 의의를 찾아볼 수도 있겠지만, 가이디드 이미저리의 기법을 표현예술치료에서 적용하는 것은 무엇보다도 명상적 태도의 확립을 용이하게 함으로써 참가자와 치료사 사이의 원활한 관계만이 아니라 참가자 자신의 지속적인 심리적 안정의 유지를 가능하게 한다는 점에서 유용하다고 볼 수 있다. 가이디드 이미저리는 치료기술의 적용이나 효과의 판단에서 사람의 전체성을 중시한다는 점에서 홀리스틱 의학holistic medicine의 일종으로 볼 수 있는데, 표현예술치료는 가이디드 이미저리의 이러한 홀리스틱 의학의 관점을 적극적으로 수용함으로써 "테라퓨티즘"의 경향을 극복할 수 있을 것이다.

표현예술치료를 포함하여 의료 혹은 건강관리 분야에서 치료 레크리에이션 전문가의 역할이 중시되고 있는데, 가이디드 이미저리 기법은 치료 레크리에이션에서 정기적으로 활용될 수 있다. 환자 혹은 참가자의 건강과 행복에 초점을 두는 가이디드 이미저리는 비공격적이며, 치유의 시간과 비용을 절감하게 할 수도 있다. 통증과 불안으로 고통 받는 사람들이 증상을 완화시키기 위해 가이디드 이미저리와 같은 요법들을 점점 더 많이 사용할 가능성이 있다.

가이디드 이미저리는 의미, 목적, 복지의 삶을 창조하는 데에 도움을 준다. 질병 예방과 치유의 도구만이 아니라 삶의 질을 고양시키는 데에도 유용한 수단이 될 수 있는 가이디드 이미저리의 첫 단계는 먼저 긴장이 이완된 의식 상태를 만드는 것으로부터 시작한다. 참가자는 편안한 자세로 앉아있거나 눕고, 눈은 뜨거나 감고 있도록 유도된다. 곧이어 참가자는 천천히 심호흡을 몇 차례 하고 나서, 근육의 긴장된 부분을 풀고, 준비가 되면, 안전하고 평화로운 장소를 기억해내거나 시각화하고, 광경, 소리, 냄새, 미각, 촉각 등 감각들에 초점을 두고 그것을 강화한다.

심리적으로 이완된 상태에서 참가자는 음성 파일의 지시 혹은 심리치료사나 치료 레크리에이션 전문가의 제안을 따른다. 이 과정에서 심리적 이완 상태로 인도해 주기 위해 치료사가 직접 읽거나 자신의 목소리로 녹음한 것을 들을 수 있는, 가이디드 이미저리 스크립트가 효율적이다. 예를 들면 참가자는 녹음된 음성이나 직접적인 육성을 들으며 통증 혹은 불안과 같은 증상에 대한 이미지를 마음속에서 형성하고 증상을 변화시키기 위해 그것에 대한 어떤 것을 상상한다. 불같은 붉은 색의 두통이 창백한 노란색으로 변화하게 하는 것도 하나의 예이다. 혹은 숨을 내쉴 때 불안이 밖으로 날아가 버리는 것으로 상상하는 것도 포함된다. 치료 레크리에이션 전문가는 참가자가 준비가 되면 안전하고, 평화로운 장소로 다시 돌아오도록 지시한다. 두세 번 심호흡을 한 후 참가자는 가이디드 이미저리 경험을 마치게 된다.

이와 같이 참가자와 치료사가 함께 가이디드 이미저리 경험을 할 수 있는데, 진행과정에서 치료사는 대단히 관용적인 역할을 취할 필요가 있다. 나파르스텍은 워크숍들에서의 피드백을 통해 가이디드 이미저리를 위한 내러티브에서 언어를 "명령"이 아닌 "제안"으로 유지하는 것이 좋다고 말하고, 이어서 "대부분의 사람들은 '자세를 유지하시오'라는 명령적인 것보다 '자세를 유지할 수 있는지 알아보십시오'라고 말하는 것에 더 쉽게 반응할 것이다. … 많은 사람들은 비록 그들 자신의 목소리일지라도 명령문으로 무엇을 하라고 말하는 지시를 듣는 것을 주저한다"(*Staying Well* 76)라고 덧붙인다. 치료 레크리에이션 전문가와 함께 두세 번 세션을 하고 난 후에는 참가자가 혼자서 가이디드 이미저리를 수행할 수 있다. 물론 어떤 경우이건 참가자 자신의 상상력이 주도하게 되는데, 왜냐하면 가이디드 이미저리 스크립트로 미리 고안된 이미저리를 들을 때조차도 참가자의 마음은 제공되고 있는 것을 자동적으로 편집하거나, 변화시키고, 대체할 것이기 때문이다.

가이디드 이미저리 기법은 상상력을 통해 연상된 이미지들을 이용하여 작동하는 치유과정인데, 인간의 정신적 태도에 적극적으로 영향을 주고, 그 정신적 태도와 긴밀한 상관관계를 가지고 있는 몸의 내재적 치유를 강화한다. 아인슈타인은 "상상력이 지식보다 더 중요하다"라고 말했다고 하는데, 이것이 "가이디드 이미저리 아카데미"Academy for Guided Imagery의 신조이다. 그 아카데미의 공동 설립자인 마틴 L. 로스먼Martin L. Rossman은 "상상력이 아마도 사람들이 건강을 위해 가장 이용하지 않은 원천들 중 하나일 것이다"(13)라고 말한다. 몸에 미치는 상상력의 힘에 대해 많은 연구가 앞으로도 더욱 진행될 필요가 있으며, 예술심리치료를 위해 가이디드 이미저리의 방식을 표현예술치료에서 활용할 방법들에 대해서도 더 구체적인 논의가 요구된다. 특히 나탈리 로저스Natalie Rogers가 창안한 개념인 "창조적 연결"the Creative Connection의 방법, 즉 동작, 미술, 글쓰기, 음악 등을 포함하는 상호작용을 통해 깊은 자기이해와 창조성을 회복함으로써 심리치료와 미술, 춤, 글쓰기, 음악의 결합을 통한 치유의 가능성을 모색해 볼 수 있다(『인간중심표현』 5-6). 진 액터버거Jeanne Achterberg가 요약한 것을 참고하면 상상과 생리학의 관계에 대한 연구결과는 5가지로 정리된다(『상상과 치유』 152).

첫째, 상상은 생리적인 상태와 연관되어 있다.
둘째, 상상은 생리적인 변화의 전과 후에 모두 나타난다. 그러므로

상상은 생리적인 변화의 원인이 될 수도 있고 결과가 될 수
도 있다.

셋째, 상상은 계획적인(의식적) 행동이나 무의식적 기계자극으로
유발할 수 있다.

넷째, 상상은 생리적인 변화와 의식적인 정보 진행과정을 연결시켜
준다고 가정된다.

다섯째, 상상은 수의隨意 신경조직과 불수의不隨意 신경조직에 영
향을 미친다.

가이디드 이미저리 기법을 적용함으로써 표현예술치료는 예술심리
치료 분야의 의의를 새롭게 부각시킬 것이며, 무엇보다도 이것은 이
미지와 상상력을 통한 치유의 가능성에 대한 연구를 활성화할 것인
데, 종교적 이미지의 형상적 기능이라는 이 책의 주제와 직접적인 관
련은 없지만, 종교적 이미지가 지향하는 것들 중에 영적 치유도 중요
한 부분도 들어갈 수밖에 없다는 점에서 검토할 필요가 있다.

신사상 운동과 이미지의 치유적 힘

신사상 운동New Thought Movement은 마음에 의한 치유를 옹호한
다. 왜냐하면 많은 연구가들에 의해 미국 신사상 운동의 아버지로 일
컬어지는 라이니어스 파크허스트 퀸비Rhineas Parkhurst Quimby는
최면술 등을 이용한, 즉 마음 혹은 영의 능력에 의한 신체적, 정신
적 치유를 통해 유명해졌는데, 그의 환자였던 사람들에 의해 신사
상 운동의 주된 흐름이 생성되었기 때문이다. 따라서 신사상 운동

은 초절주의Transcendentalism의 영향권 내에서 시작된 것이라고 할 수는 있지만, 치유를 중시한다는 점에서 초절주의와 구별된다. 또한 신사상 운동의 영향을 받은 뉴 에이지New Age 운동은, J. 고던 멜톤J. Gordon Melton이 설명하듯이, 치유보다는 신지학Theosophy, 점성술 astrology, 오컬티즘occultism, 채널링channelling 등과 같은 넓은 뜻에서의 심령론에 치중하는 면이 많다(80-81). 이 점에서 뉴 에이지 운동이 신사상 운동의 영향을 받은 사실은 인정한다고 할지라도 그것의 접근방식은 신사상 운동과는 다른 것으로 보아야 한다.

윌리엄 제임스William James도 『종교적 경험의 다양성』*The Varieties of Religious Experience*에서 신사상 운동이 마음에 의한 치유를 강조한다고 보는데, "가장 열성적인 마음-치유 저자들 중의 한 사람"이 자신의 책 페이지마다 진한 활자로 "생각이 실체다"Thoughts are Things라고 인쇄해 놓았다고 쓰고 있다(105). 제임스가 이름을 직접 밝히고 있지는 않지만, 그 사람은 프렌티스 멀포드Prentice Mulford이다. 실제로 멀포드가 발표한 에세이들을 모아서 F.J. 니덤F.J. Needham이 편집한 『화이트 크로스 라이브러리』*The White Cross Library* 제1권에는 매 페이지마다 하단에 "생각이 실체다"라는 문장이 인쇄되어 있으며, 제2권부터 제6권까지 나머지 책들에도 일부 페이지들에는 같은 문장이 인쇄되어 있는 것을 볼 수 있다. 니덤은 멀포드의 에세이들을 멀포드가 살아있었던 때부터 시작하여 사망한 그 다음해인 1892년까지 『화이트 크로스 라이브러리』라는 표제를 달고 모두 6권으로 된 『당신의 힘들과 그것들을 사용하는 방법』*Your Forces, and How to Use Them*이라는 제목의 책들로 출판했는데, 이 책들은 멀포드가 1886년부터 1891년까지 쓴 에세이들을 수록하고 있다.

수지 C. 클라크Susie C. Clark가 말하듯이, 생각이 "모든 사물들을 구체화하는 원인적 에너지로서의 힘"이라는 관점을 나타내는 "생각이 실체다"라는 명제가 대중적으로 보급된 것이 바로 멀포드의 에세이들에 의해서이다(175). 제임스도 직접 멀포드를 언급한 부분에서 멀포드의 작품들이 "공감적 매직"sympathetic magic으로 가득 차 있다고 말한다(488). 멀포드는 2007년에 우리나라에서도 번역본이 나온 론다 번Rhonda Byrne의 『시크릿』The Secret이라는 책에서 신사상 운동의 초기 저자로 소개되었는데, 그 책을 베스트셀러로 만든 "대중 신비주의들"과 관련된 문화적 현상을 고찰한 『"시크릿"이라는 책의 비밀』The Secret of the Secret에서 카렌 켈리Karen Kelly는 "『시크릿』에 포함된 모든 신사상가들 가운데 프렌티스 멀포드가 아마도 가장 매력적인 인물일 것이다"(96)라고 쓰고 있다. 이와 같은 맥락에서 우리나라에서 체계적인 연구가 시도되지 않은 신사상 운동의 특징에 대해, 특히 그것의 확산에 일정한 영향력을 행사한 멀포드의 종교사상을 중심으로, 살펴볼 필요가 있다.

신사상 운동과 뉴 에이지 운동이 개인과 세계의 근본적인 변화를 지향하기는 하지만, 뉴 에이지 운동은 개인의 의지를 통한 변형을 강조하는 데에 반해, 신사상 운동은 신God의 의지를 배우고 그 의지의 활동에 협력하는 것을 통한 치유를 중시한다. 그리고 이 경우의 신은, 신사상 운동과 관련된 사람들이 대체로 넓은 뜻에서의 기독교도들이었다는 점에서, 기독교의 신을 가리키는 것으로 보아도 될 것이다. 물론 신에 대한 이해에서는 신사상 운동 관련자들 사이에 편차가 있지만, 그들의 출발이 성경과 기독교라는 점은 일치한다. 이 점에서 신사상 운동은 호레이쇼 W. 드레서Horatio W. Dresser가 말하듯이 "실용적 기독교"practical Christianity라고 개념화할 수도 있다(History 155-56).

신사상 운동과 관련된 사상가들의 계보를 글렌 R. 모즐리Glenn

R. Mosley는 『신사상, 고대 지혜: 신사상 운동의 역사와 미래』*New Thought, Ancient Wisdom: The History and Future of The New Thought Movement*에서 이마누엘 스웨덴보르그Emanuel Swendenborg로부터 시작하는 것으로 정리하고 있다(131-39). 모즐리가 스웨덴보르그 이후의 사상가들로 열거하고 있는 사람들 중에서 자주 거론되는 주목할 만한 사람들 중에는 앞에서 언급한 큄비와 제임스를 포함하여, 랄프 왈도 에머슨Ralph Waldo Emerson, 워렌 펠트 에반스Warren Felt Evans, 메어리 베이커 에디Mary Baker Eddy, 말린다 E. 크레이머Malinda E. Cramer, 찰스 F. 필모어Charles S. Filmore, 에마 커티스 홉킨스Emma Curtis Hopkins, 엘프레드 노스 화이트헤드Alfred North Whitehead, 어니스트 홈즈Ernest Holmes, 그리고 일본의 마사하루 타니구치 Masaharu Taniguchi (1893-1985) 등이 있다.

이 이름들 가운데, 에머슨, 제임스, 그리고 화이트헤드는 신사상 운동과 직접 연관되지 않는 맥락에서도 철학, 종교학, 심리학, 문학 등 분야와 관련하여 많은 연구가 진행되고 있는 학자들이다. 한 가지 주목할 만한 것은 모즐리가 열거한 사상가들 중에서 메어리 베이커 에디, 말린다 E. 크레이머, 찰스 F. 필모어, 어니스트 홈즈, 마사하루 다니구치와 같이 제도화된 종교단체를 창시하는 경우들이 있다는 점이다. 예를 들면 현재 제도화된 일종의 기독교 교파로서 이단시되고 있는 "크리스천 사이언스"Christian Science의 창시자인 에디도 큄비의 치료로 병을 고친 후에 그의 열렬한 추종자들 중의 한 사람이 되었다. "크리스천 사이언스" 외에 다른 종교단체들로서는 크레이머가 창시한 "디바인 사이언스"Divine Science, 홈즈가 주도한 "릴리저스 사이언스"Religious Science, 필모어가 시작한 "유니티"Unity, 그리고 일본의 타니구치가 창립한 "세이초노 이에"Seicho-no-ie 등이 있는데,

이들이 모두 신사상 운동과 관련된 것이라고 할 수 있다. "세이초노 이에"生長의 家 "house of growth"는 타니구치가 1930년경에 신사상 관련 책을 접한 후에 설립한 것으로서 마음의 긍정적 능력에 대한 믿음을 토대로 하고 "신소칸"神相觀 *shinsokan*, 즉 "신을 시각화하기 위한 명상" 기법을 강조하는 종교단체로서, 찰스 S. 브레이덴Charles S. Braden과 같은 신사상 운동 연구가는 신사상이 동양에 영향을 준 예로, 또한 종교사상적으로 동양과 서양을 종합한 특이한 경우로, 중시하고 있다(494-99).

다니구치의 종교사상은 일원론monism으로서 기독교, 불교, 신도 Shinto 등의 모든 종교들은 단일한 신으로부터 나온 것이고 단일한 가르침의 다양한 양상들이라고 보는 관점이다. 류호 오카와Ryuho Okawa에 의하면, 다니구치의 각성은 3가지로 정리된다(177-78).

첫째, 색즉시공, 공즉시색이라는 불교적 가르침의 진정한 의미는 이승과 저승, 영혼과 육체라는 이원론을 부정하고 일원론적 진리the Monistic Truth만이 있을 뿐이다.

둘째, 이 세상의 사물들과 현상들은 "진리의 이미지"Images of Truth 의 그림자들에 지나지 않는다.

셋째, 따라서 이 세상의 사람들은 모든 생명의 진정한 원천인 빛을 안에 지니고 살아야 한다. 삶의 진정한 방식은 신의 아이들 인 우리들 안에 존재하는 신성을 현현하는 것이다.

다니구치의 "세이초노 이에"의 특징은 3가지로 요약되는데, 첫째가 미국의 신사상 운동의 영향을 받았다는 점, 둘째가 다양한 심리학적 기법들을 활용했다는 점, 그리고 셋째는 인쇄술의 도움을 받아 많은 출판물의 발행을 통해 확산되었다는 점 등이다(Okawa 178).

신사상 운동은 전체적으로 볼 때, 특정의 창시자에 대한 숭배나 그 창시자가 작성한 특별한 문서 혹은 서적을 경전화하는 것과는 거리가 있다는 점에서 그러한 종교단체들의 양상과는 다르다. 제도화된 종교단체가 아니라 "국제 신사상 연맹"International New Thought Alliance이라는 이름으로 1915년에 샌프란시스코에서 대회를 개최한 이래로 지금까지도 대회가 열리고 있는데, 이 신사상의 핵심은, 사람들이 건강, 부, 행복이라는 신의 선물을 그들의 바른 생각, 믿음, 태도를 통해 얻을 수 있다는 것에 대한 확신을 토대로 한다. 이 점에서 신사상은 노먼 빈센트 필Norman Vincent Peale의 "적극적 사고"positive thinking 이론과도 유사한 관점을 지닌다. 이와 같은 신사상의 특징에 대해 브레이덴은 "신사상은 교회도, 컬트도, 교파도 아니다. 그것은 교리, 형식, 혹은 특정의 개인에 대한 충성을 요구하지 않고 또한 인종차별주의도 반대한다. … 신사상은 크게 필요한 것은 이론적 기독교가 아니라 응용적 기독교라고 믿으며, 그리스도 삶the Christ life을 사는 것은 교리나 형식의 통일성이 아니라 동일한 내적 영혼에 의해 활성화되고, 이웃을 사랑하고 돕는 것으로 입증되는 존재를 뜻한다고 믿는다"라고 쓰고 있다(Braden 11-12).

1917년에 세인트루이스에서 열린 제3차 "국제 신사상 연맹"의 대회에서 참가자들은 "원칙 선언"Declaration of Principles을 했는데, 드레서가 정리한 것을 요약하면 다음과 같다(Dresser, *History* 214-17).

첫째, 우리는 선택과 믿음에 관한 각자의 자유를 인정한다. 신사상의
    본질은 진리인데 각 개인은 그가 보는 진리에 충실해야 한다.
둘째, 우리는 선을 긍정한다.

셋째, 우리는 신으로부터 물려받은 건강을 긍정한다. 인간의 신체는 성스러운 성전이다.

넷째, 우리는 신의 공급divine supply을 긍정한다.

다섯째, 우리는 "천국이 우리들 안에 있다"라는 예수 그리스도의 말을 긍정한다. 우리는 서로를 판단하지 않고 서로를 치유해야 한다.

여섯째, 우리는 신을 보편적 사랑, 생명, 진리, 기쁨의 원천으로 긍정하고, 그와 하나가 되는 것이 사랑, 진리, 평화, 건강, 풍요를 가져다준다고 믿는다.

일곱째, 우리는 이것들을 실천으로 긍정하고, 소수의 성직자 중심주의가 아니라 모두의 민주주의로서 받아들인다.

여덟째, 우리는 지금, 여기에서의 천국을 긍정 한다.

드레서는 신사상은 "그리스도 사상"the Christ Thought이라고 말하고, 형식과 의식절차가 없고, 종교적 편견이나 전통에 호소하지 않으며, 일상의 삶에 적용하는 것과 상식적 방식에 근거하고 있다고 말한다(*History* 227). 여기서 한 가지 주목할 것은 드레서는 신사상은 미국적인 관념론이며, 개인과 개인의 자유를 긍정하는 것으로서 동양의 신비주의 혹은 범신론pantheism과는 다르다고 강조한다는 점이다(*History* 274-75). 다시 말하면 드레서가 보기에 동양의 신비주의는 신과 인간의 혼융을 통해 개인이 신 속에서 소멸되는 것을 지향하는데, 신사상에서는 그것과는 달리 개인이 긍정되고 유지된다는 것이다. 사실 큄비를 비롯하여, 기독교 관련 종교단체를 형성한 신사상가들 모두가 다 범신론자들이라고 할 수는 없을 것이다. 그러나 전체적으로 신사상 운동 그 자체는 강한 범신론적 경향을 특징으로 한다는 것을 부정할 수는 없다(Anderson, *Healing* 210). 따라서 기독교의 인격신론theism과 신사상의 범신론이 대립되는 면이 있으며, 신사상이 기독교적 시각에서 비판받게 되는 이유가 이 점 때문이다.

　범신론은, 마이클 P. 레빈Michael P. Levine의 정리에 의하면, "신은 모든 것이고 모든 것이 신이다. 세계는 신과 동일시되거나 혹은 신의 본성의 자기표출이다. 존재하는 모든 것은 '통일성'을 구성하는데, 모든 것을 포괄하는 이 통일성은 어떤 점에서는 신성한 것이다"(1)라는 관점이다. 한편 인격신론은 세계와 분리된, 혹은 세계를 초월하는 "인격적" 신의 존재에 대한 믿음과 관련된 이론을 뜻한다. 물론 이른바 범신론자들이라는 사람들 사이에도 신에 관한 태도와 관점에서 차이가 있지만, 전체적으로 볼 때, 범신론자들은 그들이 "신"이라고 부르는 존재("모든 것들을 포괄하는 신성한 통일성")가 완전히 초월적이라고는 보지 않는다는 점에서는 일치한다.

　그런데 멀포드는 그가 살아있는 동안에 나온 『화이트 크로스 라이브러리』 제1권을 제외하고 사후에 나온 제2권부터 제6권까지 책 앞머리에 서문 같은 형식으로 공통되게 삽입되어 있는 "신"God이라는 표제 하의 에세이에서 "신"에 관한 그의 관점을 피력하고 있다. 그는 "최고의 능력과 최고의 지혜가 우주를 지배한다. 최고의 마음은 측량할 수가 없고, 무한한 공간 안에 충만하다. … '최고의 능력'은 항성들과 공간 안 세계의 무한한 조직들을 가지고 있듯이, 우리를 자신의 보호 안에 두고 있다"라고 쓰고 있다. 또한 "그러므로 매일 신앙을 간청하자. 왜냐하면 신앙은 모든 것들이 신의 무한한 영혼의 부분들이라는 것을, 모든 것들이 자신들 안에 선 혹은 신을 지니고 있다는 것을, 그리고 모든 것들이 신의 부분들이라는 것을 우리가 알 때 그것들이 우리의 선을 위해 일하고 있는 것이 틀림없다는 것을 믿고,

아는 능력이기 때문이다"라고 결론을 내리고 있다(『생각이 실체다』 28-29). 여기서 멀포드는 "신"이라는 단어와 함께 "최고" 혹은 "최고의 능력"과 "최고의 지혜" 등도 함께 쓰고 있는데, 그것은 그의 범신론적이면서도 인격신론적인 관점을 암시하는 것으로 볼 수 있다. 그러므로 멀포드는 인격신론과 범신론을 절충한 관점인 만유내재신론 panentheism, 즉 범신론의 내재성immanence론과 같이 세계를 신의 자기표현으로 보면서도, 동시에 인격신론의 초월성transecendence론과 같이 신은 세계로부터 완전히 분리되는 면도 동시에 가지고 있다는 관점을 지닌 것으로 정리할 수도 있다. 이 점에서 멀포드에게는 뉴 에이지 계열 사상과 다른 면이 있음을 주목할 필요가 있다. 즉 그의 에세이들에는 인간이 자신에게만 의존하면 안 된다는 주장이 담겨 있는 것이다. 그는 그가 "최고의 능력"이라고 한 신의 힘에 인간이 의존해야만 한다는 것을 강조하고 있는 셈이다.

드레서는 신사상에 대해 정의하면서 "신사상은 치유에 특별한 관심을 둔 정신적 삶의 이론과 방법으로서 건강과 일반적인 번영을 제공하는 태도들, 행위와 믿음의 양식을 촉진한다. 그 이론을 요약하면 인간은 본질적으로 기대, 희망, 암시에 의해 영향을 받고, 형성되며, 조정되는 정신적 삶을 영위한다는 것이다. ... 삶은 전체적으로 우리가 구성하는 것, 우리가 삶에 투입한 것과 그것으로부터 도출한 것이다. 따라서 낙관적, 건설적, 생산적 믿음들을 배양하는 것이 중요하다"(*The Spirit* 1-2)라고 말하는데, 이러한 관점은 전체적으로 멀포드가 자신의 에세이들을 통해 피력한 사상과 다르지 않다.

멀포드의 『생각이 실체다』에서 볼 수 있는 다음과 같은 말은 신사상 운동이 이미지의 힘에 대해 강조하는 것을 알 수 있게 해 준다.

옛날 방식의 신앙 부흥회 혹은 캠프 모임은 많은 마음들의 결속된 행동과 욕망을 통해 하나의 생각의 흐름을 초래했고, 그와 같은 회동을 특징짓는 황홀과 열정, 그리고 열광을 야기했다. 북미의 인디언은 비슷한 법칙으로 전쟁 춤의 열광 상태로 몰입될 수 있었다. 그는 통합된 욕망의 힘으로 자신을 자극하고 도취시키기까지 하는 생각 엘리먼트와 흐름을 유도했다. 그의 유일한 욕망은 자신에게 이러한 정신적 도취상태를 야기하게 하는 것이었다. 물론 같은 기분으로 행동하는 마음들이 많으면 많을수록 더 빨리 원하는 결과가 도래했다 (『생각이 실체다』 83-84).

멀포드가 말하는 "생각 엘리먼트와 흐름"이란 이미지의 특성을 암시해 준다. 또한 그것은 가이디드 이미저리의 방식을 암시하는 부분도 있다.

따라서 우리는 "최고의 능력"의 도움을 받아 건강하고, 자연스러우며, 강하고, 아름다운 것들의 생각의 흐름 속으로 들어갈 수 있게 노력해야 한다. 질병, 고통, 결함, 결점 등에 관한 생각은 피하는 것이 좋다. 철도 사고의 공포에 대해 숙고하기보다는 차라리 벼이삭들이 바람에 나풀거리는 들판이나 파도가 물결치는 바다를 명상하는 편이 좋다. 우리는 일간신문들이 우리에게 제공하는 끊임없는 공포의 잔치에 의해 신체적으로 정신적으로 얼마나 많이 낙담하게 되는지를 모른다. 그것들을 정독하면 공포와 고통의 사물들과 이미지들로 가득 찬 생각의 흐름을 불러일으키게 된다. 이런 방식으로 다른 모든 병든 불건전한 마음들과 결합하도록 우리 자신을 유도하고, 결국 그런 마음들이 만드는 생각의 흐름 속에서 흥청거리게 되는 것이다. 그런 흐름은 생명이 아니라 질병과 죽음으로 인도한다. 사람들도, 당신 자신도, 신문들이 스물네 시간마다 기록하는 모든 화재, 폭발, 살인, 강도 혹은 다른 범죄들에 대해 알게 된다고 해도 그것은 조금도 도움이 되지 않는다. (『생각이 실체다』86)

1921년에 영국의 에바 마틴Eva Martin이 『프렌티스 멀포드: "신사상"의 선구자』*Prentice Mulford: New Thought Pioneer*라는 제목의 전기를 출판했는데, 마틴은 그 책의 마지막 장들에서 멀포드의 문체와 사상의 특징에 대한 자신의 의견을 제시하고 있다. 마틴의 책은 전체적으로 볼 때 멀포드의 생애에 대한 단순한 전기라기보다는 철학적 평전이라고 할 수 있다. 마틴에 의하면, 1834년 4월 5일에 미국 뉴욕주 롱 아일랜드의 새그 하버Sag Harbour라는 어촌에서 태어난 멀포드는 이십대 초에 선원이 되어 샌프란시스코로 가는 배를 탄 이후 저널리스트로 활동하게 될 때까지 다양한 모험들을 한 독특한 경력의 소유자였으며, 1883년경에 저널리스트로서의 생활을 청산하고 고향에서 멀리 떨어지지 않은 뉴저지주의 어느 강가에서 초절주의의 실천가인 헨리 데이빗 소로우Henry David Thoreau처럼 오두막을 짓고 홀로 살면서 팸플릿으로 에세이들을 발표했다. 멀포드는 "화이트 크로스"라는 이름을 붙인 작은 배를 타고 홀로 항해하던 중 정확한 사인이 밝혀지지 않은 채 세상을 떠났다. 롱 아일랜드에 정박해 있는 자신의 배 안에서 죽은 지 3일 만인 1891년 5월에 발견되었는데 모포를 몸에 두른 채로 고요히 잠든 얼굴로 누워있었다고 한다(Martin 참조).

아서 에드워드 웨이트Arthur Edward Waite가 『화이트 크로스 라이브러리』에 수록된 멀포드의 에세이들 중에서 발췌하여 1898년에 영국에서 『영혼의 선물』*The Gift of the Spirit*이라는 제목으로 출간했고, 1908년에 다른 에세이들을 묶어서 『이해의 선물』*The Gift of Understanding*이라는 제목으로 다시 출판했다. (『이해의 선물』에는 『영혼의 선물』과 이 『이해의 선물』에 수록하지 않은 에세이들에 대한 간략한 요약도 첨부하고 있다.) 또한 그 책들의 서문과 서론에서 멀포드의 사상에 대해 웨이트 나름대로의 평을 시도하고 있으며, 그의 생애에 대해서도 간략하게 정리하고 있다. 또한 『생각이 실체다』*Thoughts are Things*라는 제목의 선집도 영국에서 1908년에 간행되었다.[63]

웨이트는 멀포드를 논리적 과정보다 직관적 질서로부터 성찰한 "독창적 빛의 인간"a man of original lights이라고 쓰고 있으며(*The Gift of Understanding* 9), 또한 "직접 체험하여 깨닫는 사상가"first-hand thinker라고 그를 평가하고 있다(*The Gift of Understanding* 13). 멀포드의 에세이들을 주제별로 세 영역, 즉 (1) 생각의 과학, (2) 인간 내부의 힘들의 성격과 적용, (3) 사회적 실천 문제들로 분류할 수 있다고 보는 웨이트는 『영혼의 선물』 서론의 마지막 부분에서 "프렌티스 멀포드의 선물은 그것의 재현 형식 때문이 아니라 그것의 내용 때문에 사랑을 받을 것이다. 그의 영혼으로 들어갈 수 있는 사람들은 그 선물을 주는 사람에게 고마움을 느낄 것이다"라고 말한다(*The Gift of Understanding* 29-32).

그런데 멀포드의 문체는 직설적이라서 쉽게 파악되는 면은 있지만 세련되지 못한 표현, 문학적 형식의 아름다움의 결여 등 때문에 비판하는 사람들도 있다. 세련되고 우아한 기교가 없으므로 생경하지만 그것이 참신하게 받아들여진 면도 있는데, 마틴은 멀포드가 예상한

---

63 이 책의 서문은 J.W.라고만 되어 있는 사람이 쓴 것으로 되어 있는데, 그 사람에 대해서는 정확하게 확인하기 어렵다. 아마존Amazon에 "Prentice Mulford"를 입력해 보면, 다양한 출판사에서 *Thoughts are Things*라는 같은 제목으로 멀포드의 에세이들을 묶어서 출판한 것을 볼 수 있는데, 대부분은 J.W.가 쓴 서문을 제외하고, 13편의 에세이들을 수록하고 있다.

독자들은 교양 있는 엘리트 계층의 소수가 아니라 평균적인 대중이라는 점을 감안해야 한다고 말한다(55). 또한 멀포드는 새로운 사상은 책들이나 다른 사람들을 통해 나오는 것이 아니라고 말하고, 그런 식의 삶은 "빌려온 삶"에 의존하는 것이라고 했다(Martin 17). 이 점에서 우리는 멀포드가 그 당시 이미 출판되어 있었던 신사상 계열의 책들을 읽었다는 직접적인 기록이 거의 없는 점을 이해할 수 있다. 그가 경험했던 선원이나 광부와 같은 육체노동과 학교교사나 강연자, 그리고 저널리스트와 같은 정신노동 사이의 종합이 오히려 멀포드의 특징이 된다. 마틴은 "우리가 멀포드의 초기시절에 대해 주의 깊게 연구하면, 어떻게 그 시기의 다양한 경험들과 역경이 나중에 그가 그토록 치열한 힘과 활력으로 표현했던 관념들의 성숙을 위한 풍부한 기회를 제공했는지 알 수 있게 된다"(7-8)라고 쓰고 있다. 사실 멀포드의 에세이들에서 다루어지고 있는, "생각 흐름"thought currents이나 "용기를 기르는 법"에 대한 것 등은 멀포드가 신사상 관련 책들을 통해서 얻은 것이라기보다는, 저널리스트로서의 삶과, 그 이전의 다양한 직업들을 통해, 즉 다양한 구체적 삶에서의 경험들을 통해 그가 직접 체득한 것으로 볼 수 있다. 그가 작은 일상사의 구체적 예들을 섬세하게 찾아내면서 자신의 견해를 피력하고 있는 데에서도 이 점을 알 수 있다.

우리는 멀포드가 신사상 운동의 선구자들 가운데 한 사람이며, 그것의 확산에 영향을 준 사상가라는 판단에 동의할 수 있지만, 그의 에세이들을 신사상과의 관련 속에서만 읽을 필요는 없다고 볼 수 있을 것이다. 사실 드레서에 의하면, "신사상"이라는 명칭이 처음 사용된 것은 멀포드가 죽은 이후인 1894년에 매사추세츠주 멜로스에서 출간된 작은 간행물의 제목에서부터였는데, 그 이후 마음에 의한 치유 운동의 대표자들에 의해 그 명칭이 이용되었다고 한다(Dresser, *Spirit* 1). 물론 멀포드 사후 신사상에 속하게 되는 교사들과 학생들이 멀포드의 에세이들을 읽고 영향을 받게 된 경우들도 있을 것이다. 하지만, 멀포드는 영적 치료활동을 한다거나 "크리스천 사이언스"와 같은 종교단체 구성 등에 전혀 관심을 가지지는 않은 것 같다.

멀포드는 자신이 글 쓰는 직업으로 이전하게 된 과정에 대해 쓰면서 자신의 간략한 생애를 정리하고 있는데, 『화이트 크로스 라이브러리』 제6권에 실린 글에서 "1884년에 나는 보스턴으로 갔다. 이 지상에서의 어떤 새로운 사상 혹은 운동을 시작하기 위해 보스턴으로 갈 필요가 있었던 것은 어떤 신비로운 이유 때문이었다. 그곳에서 나는 『화이트 크로스 라이브러리』를 시작했다"(White Cross Vol 6. 8)라고 쓰고 있다. 이미 1883년에 저널리스트로서의 삶을 청산하고 뉴 저지주의 어느 강가에서 은둔자적 삶을 살기 시작했으며, 그 이후 1891년에 배 안에서 조용히 죽은 채로 발견되기까지 그곳에서 살았으므로 보스턴 생활은 단기간이었을 것이다. 1884년에 보스턴으로 갔을 때 그가 신사상가들과 접촉했다는 구체적인 언급은 없다. 그는 친구인 찰스 워렌 스토다르Charles Warren Stoddard에게 1885년에 보낸 편지에서 카톨릭 성당들과 프랑스식 작은 교회들에 자주 가서 그 곳의 성스러운 분위기를 느끼고 감동받고 오곤 했다고 쓰고 있다("Prentice Mulford" 101). 스토다르는 멀포드가 다른 사람들이 쓴 책들에 의해 영향을 받는 것에 대해 두려워했으며, 자신의 영적 형제인 소로우의 전철을 따르는 모험을 했다고 쓰고 있다("Passing" 565). 그러나 멀포드는 스토다르에게 보낸 편지에서 은둔생활에 대해서도 부정적으로 보고, 그 생활은 사람에게 적합한 것이 아니라고 말하고 있다. 즉 "은둔자는 나무가 되기를 원하고, 한 장소에서 영양분을 이끌어내려는 사람이다. 그는 사실 나무

보다는 훨씬 더 큰 존재이며, 많은 사람들과 많은 장소들로부터 생명과 레크리에이션을 이끌어내야만 한다"(Stoddard, "Prentice Mulford" 101)라고 쓰고 있는 것이다.

그렇지만 정황으로 보면, 멀포드는 워렌 펠트 에반스Warren Felt Evans가 생각의 치유 능력에 대해 쓴『치유의 성스러운 법칙』*The Divine Law of Cure*과 같은 책을 직접적이건, 간접적이건 접하고 영향을 받았을 수 있다. 에반스는 감리교 목사로 출발한 사람으로서 큄비의 영적 치료로 자신의 질병을 고친 이후 육체에 미치는 정신의 영향과 힘에 대한 관심을 기울이고, 특히 스웨덴보르그의 사상과 큄비의 사상을 결합하려는 태도를 보였다. 그가 1884년에 출판한『치유의 성스러운 법칙』이라는 책에는 "생각이 실체다"라는 명제가 보인다. 에반스는 "생각들은 실상들 중에서 가장 실질적인 것이다, 그리고 사실 우주에서 유일하게 실상의 실체이다. 그러나 그것들은 전이될 수 있는 실체들이다. 그것들은 한 마음에서 다른 마음으로 전달된다"(274)라고 쓰고 있는 것이다. 그러므로 우리의 생각의 방식을 변화시키면 우리의 존재를 수정하게 되는 것이라고 할 수 있는데, 이러한 관점은 멀포드의 에세이들에서도 드러나고 있다.

에반스는 서문에서 자신의 책의 목적이 "프레노파시"phrenopathy를, 즉 정신적 치유의 이론적, 실제적 체계를 버컬리Berkeley, 피히테Fichte, 쉘링Schelling, 그리고 헤겔Hegel의 관념론 철학을 토대로 구성하는 것"(9)이라고 쓰고 있다. "프레노파시"는 1820년대 초에 유럽에서 미국으로 들어와 1830년대에 성행하게 된 "프레놀로지"phrenology, 즉 육체-영혼 상응이론과 연관된다. 이 이론은 또한 "신체적 형이상학"physical metaphysics으로 이름 붙여지기도 했는데, 1830년대에 에머슨을 비롯하여, 월트 휘트먼Walt Whitman, 에드거 엘런 포우Edgar Allen Poe 등도 많은 관심을 기울였다고 한다. 그리피스는 이 프레놀로지가 신사상 운동에 큰 영향을 준 것이라고 말한다 (57-68). 그리피스에 의하면 이 프레놀로지 이론의 배후에 스웨덴의 자연철학자이면서 신비주의자인 스웨덴보르그가 있는데, 그는 육적-영적 조응이 죄에 의해 쇠퇴하게 되었다고 주장했다는 것이다(61).

멀포드의 글에서도 인간의 얼굴표정 혹은 인상의 진정성 회복에 관한 것을 찾아볼 수 있는데, 그것은 프레놀로지와 관련된 면이 있는 것으로 보인다. 멀포드는 에반스와 같이 철학적인 고찰을 시도하려는 계획을 지니고 있지는 않았지만, 정신과 물질 사이의 상관관계에 대한 성찰에 관심을 기울인 것이 사실이다. 그는 물질이란 우리가 영적인 것이라고 부르는, 보다 더 고상한 "엘리먼트"Element들의 가시적 형태에 불과한 것으로 본다(Mulford, *Thoughts are Things* 13-14). 그러나 멀포드는 물질 혹은 육체의 세계를 완전히 배제하지 않는다. 사실 멀포드는 육체적 실천들을 높은 영적 목적들을 위한 수단으로 옹호하는 전략을 개발한 신사상가들 가운데 한 사람이다. 그리피스는 멀포드와 같은 사람들에 의해 개진된 신사상 체계는 육체적 건강이 영적 성숙의 표지가 될 뿐만이 아니라 육체적 기법들이 영적 문제들의 추구에서 보조수단이 된다고 주장한다고 본다 (61). 그러므로 신사상에서는 정신과 물질 사이의 관계에서 육체가 영혼의 반영일 수도 있지만, 동시에 그 육체는 영적 성숙의 토대가 될 수도 있다는 것이다.

그런데 멀포드가 쓴 "엘리먼트"는 단순히 "요소," "성분," "원소" 등과 같은 우리말 용어의 일상적인 의미보다는 파라셀수스Paracelsus의 개념과 같은 맥락에서 이해할 필요가 있다. 욜란드 야코비Jolande Jacoby는 자신이 편집한 파라셀수스 관련 책의 용어해설 부분에서, "고대의 개념화에 따르면 네 가지 엘리먼트들은 흙, 물, 공기, 불인데, 흙과 물은 차갑고 무거운 것으로서 물질matter에 가깝고 공기, 불은 따뜻하고, 휘발성이며 영혼soul의 영역에 근접한다. 파라셀수스에 의하면 흙과 물은 엘리먼탈체elemental body를, 공기, 불은 항성체sidereal body를 구성한다. 파라셀수스는 그것들을 근대적 의미에서의 화학적 실체로 여기지 않고, 물질의 네 가지 형식들로 여기면서, 모든 지각가능한 사물들 속에 잠재적으로, 때로는 불가시적으로 포함되어 있다고 본다"(252)라고 쓰고 있다. 또한 파라셀수스는 파괴적인 "생각형식"과 파괴적인 "정서패턴"을 "인쿠부스"incubus 혹은 "수쿠부스"succubus라고 불렀다. 수쿠부스는 남자를, 그리고 인쿠부스는 여자를 밤 중에 공격하는 악몽 혹은 악령인데, 파라셀수스는 실제적으로 악령이란 인간 의식의 파괴적인 패턴들의 상징적 재현에 지나지 않는 것으로서 상상력의 산물이이라고 진술했다(Jacoby 254, 264). 파라셀수스적 이론에 의하면 악령이란 인간의 정신적 혹은 정서적 삶으로부터 창조된 것인데, 결국 생각들과 정서들이 그것들과 같은 유형을 상상하고 생성시킨다는 것으로서, 이것은 "엘리먼트"에 대한 멀포드의 관점과 다르지 않다.

이 "엘리먼트"라는 개념 외에도, 예를 들면 "마음"mind, "몸"body, "영"spirit, "영적"spiritual, "신체적"physical, "신체적 몸"physical body, "육체" flesh, "정신적"mental, "물질적"material, "능력"power, "힘"force, "체력"strength 등과 같은 것들도, 멀포드의 종교사상을 이해하기 위해 그의 에세이들을 읽을 때 주의해야 할 필요가 있다. 이와 같은 단어들은 각각 영어와 한국어에서 형성된 의미론적 역사가 다르지만, 해당 문장 속에서 독특한 뜻이 정해지는 것으로 볼 수밖에 없을 것이다. "신체적 몸"이라는 용어는 어색하지만, 인간을 육체와 영혼의 결합으로 보는 관점에서 자아, 영, 정신, 마음 등이 결여된 상태에서의 물리적인physical, 즉 신체적인physical 것이 강조된 몸이라는 뜻으로 이해할 수 있을 것 같다. (그러나 마음, 몸, 정신, 물질, 영혼, 육체, 영, 신체, 육신 등의 한국어 단어들과 그것들과 연관된 영어 단어들에 대해서는 인간관, 세계관, 그리고 종교관에 따라 대단히 다른, 많은 논란의 여지가 있는 것이 사실이다.)

멀포드는 우리 시대의 저자들이 영혼의 힘에 관한 글을 쓰기 오래 전인 1880년대에 쓴 에세이들을 통해 마음 혹은 생각의 힘에 관한 강력한 메시지를 전달하고 있다. 『화이트 크로스 라이브러리』의 마지막 권인 제6권에는 멀포드의 에세이들만이 아니라, "프렌티스 멀포드에 관하여"라는 표제 하에 그의 갑작스러운, 신비로운 죽음 직후에 나온 추모의 글들도 실려 있는데, 그중에 일라이저 아처드 코너Eliza Archard Conner가 쓴 것이 포함되어 있다. 코너는 "만약 고인이 된 프렌티스 멀포드가 그가 쓴 모든 글들로부터 자신과 그의 작업의 기념비로 남길 원하는 문장을 하나만 골라내었다면 그것은 '생각은 실체다'라는 명제일 것이다. 우주 전체를 상호침투하며 우리 안에, 우리 주변에 있는 미묘한 생각 에테르가 있는데 내적 실상들에 대해 부분적으로나마 투시할 수 있는 눈을 지닌 사람들에게 베일에 가린 어렴풋한 빛 속에서 가끔 보인다. 이 에테르 위에 생각, 상상, 비전을 운반하는, 진동하는 파동이 실린다"라고 쓰고 있다(Mulford, *White Cross* Vol 6. 12-13). 코너는 또한 멀포드가 "하나의 철학체계"의 창시자라고 말하고, "그는 고대철학, 기독교, 불교, 심령론 등으로부터 그에게 적합한 것들을 흡수하고 나머지는 거부했던 것으로 보인다"라고 진단하고 있다(14).

존 벤자민 앤더슨John Benjamin Anderson이 쓴 『신사상의 명암』 *New Thought: Its Lights and Shadows*에 의하면, 신사상은 에머슨을 중심으로 하는 뉴 잉글랜드의 초절주의로부터 직접 생성된 것으로서, 힌두철학, 특히 요가체계에 의해 많은 영향을 받았으며, 큄비로부터 자극받고, 영적 치료의 실천과 에반스의 글들에 의해 진척되었다(1-2). 앤더슨은 자신이 신사상 운동 현상을 주목하고 점검하기 위해 그 책을 쓸 무렵인 1919년경에 이미 수백만의 추종자들이 미국만이 아니라, 캐나다, 영국, 프랑스, 독일, 이탈리아 등에서도 확인되고 있는 것으로 지적하는데, 그에 의하면 신사상 운동은 그 관련자들이 유일한, 진정한 기독교라고 내세우는 일종의 컬트로서, 그 당시 기독교인들이 신사상의 영향을 많이 받고 있다는 것을 주목하고, 그것에 대해 관심을 기울여야 한다고 촉구하고 있다. 즉 앤더슨은 열린 마음으로 신사상의 문제가 무엇인지를 알아본 후에 비판할 것은 하고 받아들일 것이 있으면 받아들여야 한다고 말한다(6). 앤더슨에 의하면, "신사상은 능력 혹은 권력의 비밀이다. 신사상은 각 개인에게 완전한 지배력을 부여한다. 그것은 사람의 운명을 그 자신이 관할하도록 한다. 그것은 자기확신을 일깨우고, 용기를 심어주며, 희망을 고무한다. 그것은 파도처럼 안으로 밀려드는 풍부한, 절대적 힘의 생명을 받아들이도록 육체와 마음을 열게 한다"(4)라는 것이다. 이 점에서 신사상은 신중심주의라기보다는 인간중심주의적이며, 일종의 사제적 권력을 약화시키는 면이 있기 때문에 제도화된 기독교에서는 위험한 이단적 사상으로 배척될 가능성을 내포한다.

이것은 윌리엄 워커 앳킨슨William Walker Atkinson의 『신사상의 법칙: 근본원리들과 그 적용』*The Law of the New Thought: A Study of Fundamental Principles and Their Application*에서도 언급된다. 그는 "신사상은 교리도 도그마도 가지지 않는다. 그것은 개인주의자들로 구성되는데, 각자가 그 자신의 눈으로 보는 권리를 확보한다. 즉 진리가 그에게 나타나는 대로 보고, 그 진리를 그 자신의 이성, 직관, 영적 분별력의 빛에 의해 해석하는 권리를 확보하고, 진리가 그 자체의 방식으로 표명되고 표현되게 한다. 그 사람들은 제도들에 대해 전혀 개의치 않는다"(12)라고 주장한다. 앳킨슨의 책에는 제2장의 제목이 "생각이 실체다"로 되어 있고, 제3장은 "끌어당김의 법칙"The Law of Attraction이다. 멀포드가 사망한 이후에 나온 책인데, 앳킨슨은 "생각 파동"thought waves와 함께 "생각 아우라"thought-aura, 그리고 "생각-전이"thought- transference 등과 같은 개념들을 사용하면서 멀포드의 에세이들에서 다루어진 것과 비슷한 내용들을 설명하고 있다. 이런 점에서 멀포드를 신사상 운동의 선구자라고 보게 되는 것이다. 이 개념들은 종교적 이미지의 기능과 연관된 맥락에서 조사해 볼 가치가 있을 것 같다.

미국의 시인 존 그린리프 위티에John Greenleaf Whittier는 멀포드를 "현자"sage와 "견자"seer라고 칭했다고 한다(Martin 55). 마틴은 멀포드 평전 마지막 부분에서 "우리가 멀포드적 철학Mulfordian philosophy을 연구하면 할수록 우리는 그 철학의 핵심이 사랑, 기쁨, 자유라는 것을 더 잘 알게 된다. 증오, 불만, 혹은 우울이 그 철학 속에 자리잡을 공간은 없다"(74)라고 쓰고 있다. 초절주의와 뉴 에이지 운동을 이해하는 것이 현대 미국의 종교사상만이 아니라 우리 시대의 다양한 문화현상들에 대한 이해를 위해서, 특히 "대중 신비주의들"의 문제점에 대한 이해를 위해서 요구되는 일들 중의 하나인데, 시기적으로 그 두 사상 혹은 두 종교 운동의 중간단계에 있는 신사상 운동에 대해, 우리가 구할 수 있는 문헌들을 산발적으로 인용하면서 멀포드의 사상과 함께 검토해 보았지만, 앞으로 비판적 성찰을 위해 더욱 체계적으로 연구할 가치가 많다. 물론 우리가 살펴보아야 하는 더 중요한 것은 진정한 사랑, 기쁨, 자유의 증진을 위해 신사상 운동과 멀포드적 철학에 내포된 내용을 어떻게 활용할 수 있는가?라는 물음일 것이다.

V

이미지의 정치적 이용

식민주의적 응시와 종교적 이미지

　미르체아 엘리아데Mircea Eliade에 의하면 인도-유럽 민족은 종교가 "보편적인 실재성을 가지는 독립된 제도"라는 인식을 가지고 있지 않았기 때문에 그것을 지칭하는 명칭도 없었다고 한다(『세계종교사상사』 1, 291). 정치, 법, 과학을 비롯한 인간의 다른 문화적 활동의 영역들로부터 분리되는 "종교"라는 개념이 형성되지 않았다는 것이다. 오늘날 통용되는 서양에서의 "종교"(라고 편의상 우리가 번역하여 사용하는) 개념은 계몽주의 시대에 합리적, 지성적, 과학적 사고의 외부에 있는 영역을 뜻하는 것으로 설정된 이데올로기적 범주라고 할 수 있다.

　채필근의 설명과 같이 "종교宗敎라는 말을 한문 글자대로 생각하면 조종祖宗되는 교육이라는 뜻일 것이다. ... 위대하고 숭고한 교육이란 의미에서 종교라고 하였다"(41).[64] 그런데 오늘날 우리나라를 포함한 비서양세계에서 사용되고 있는 "종교"라는 범주 혹은 개념은 대체로 기독교 신학의 전제들을 반영하는 것으로서, 특히 삶의 실천들과 형식들보다도 정통orthodoxy을 더 중시하고, 권위를 부여받은 경전들 혹은 정전canon을 우선시하는 태도인데, 이것이 모든 비서양세

---

[64] 채필근은 같은 페이지에서 또한 "religion"의 라틴어 어원이 "Religare"로서 "다시 결합한다"라는 의미라는 것도 부연하고 있다.

계의 사회들에서도 동일하게 나타나는 태도라고 볼 수는 없다(King, "Orientalism" 299).[65] 그레고리 프라이스 그리브Gregory Price Grieve 는 네팔 바크타푸르Bhaktapur의 바이라바Bhairava 신을 형상화한 신상을 보며 서양의 "정전주의"scripturalism에 대해 비판적으로 검토한다(2). 종교에 대한 정전주의적 견해들이 엘리트주의적이고 서양적인 이해로부터 나왔다는 것이다. 이것이 책에 대한 로고스중심주의적 학술적 물신화the logocentric academic fetishization와 관련된다는 그의 지적은 주목할 만하다.

비기독교 국가들이 유럽적/기독교적 식민화의 과정을 겪으면서 "종교"를 포함한 서양적 범주들과 이론들을 보편성의 기준으로 받아들이게 되었지만, 포스트콜로니얼리즘의 확산에 의해 그와 같이 서양의 관념들을 보편화하는 것에 대한 비판적 시각이 대두되었다.[66] 인도의 경우 "힌두교"Hinduism 그 자체도 영국 식민주의자들에 의한 구성물이라는 관점이 있다. 즉 영국과의 "식민적 대면"colonial encounter이 "힌두교"라는 일종의 관념과 실체를 생성했다는 것이다.

65 경전을 중시하는 태도는 유교에서도 보인다. 유교는 삶의 권위를 경전에서 찾았으며 이 경전에 대한 숭배의식 때문에 기독교의 성경에 대한 접근이 유학자들에게 용이했다. 사실 한국에서 가장 먼저 기독교를 받아들인 이들이 바로 유학자들이었다는 사실에서도 이 점이 드러난다. 리처드 킹Richard King이 지적하듯이, 종교를 정치와 분리시키는 경향은 교회와 국가를 분리하게 된 근대 서양사회들의 특징이기 때문에 이러한 종교 모델을 아시아와 같은 비서양세계의 문화에 부과하는 것은 문제가 있다("Orientalism" 299).

66 종교를 초역사적, 초월적 본질 혹은 사고의 구조라기보다 정향Orientation, 즉 표현, 경험, 동기, 운동 등과 더 많이 관련된 개념으로 보고, "세계 속에서 사람이 처하는 위치의 궁극적인 의의"를 중시하는 피오나 다로치Fiona Darroch는 "공간, 풍경, 영토, 그리고 경계들이 포스트콜로니얼 이론과 문학에서 빈번하게 등장하는 용어들이다. 그 용어들은 또한 종교에 대한 우리 시대의 해석에서도 친숙한 용어들이 되었다. 따라서 그 용어들이 종교연구와 포스트콜로니얼 문학 연구 사이의 틈을 연결하는 유용한 다리가 된다"(4-5)라고 말한다.

브라이언 K. 페닝턴Brian K. Pennington의 『힌두교는 고안된 것인가? 영국인들, 인도인들, 그리고 종교의 식민적 구성』*Was Hinduism Invented? Britons, Indians, and Colonial Construction of Religion*이라는 책의 제목에 보이는 "종교의 식민적 구성"이라는 말도 그 점을 암시한다. 페닝턴은 그러한 주장에 대해 반대하는 입장을 표명한다 (5). 식민주의가 식민화된 지역의 종교들에 심대한 영향을 미쳤다. 식민화된 지역 사람들은 자신들의 종교적 전통을 근대화하여 서양의 모델에 더 근접한 것으로 변형시키려고 했다. 힌두교의 경우도 인도의 서양화된 지식인들에 의해 보다 더 보편적 종교로 재해석되었던 것이다.

전 지구적 규모로 전개된 식민화 프로젝트에 개입된 유럽 권력들의 대표적인 종교가 기독교이기 때문에 식민주의와 기독교 사이의 관련에 대한 논의가 생기게 된다. 유럽 기독교의 이민족에 대한 식민주의적 정복은 16세기에 본격화되었는데, 특히 아메리카 대륙의 토착민들을 기독교인들로 개종시키려고 했던 스페인 제국의 식민주의는 대표적인 예가 된다. 에반젤리즘Evangelism, 즉 예수 그리스도에 관한 소식 혹은 복음gospel을 전파하는 종교적 과업과 정치적 식민주의가 결합된 경우라고 할 수 있다. 스페인 제국의 목적은 아메리카 대륙의 금과 은을 얻는 것이었지만 그 과정에서 토착민들을 기독교로 개종시키는 것이 우발적이거나 부수적인 일이었다기보다는 강요된 복종을 요구하는 강제적인 것이었다는 지적이 있다(Poirier 496).

불교의 경우는 아소카 마우리야Asoka Maurya 왕 시대에 인도 국경을 넘어 다른 지역들로 전파되었지만 식민화의 목적이 아니라 불법佛法 dharma의 평화로운 전달이었으며, 이슬람 지도자들도 접촉하게 된 다른 지역의 고유 종교들에 대해 관용적인 태도를 견지했다고 한다. 많은 비기독교 민족들이 유럽적, 기독교적 식민주의를 경험했는데, 린다 우드헤드Linda Woodhead가 지적하듯이, 식민주의는 기독교 선교를 종종 동반했고 기독교 선교가 식민주의를 정당화하는 경우들도 있었다(7). 의도적으로 한 것은 아닐지라도 기독교 선교활동이 식민사업을 지원하는 경우들도 있었다. 물론 기독교가 식민지인들의 식민체제로부터의 독립과 해방을 성취하는 데에 필요한 문화적 자원들을 제공해 주기도 했다. 기독교가 탈식민화 이후의 민족들의 종교가 되어 라틴아메리카를 비롯한 식민화 경험을 했던 나라들에서 기독교가 가장 많은 신도들을 지닌 종교로 자리 잡고 있는 것은 이 점을 반영한다. 또한 식민주의에 의해 서양의 동양화 현상도 생기게 되었다. 서양의 문화적 삶 속으로 동양의 종교들이 19세기 이후 많이 흡수되었고, 그 결과 종교와 영성의 혼종화 형태들이 생성되었다.

리자 J.M. 포와리에Lisa J.M. Poirier는 식민주의에 의해 야기된 괄목할 만한 결과들 중의 하나는 식민화되었던 사람들 자신의 토착 종교와 식민종주국인들의 기독교 사이의 문화적 교류 혹은 접촉에 의해 독특한 형태의 새로운 종교들이 출현하게 되었다는 점이라고 말한다(497). 그 새로운 종교 양식들 중에 부두Vodou, 산테리아Santeria, 라스타파리아니즘Rastafarianism, 고스트 댄스교Ghost Dance religion, 피요테교Peyote religion 등은 아메리카 대륙에서 생겨난 것들이다. 억압적인 식민화의 과정에서 독립과 자율성의 확보를 위해 생겨난 그와 같은 종교적 창조성의 표현은 포스트콜로니얼리즘의 논의에서도 주목할 필요가 있다.

새로운 혼종성 종교들과 관련된 것들 중에서 예를 들면 인디언화된 성모 마리아와 같은 것은 메조아메리카 인디언들Mesoamerican Indians이 자신들의 신전pantheon of gods에 정복민들의 아이콘들을 첨가함으로써 일종의 혼종성을 획득한 예가 된다. 멕시코의 "과달루

페 성 처녀"the Virgin of Guadalupe와 같은 식민적 종교적 이미지는 새로운 기원신화를 시각적으로 증명하는 데에 기여하고, 지역 권위의 새로운 위계질서를 정당화한다(Perry 29).

식민화 과정에서 다양한 시각적 이미지들에 의한 시각적 식민주의 visual colonialism가 파생되었다. 시각적 식민주의는 식민종주국 사람들이 식민권력을 유지하고 강화하기 위해 시각적 이미지들을 이용하는 방식들과 그런 식민권력에 대해 저항하는 탈식민적 시각문화의 양상들에 대한 조사를 통해 다각도로 논의될 수 있을 것이다. 모든 형태의 식민적 시각문화에 대한 조사는 시각적 재현이 식민권력을 형성하는 방식과 함께 시각적 재현이 식민통제에 대한 저항의 수단으로 이용되는 방식에 대해서도 주목하게 된다. 물론 식민주의는 시각만이 아닌 "감각적 지각작용의 다양한 형태들"을 통해 경험되는 것이고, "위계질서, 계층, 신분상의 구별들이 의복, 건축물, 표상형식들, 그리고 풍경의 조직화"와 "음식, 냄새, 소리 등과 관련되는 신체적 접촉에서의 새로운 관습들"의 형성을 통해서도 강화된다(Edwards 3).

감각적 호소력과 영향력 면에서 문자보다도 더 강력한 효과를 지닌 시각적 이미지들이 식민화 과정에서 선전宣傳의 수단 혹은 식민화 이데올로기 유포의 수단으로 많이 사용된 것을 확인할 수 있다. 지배와 억압의 문화적 과정에서 강한 정서적 영향력을 지닌 시각적 이미지들이 상당한 역할을 하게 되는 것이 사실인데, 아시아, 아프리카, 남아메리카의 식민지인들 혹은 토착민들을 야만시하는 왜곡된 시각적 이미지들이 유럽 제국주의의 확산을 합법화하는 데에 이용된 것을 볼 수 있다.[67] 하나의 예로서 19세기 프랑스 화가인 폴 고갱

---

[67] 이 점에서 겐 도이Gen Doy가 "시각문화가 문자로 하는 의사소통의 방식보다 훨씬 더 설득력 있게 탈식민주의 이론의 개념들을 재현할 수 있다"(214)

[그림 21]

Paul Gaugin(1848-1903). **Barbarian Tales (Contes Barbares).** Museum Folkwang, Essen. 유럽문명에 환멸을 느낀 고갱이 이른바 고귀한 야만인들noble savages의 관능적 "타자성"을 찾고자 프랑스령 폴리네시아에 2번째로 온 말년에 그린 작품이다. 에덴적 오아시스에서 2명의 폴리네시아 여성들이 앉아 있는데, 왼쪽 여성은 결가부좌lotus position를 한 모습으로서 고갱의 불교에 대한 관심을 반영한다. 그 여성 뒤에 악마적 얼굴을 한 유럽 남자가 보이는데, 여성들의 순수성과 대조적인 악을 상징한다.

Paul Gauguin(1848-1903)의 타히티Tahiti 그림들을 들 수 있다. 그 그림들은 미학적, 예술적 스타일을 중심으로 논의되기도 하지만, 인

─────────────

고 말하는 것이 이해될 수 있다. 존 도스트John Dorst가 지적하듯이, 근대 유럽과 미국의 식민주의 프로젝트는 19세기에 발생했던 "시각체제들visual regimes의 근본적인 재배열"에 깊은 관심을 기울였는데, "식민화한다는 것은 식민대상을 전유할 수 있는 인공물로서 일관되게 볼 수 있는 위치를 차지하는 것"(306)이라는 태도를 유지했다.

종이나 젠더와 연관된 식민주의의 맥락에서도 검토될 수 있다. 이른 바 반反문명적인 원시주의primitivism의 야성적 자유를 예찬하는 것으로 해석되는 고갱의 이미지들은 문화/자연, 문명/야만, 서양/비서양, 백인/유색인, 남성/여성 등의 이분법적 대립의 구도 내에서 작동하고 있음을 주목해야 한다.68

고갱의 그림들이 묘사하고 있는 타히티 여성들은, 마리타 스투르켄 Marita Sturken과 리사 카트라잇Lisa Cartwright이 지적하는 것과 같이, 근대문명에 의해 훼손되지 않은 세계, 즉 "원시적인" 세계를 대 표하는 "이국적 타자"the exotic other로 설정된다(101-2).

이국주의exoticism의 대표적인 유형이라고 할 수 있는 원시주의라 는 것은 서양인들이 자신들을 문명화된 존재로 구성하기 위해 필요로 했던 야만적인 타자를 설정하는 이념이다. 이른바 "원시적인" 비서양 인들을 그러한 야만적인 "이국적 타자"로 만드는 서양인들의 시각을 "식민주의적 응시"the colonial gaze라고 할 수 있다.69

"응시"gaze는 여성을 상품화하거나 욕망의 대상으로 고정시키는 이 른바 "남성적 응시"male gaze에 관한 페미니스트들의 비판적 분석과 같이 주로 부정적으로 쓰인다. "응시" 개념은 개인들의 신체를 통제하 는 제도적 권력의 행사에 대한 미셸 푸코Michel Foucault의 이론화 작업에서 이용됨으로써 활성화되었는데, 영어의 일상적인 용법에서는

---

68 피터 메이슨Peter Mason은 "원시주의는 분명히 관찰자[감상자]의 눈 속에 있다"라고 말하고 "어떤 대상들이 원시적인 것으로 보이거나, 원시적인 것 이라는 표식이 붙게 되거나, 원시적인 것들을 대표하는 것으로 여겨지게 되 는 것은 단지 그것들이 서양예술의 특수한 규범 혹은 정전canon들에 대한 대체물로 파악되는 방식 때문이다"(132)라고 쓰고 있다.

69 존 리더John Rieder는 "식민주의적 응시는 보는 주체에게 지식과 권력을 분 배하고, 그 보는 주체에 의해 대상화되는 보이는 존재에게는 권력에 대한 접근을 거부하거나 최소화 한다"(7)라고 정의한다.

"gaze"라는 것이 "황홀감 속에서 보는 것"과 같이 다소 무기력한 태도를 함축하지만, 탈식민주의 이론과 페미니즘에서는 일종의 원형감옥적 감시panoptic surveillance에 의한 억압적 권력행사의 태도를 지칭한다. 타자를 보면서 해석하고 묘사하는 렌즈로서 "응시"는 피지배자들에 대한 정보와 지식을 만들어냄으로써 그들을 더욱 용이하게 통제하고 지배할 수 있게 하는 수단이 된다. "응시"는 "엿보는 자의 힘, 특권계급의 강제력, 전체주의적 감시의 권위"(Morgan, *Sacred Gaze* 3)와 관련된다. 이런 맥락에서 "식민주의적 응시"도 식민종주국 지배계층의 식민지인들에 대한 권력 혹은 감시의 권위 등을 뜻하는 개념으로 쓸 수 있다.

"응시"라는 용어는 로라 멀비Laura Mulvey가 1975년에 발표한 "시각적 즐거움과 서사적 시네마"Visual Pleasure and Narrative Cinema라는 에세이에서 미국 혹은 서양 영화들의 카메라의 시각이 여성을 사물화 혹은 물신화하는 "남성적 응시"를 대표한다고 지적한 이후로 중요한 비평용어로 활용되기 시작했다. 특히 정신분석적 페미니스트 영화이론가들이 영화의 이미지를 보는 관객의 응시가 스크린 상의 여성들을 대상화하는 "남성적 응시"male gaze라고 주장했다. 응시는 신체적, 촉각적 즐거움과 무관한 만족감을 줄 수 있기 때문에 영화가 "절시증"竊視症 scopophilia의 욕망을 활성화한다. 절시증이란 다른 사람들을 대상들로 여기고 그들을 통제하는 응시에 복종시키는 것을 뜻한다. 할리우드 주류 영화들에서 남자들은 그런 절시증적 욕망을 지니게 되며 어두운 극장이라는 공간이 생성시키는 "관음증"觀淫症 voyeurism 혹은 관음증적 판타지voyeuristic fantasy 속에서, 여성들이 이상화되거나 파편화되어 단지 보이는 것to-be-looked-at-ness으로만 전시되거나 성적 대상들로 설정되는 과정을 보게 된다.

푸코는 "응시"라는 용어를 권력의 네트워크 내에서의 주체들의 관계를 설명하는 데에 이용한다. 푸코는 사회적 제도들이 일종의 "임상적 응시"the clinical gaze를 생성하는데, 그 "임상적 응시"에 의해 주체들은 감금당하고, 제도들은 그것을 이용하여 주체들의 행동들을 감시하며, 통제하고, 훈육한다고 본다. 이 점에서 "응시"는 사람이 이용하는 것이 아니라, 사람이 편입되어야 하는, 공간적으로, 제도적으로 구속된 관계이다. 감시당하는 주체들은 실제적인 감시주체가 없어도 감시체제a surveillance system와 같은 제도의 통제적 응시 속에 속박된 것으로 느끼게 된다(Struken 442).

서양에서 르네상스 시대 이후 인쇄술과 광학기술과 함께 확립된 원근법perspective적 인식에 의해 시각이 우위에 오게 되었으며, 사진, 영화, 텔레비전 등의 발달에 의해 그와 같은 시각중심주의가 강화되었다고 할 수 있다. 물론 중세의 시각혐오적ocularphobic 의식과 근대유럽의 시각중심주의적 사유를 도식적으로 대비하는 것은 문제가 있다(Jay, *Downcast Eyes* 36). 왜냐하면 기독교 전통에서 항상 우위를 차지한 것은 청각이었지만, 중세 기독교 문화에서도 시각이나 눈에 대해 전적으로 적대시한 것만은 아니기 때문이다. 그렇다면 서양에서 눈에 부여된 특권, 즉 시각이 "가장 고귀한 감각"이라는 인식과 시각중심주의가 우리 시대에는 디지털 테크놀로지에 의해 더욱 심화된 면이 있는데, 이 포스트모던 문화적 조건 속에서의 종교적 이미지들의 위상은 어떤 것인가?

그러한 물음에 대해 조사하기 위해 우리 시대의 이미지 혹은 시각문화와 관련된 다양한 논의들, 즉 기 드보르Guy Debord의 "스펙터클의 사회"a society of spectacle, 미셸 푸코Michel Foucault의 "감시사회"surveillance society, 장 보드리야르Jean Baudrillard의 "시뮬

레이션"simulation의 법칙, 프랑크푸르트학파 비판이론에서의 "시각
장"the visual field 이론, 노먼 브라이슨Norman Bryson과 마틴 제이
Martin Jay 등의 "시각의 헤게모니"the hegemony of vision 이론, 그
리고 독일 예술사가들의 "도상적 전환"iconic turn 이론, 그리고 로라
멀비Laura Mulvey 등 페미니스트들의 "응시이론"gaze theory 등을
종교적 이미지와의 관련 속에서 간략하게나마 정리해 볼 필요가 있
다. 영화이론, 인류학, 미학, 인지과학, 미디어이론 등과 연관된 학자
들의 이론도 포함된다(Mitchell, *What Do Pictures Want?* 5).

　이 중에서 특히 "응시이론"과 결부된 "물신"物神 fetish 개념을 조사
하는 것은 종교적 이미지의 기능을 이해하는 데에도 도움이 될 것이다.
"물신"이라는 용어는 영화이론에서는 영화가 관객의 시각을 구성하는
방식을 설명하기 위해 쓰였다. 영화는 내러티브(주인공을 중심으로 전
개되는 사건들과 행동들의 논리적 진행과정)와 스펙터클(시각적 광경을
위해 내러티브의 진행을 방해하는 것)이라는 2가지 관습으로 이루어진
다. 영화에서 이 스펙터클의 순간들에서 여성들에 대한 재현, 예를 들면
여성신체의 부분들이 클로즈업되는 것과 같은 장면이 중시된다. 영화
속에서 여성들은 대상화되고 전시되며 남성들에 의해 보이는 존재가 된
다. 그런데 이른바 거세 콤플렉스castration complex에 대항하는 남성적
응시의 2가지 방식은 "통제하는 관음증적 응시"the controlling gaze of
voyeurism와 "물신주의적 응시"the fetishistic gaze이다. 전자는 남성이
여성을 훔쳐보는 행위이고, 후자는 여성의 신체의 부분이나 관련되는
사물들, 예를 들면 옷 등에 성적인 의미를 투입하는 것이다. (상품물신
commodity fetishism이란, 사용가치use value보다 교환가치exchange value
를 더 중시하는 현상과 연관된다. 자동차가 물신이 되는 경우가 있고,
또는 생수병이 그것의 생산 현장이나 생산자 혹은 노동자들과 관련된

의미를 상실하고 단지 순수성, 산의 약수라는 의미만이 광고를 통해 부 각되는 것도 같은 현상이다.)

정신분석학에서의 물신주의fetishism는 "받아들일 수 없는 진실을 상징적으로 통제하는 방식"이다, 즉 심리적 결핍psychological lack을 보상할 수 있게 해 주는 대상이 물신이다. 예를 들면 영화배우 포스터가 현실에서는 불가능한 소유에 대한 환상을 줄 수 있는 것과 같다. 인류학에서는 특정의 사물이나 신체부분에 힘 또는 에로틱한 매력을 부여하는 것과 인형상effigies에 마술적 힘을 부여하는 것을 물신주의의 예로 다룬다. 예를 들면 아프리카의 콩고Congo인들이 유럽 식민주의에 대한 저항의 일부로서 제작한 강력한 형상들인 민키시Minkisi에 대해 니콜라스 미르조에프Nicholas Mirzoeff는 "민키시의 존재는 아프리카인들이 스스로를 식민지 체제 내에서의 종복이나 객체가 아닌 주체로 상상하게 했다. ... 민키시는 옛 종교의 유물이 아닌 식민지 문화에 대한 저항을 조직화하고 피식민지 국민들을 위한 실체를 표상하는 대안적 수단을 창조하는 수단이었다"(『비주얼컬처의 모든 것』 264-65)라고 설명한다. 이것은 프랑스 식민지였던 서아프리카 다호미Dahomey, 즉 현재의 베닌Benin에서 만들어진 보치오Bocio와 같은 것으로 볼 수 있는데, 그것은 폭력과 위험의 반영이면서 동시에 불안한 사회적 조건들에 반응하는 전략을 제공해 주는 일종의 종교적인 대상이기도 했다.

보치오 형상들의 시각적 힘에 의해 암울한 사회적, 정치적 조건들에 대한 통제의 감각을 가질 수 있게 되었다는 것이다. 그런데 일종의 고급 보치오 예술과는 달리 일반인들의 보치오는 추함에 가치를 부여하는 반미학counteraesthetics을 특징으로 하는 것으로 설명된다. 수전 프레스톤 블라이어Suzanne Preston Blier가 지적하듯이, "다양한 방식으로 갈등, 모순, 혼돈, 모호성, 신비, 그리고 잔인한 힘에 특권을 주는 충격의 미학aesthetics of shock을 강조함으로써, 이 작품들[보치오들]은 괄목할 만한 효력을 지닌 정서적 에너지를 제시한다"(미르조예프, 『비주얼컬처의 모든 것』 529). 블라이어가 말하는 맥락에서의 "충격의 미학"은 종교적 이미지의 형상적 기능을 설명하는 데에도 활용할 수 있을 것 같다. 종교적 이미지는 어떤 점에서 보면 언제나 일종의 넓은 뜻에서의 "개종"conversion, 즉 전환, 변환, 개심, 귀의 등을 야기하는 기능을 가지는 것인데, 그 기능의 발휘는 "괄목할 만한 효력을 지닌 정서적 에너지"가 필수적인 것이라고 할 수 있기 때문이다.

종교적 이미지들을 포함한 이미지들은 넓은 범위의 정서들과 반응들, 즉 즐거움, 욕망, 혐오, 분노, 호기심, 충격, 혹은 혼란 등을 생성한다. 우리는 우리가 일상생활에서 만들거나 접촉하게 되는 이미지들에 상당한 정도의 힘을 부여한다. 스투르켄과 카트라이트가 열거하고 있는, 대중문화, 광고, 뉴스와 정보교환, 상업, 형사재판, 예술 등과 같은 사회적 영역들에서 매일 이미지들을 접하고, 그 이미지들은 다양한 미디어를 통해, 즉 회화, 인쇄, 사진, 영화, 텔레비전, 비디오, 컴퓨터 디지털 이미징, 가상실재 등을 통해 생산되고 체험된다(11). 그런데 프라이드랜더Friedlander는 "이미지가 무엇인지 알기 위해, 보는 사람들은 그들이 보는 것에 대해 의문을 제기하려는 자극을 받을 뿐만이 아니라 라캉이 '세 부와'ché vuoi라고 부르는 것, 즉 '원하는 것이 무엇인가?'에 대해서도 반응해야 한다"(53)라고 말한다.

존 W. 딕슨John W. Dixon, Jr이 지적하듯이, "본질적인 원리는 단순화해서 말한다면, 이미지들(그리고 모든 문화적 산물들과 사회적/정치적 배열들)은 한 집단이 다른 집단 혹은 사회경제적 계층보다 권력을 더 많이 확보하기 위해, 한 젠더(남성)를 다른 젠더(여성) 위에,

한 종족집단을 다른 종족 집단보다 더 우위에 두기 위해, 고안된다는 것이다"(xi-xii).

우리는 다양한 목적들과 효과들을 지닌 시각적 이미지들이 부단히 생산되고 소비되는 문화 속에서 살고 있다. 이 이미지들은 종교화나 영화의 이미지들과 같이 "부재하는 사람을 불러내는 힘, 침묵시키거나 행동하도록 자극하는 힘, 설득하거나 신비화하는 힘"(Sturken 10) 등을 지닌다. 다양한 사회적 영역들에서 우리가 접하게 되는 그 이미지들은 오늘날 회화, 인쇄, 사진, 영화, 텔레비전, 비디오, 컴퓨터 등을 통해 생산되고 소비된다. 특히 1960년대 이후 현재까지 디지털 테크놀로지의 발달에 수반된, 포스트모던 문화에서의 시각적인 것들의 범람에 대해 프레드릭 제머슨Fredric Jameson은 비판적으로 검토하는데, 그는 가시적인 것들the visible은 포르노그래피적이라고 말하고, 그것은 "분별없는 매혹"mindless fascination 혹은 "황홀"rapt 속으로 우리를 침잠하게 하는 위험이 있다고 진단한다(1). "분별없는 매혹" 혹은 "황홀" 속에서 방황하게 되는 위험으로부터 벗어나게 해주는 힘을 종교적 이미지들 속에서 찾을 수 있지 않을까?

오리엔탈리즘과 심미화의 유혹

식민지인들을 "이국적 타자"the exotic other로 이미지화하는 "식민주의적 응시"the colonial gaze에 의해 서양인들은 "제국화된 눈"the imperialized eyes을 지니게 되었다고 할 수 있다. 그런데 "제국화된 눈"은 식민종주국 사람들만이 아니라 식민지인들에게도 전이되어 내면화된다.[70] 따라서 그 "제국화된 눈"을 치유하는 방법들에 대해 알아보는 일이 포스트콜로니얼리즘 연구의 중요한 목표들 중의 하나가 될 것이다. 식민주의적 응시에 의한 이국적 타자의 형성은 "신비적 동양"the mystic East이라는 관념을 통해서도 확인된다. 리처드 킹 Richard King이 말하듯이, "힌두교와 불교를 신비적 종교들로 재현하는 것은 동양의 종교와 문화를 세계부정적이고 비도덕적이며 사회개선의 의지도 결여된 것으로 보는 서양의 오리엔탈리즘적 고정관념을 강화했다. 이것이 미신적이고, 전통구속적이며, 저개발된 아시아의 제3세계 민족들과 대조적으로 서양을 진보적이고, 과학적이며, 자유주의적인 것으로 규정할 수 있게 만들었다"("Mysticism" 336).

에드워드 사이드Edward Said는 『오리엔탈리즘』Orientalism에서 "비전이 설명을 파탄시키는 현상"(『오리엔탈리즘』 410)에 대해 언급하고, "오리엔탈리스트는 동양을 위에서부터 개관하고, 자기 앞에 펼쳐져 있는 파노라마, 즉 문화, 종교, 정신, 역사, 사회의 전모를 장악하고자 한다"(『오리엔탈리즘』 410)라고 쓰고 있다.[71] 사이드에 의하면 동양을 열등한 타자로 설정하는 이데올로기를 의식적이든 무의식이든 유포하는 오리엔탈리스트는 "포괄적인 비전"comprehensive visions을 만들어낸

---

70 E. 테일러 앳킨스E. Taylor Atkins는 "응시하는 행동과 응시되는 행동은 근본적으로 관찰자와 피관찰자 양쪽을 변형시킨다"(3)라고 지적한다. "식민주의 연구는 관찰, 자료수집, 지적 설명과 같은 행동들 그 자체가 우월성을 확보하는 행위다. 과학적 중립성이라는 자기기만적 수사학이라는 것이다 (Atkins 4). 예를 들면 식민지 시대에 한국 사람들이 굿이나 탈춤을 일본인 인종학자들이나 사진작가들 앞에서 공연할 때 그것들은 공동체의 영적 정화나 사회 지배층에 대한 패러디가 되지 않고 관찰하는 일본인들로부터 구별되는 관찰되는 한국인들의 문화적 아이덴티티 혹은 차이의 지표가 된다는 것이다. "종교적 이미지들, 초상화들, 풍경화들이 식민 엘리트들의 새로운 종종 혼합적 아이덴티티들syncretic identities를 표현했다"(Perry 29)라는 관찰도 비슷한 맥락에서 살펴볼 수 있다.
71 여기서 인용한 박홍규의 번역본에는 "설명"이라고 되어 있는데, 이것은 사이드가 "narrative"라고 쓴 것에 대한 우리말 번역이다(Said, 239 참조).

다(『오리엔탈리즘』 411). 여기서 사이드가 "내러티브"와 대립시키는 "비전"이라는 것은 인과율에 따라 시간적 전개과정을 다면적으로 검증하는 통시적인diachronic 스토리텔링과 달리 공시적인synchronic 단면적 단순화의 지배적이고 억압적인 "응시"와 같은 것이라고 풀이해 볼 수도 있다. 사이드도 "공시적인 본질화 비전"synchronic essentializing vision과 "특수화하는 내러티브"particularizing narrative를 대조한다(『오리엔탈리즘』 411-12). 그런 비전은 동양을 "타자화"othering하는, 즉 상대를 적 혹은 열등한 존재로 만들고 억압을 합리화하는, 서양의 "식민주의적 응시"라고 할 수 있다.

유럽제국들 혹은 식민종주국들이 식민지인들에 대한 정신적, 문화적 예속화를 심화하기 위해 만든 식민담론colonial discourse에 대해 비판하는 탈식민주의적 대항담론counter-discourse은 우선 그와 같은 식민적 재현에 나타난 "식민주의적 응시"에 대한 정확한 식별을 전제로 해야 할 것이다. 스테판 아이젠호퍼Stefan Eisenhofer는 "식민주의적 응시"는 특정의 비유럽 사회들에 대한 유럽사회의 "문화적 우월성"을 강조하는 것이라고 말하고, 이 "식민주의적 응시"에 의해 비유럽 문화들이 "무서운 이미지들"frightful images로 나타난다고 진단한다(9).

식민주의 혹은 탈식민주의 시각에서 그러한 "무서운 이미지들"과 같은 시각적 이미지들을 검토하는 연구들이 시도되었는데, 예를 들면 서양의 탐험가들과 선교사들, 그리고 행정관료들이 제작한 식민지인들에 대한 사진들을 제국주의적 정복의 맥락에서 조사하는 연구들이 있다. 특히 사진은 단지 미학적 장르라기보다 일종의 다큐멘터리로 여겨졌기 때문에 식민지의 생활과 식민지인들의 정체성에 대한 확실한 증거물로 인정될 수 있었다. 길리언 로즈Gillian Rose가 판단하듯이, 그러한 연구들에 의해 증명된 것은 그 사진들이 "다른 '인종'들간의 절대적 차이들을 입증하고 서양의 '문명'을 향한 진보의 위계질서 속에 모든 인종들을 설정하는 19세기 담론들과 제도들에 의해 중요성이 부각되었다"(219)라는 사실이다. 특히 사진은 단지 미학적 장르라기보다 일종의 다큐멘터리로 여겨졌기 때문에 식민지의 생활과 식민지인들의 정체성에 대한 확실한 증거물로 인정되었다.

데이빗 모건David Morgan은 예술, 물질문화, 대중적 실천, 종교 등과 연관된 논의에서, 동남아시아 지역에서의 부처상에 대한 3가지 다른 태도에 대해 설명한다. 즉 예술사가의 태도, 기독교선교사들의 태도, 그리고 여행자의 태도가 그것이다. 같은 부처상에 대한 묘사에서 예술사가들의 심미적 태도와는 달리 기독교 선교사들의 태도는 "미신에 빠진 몽매한, 영적으로 타락한 사람들의 생명력 없는 우상들"("Art" 494)로 묘사되고 있다는 것이다. 이런 차이는 아시아 대륙에서만이 아니라 남아메리카와 같은 식민지에서도 원주민과 유럽 식민주의자 사이의 "식민적 대면"Colonial Encounter이 2가지 대립적인 문화적 패러다임들의 충돌, 즉 "우주적-전체론적 세계관"cosmic- holistic world view과 결합된 문화와 "탈맥락화된 보편적 규칙들"decontextualized universal rules의 방향에서 기존의 질서를 변화시키려고 하는 문화 사이의 충돌에서 파생된다고 볼 수 있다. 멕시코의 아즈텍Aztec 제국을 정복한 헤르난도 코르테즈Hernando Cortes나 페루의 잉카Inca 왕국을 파멸시킨 프란시스코 피자로Franciscon Pizarro와 같은 식민 정복자들의 종교였던 기독교는, 프레드 R. 달메이어Fred R. Dallmayr가 지적하듯이, 근대과학과 같이 근본적으로 보편주의적이고 평등주의적인 것을 추구하면서 신앙의 지역적, 지방적 색채들을 모두 초월하려고 했는데, 따라서 평등주의임에도 불구하고, 결과적으로 편협한, 즉 이설異說을 받아들이지 못하는 intolerant 종교가 된다는 것이다(202).

이것은 비서구세계를 주로 다루는 인류학자나 『내셔널 지오그래픽』 National Geographic과 같은 잡지의 시선이 정상적인 것들the normal 과 대조적인 이국적인 것들the exotic이라는 범주를 확립하고 있다는 비판과 같이 포스트콜로니얼리즘적 검토의 대상이 된다. 이 잡지는 1880년대 후반부터 1940년대를 거쳐 현재까지도 "식민적, 제국적 배열"과 "백인 혹은 서양의 우월성"을 공공연하게 드러내고 있는데, 그것을 은폐하는 "순수성의 전략들"strategies of innocence에 대한 비판적 검토가 있다(Rothenberg 9). 캐서린 러츠Catherine A. Lutz와 제인 콜린스Jane L. Collins는 이 잡지가 다른 사진잡지들과는 달리 갈등의 이미지들을 제시하는 것을 부단히 회피하고 있다고 주장한다. 예를 들면 1960년대 미국 내에서의 흑인민권 운동이나 베트남에서의 반식민 투쟁 등 기간 동안에도 이 잡지는 서양과 비서양, 백인과 흑인 간의 접촉을 보여주는 사진들을 제거함으로써 사회적 조화라는 환상이 유지되게 했다는 것이다(206-7). 특히 이 잡지는 "이국적인 제3세계 사람들을 이상화하여 제시하는데, 빈곤과 폭력의 증거를 폄하하거나 삭제하는 경향을 수반한다. 그 사진들은 이 사람들을 세상사의 흐름으로부터 절연된 모습으로 제시하거나 전통에서 근대로 가는 진보의 단일한 이야기에 개입된 모습으로 그린다"(13)라는 것이다. 러츠와 콜린스는 이 잡지와 관련하여 7개의 응시의 교차에 대해 정리한다. 그것을 요약정리하면 다음과 같다(193-215).

첫째, 사진작가의 응시the photographer's gaze: 이 잡지의 사진작가들은 실제적, 상징적으로 백인 남성 사냥꾼/모험가들로서 그들이 사진의 구조와 내용을 정한다.
둘째, 잡지의 응시the magazine's gaze: 배후의 제도적 과정으로서 사진들의 편집을 결정한다.

셋째, 독자의 응시the reader's gaze: 사진작가들에 의한 대리 관찰로 인해 한계가 있다. 이 잡지를 읽는 독자들의 상대적으로 상류층인 계층적 차이에 의해 거리가 유지된다.

넷째, 비서양 주체의 응시the non-Western subject's gaze: 4가지 유형으로 분류될 수 있는데, 카메라를 직접 대면하는 자들, 사진 프레임 내에서 무엇인가를 혹은 누군가를 바라보는 자들, 시선을 먼 곳으로 돌리고 있는 자들, 그리고 아무것도 보지 않고 있는 자들의 응시이다. 비서양인들을 담고 있는 사진들의 사분의 일은 첫 번째 유형이다. 이 첫 번째 유형의 경우 내셔널 지오그래픽에서 "되돌아오는 표정"the return look은 대항적이거나 도전적이지 않고, 대체로 미소를 짓고 있음으로써 그 주체와 독자 사이의 친밀감을 형성한다. 이것은 다른 나라 사람들이나 삶의 양상을 객관적으로, 중립적으로 보여준다는 그 잡지의 공식적인 목표와는 상충되기도 한다. "카메라를 마주 본다는 것은 얼굴과 눈에 대한 자세한 조사를 포함하여 사진 찍히는 주체에 대한 근접 검사를 허용한다는 것이다. … 문화적으로 약자로 규정되는 사람들, 즉 여성들, 아이들, 유색인들, 가난한 사람들, 근대화된 사람들보다는 부족민들, 그리고 기술을 지니지 못한 사람들이 카메라를 더 잘 마주 본다"(Lutz 199).

다섯째, 직접적인 서양적 응시the direct Western gaze: 이 응시는 식민주의적이며, 피사체가 되는 사람들을 이국적 타자the exotic Other로 물신화한다.

여섯째, 타자의 굴절된 응시the refracted gaze of the Other: 식민

화된 사람들이 식민화에 의해서만 역사적 자의식을 지니게
되다고 보는 서양의 신화를 강화하는 응시이다. 역사와 변
화는 서양만의 특징이라고 보는 시각이다.

일곱째, 학술적 관람자the academic spectator: 서양 독자의 응시의
한 유형으로서 관음적voyeuristic이고 위계질서적hierarchic
인데, 과학으로 가장하기 때문에 더욱 교활한 면이 있다.

유사한 맥락에서 이미지에 관여하는 4가지 시선을 워커John A. Walker
와 채플린Sarah Chaplin은 다음과 같이 정리한다.

첫째, 기록이 된 모티프나 장면을 향하는 예술가, 사진가 영화감독의
시선
둘째, 묘사대상인 등장인물들이 그림 혹은 영화 내부에서 서로 교
환하는 시선
셋째, 이미지를 향한 감상자의 시선
넷째, 묘사대상인 등장인물과 감상자 사이에 교환된 시선 (워커, 『비
주얼 컬처』 181)

둘째와 관련된 논의에서 워커와 채플린은 장 파리스Jean Paris가 노
엄 촘스키Noam Chomsky의 언어학의 방법론으로 연구한 성모Madonna
와 아기 예수 모자상의 변화에 대해 설명한다. 즉 수 세기에 걸쳐 성상
이미지가 점차로 세속화된 것에 대해 관찰한 파리스는 "성모가 비속화
되어 묘사되었다. … 그런데 그 비속화는 실은 일종의 시각적 투쟁
[visual struggle]을, 신의 영역에 대한 용의주도한 침입을 숨기고 있다. …
원근법은 신성의 공간을 180도 뒤집어 놓은 것에 불과하다" 또한 "원근

법에 의해서 우리는, 신이 세계를 내려다보듯, 세계를 조망할 수 있게 되었다"는 것이다(워커, 『비주얼 컬처』 185)라고 말한다. 그러나 한편으로는 "원근법에서 체험자는 단순한 눈이 된다. 그것도 인간적인 눈이 아니라 하나의 기하학적 점으로 줄어들어버린 눈이다. ... 이것은 육체를 가지고 있으며 욕망을 소유한 주체로서의 자아가 소거된다는 것이지만, 더 확대하면 기하학적 단위 이상의 것으로서, 사회와 문화 그리고 자연의 신비에 대해 유연하게 노출되어 있는 자연스러운 자아가 억압된다는 것이다"(김우창, 『풍경과 마음』 109)라는 지적과 같이 원근법이 지닌 비인간화의 가능성에 대해서도 유념해야 한다.

1896년 11월호에 처음으로 가슴을 드러낸 비서양 세계의 여성 사진, 즉 "줄루의 신랑과 신부"Zulu Bride and Bridegroom를 실은 이후 이 잡지는 사람들을, 특히 비서양인들을 이른바 "자연 상태"의 모습으로 제시한다는 정책을 유지하고 있다. 가슴을 드러낸 비서양 세계의 여성 사진을 선호하는 그 잡지의 방식은 그 이후에도 계속 보인다.[72] 린다 스트릿Linda Street은 이 잡지가 젠더, 인종, 민족과 연관된 "정체성 형성과 차이의 위계질서 확립"이라는 서양중심적 이데올로기를 객관적, 교육적 목표라는 표면 배후에 은폐하고 있다고 지적한다(3). 스트릿은 그 잡지에서 특히 아랍인들이 어떻게 재현되었는가를 고찰하는데, 그 잡지의 남성주의적 수사학, 일방적인 문화적 접촉, 객관성 유지라는 주장, 서양 우월주의 등을 토대로 하는 "상상적 지리학"imaginative geography에 대해 비판한다(5-8).

---

[72] 참고로 『내셔널 지오그래픽』 1910년 11월호에 실린 윌리엄 W. 샤펭 William W. Chapin의 한국과 중국 여행기는 여러 장의 한국 관련 사진들을 포함하고 있는데, 그 사진들 중에 저고리 아래로 가슴을 드러낸 여성들의 모습을 담고 있는 것들을 볼 수 있다(그 잡지의 906-7, 910면 참조).

식민지인들에 대한 유럽인들의 식민주의적 시각적 재현에 대한 비판적 논의들 가운데, 알제리 출신 저자인 말렉 알룰라Malek Alloula의 『식민지 하렘』*The Colonial Harem*도 살펴볼 수 있다. 이 책은 식민적 시각문화를 가능하게 한 조건들과 정치적 영향에 대해 고찰한 획기적인 책으로 평가받는다. 알룰라는 1900년에서 1930년경까지 프랑스인들이 제작한 사진엽서에 나타난 알제리 여성들에 대한 시각적 재현이 오리엔탈리스트 판타지Orientalist fantasies를 유포하는 것에 대해 주목한다. 그는 그와 같은 재현들을 추적하는 것은 "식민주의적 응시"의 성격과 의미를 드러내는 것과 동시에 여성들의 신체에 집요하게 부착된 스테레오타입을 전복시키는 이중의 작전이 된다고 말한다(5).

특히 이 책은 베일을 쓴 알제리 여성의 이미지에 대해 관심을 기울인다. 카리나 아일레라스Karina Eileraas가 정리하고 있는 것과 같이, 베일 벗기기에 대한 강요는 혁명기간 동안에 있었던 반복된 식민화 전략이었다(25-26). 프랑스 식민주의자들은 국가안보와 신분확인이라는 목적으로 베일 벗기기를 옹호했는데, 그것은 알제리인들의 민족적, 종교적 문화를 좌절시키려는 심리전의 수단이 되기도 했다. 그에 대한 반응으로서 알제리 민족주의 지도자들은 여성들의 베일쓰기를 알제리적 정체성과 결속력의 표현으로 강화했다. 실제로 베일은 무기를 은폐하는 수단으로 이용되기도 했는데, 한편 여성 민족주의자들은 베일을 벗고 서양여자들의 옷을 입은 채 프랑스 감시망을 피하도록 했다. 이러한 이른바 "베일 전쟁"the battle of the veil에 의해 알제리 여성들은 프랑스와 알제리의 남성들에 의해 이중적으로 식민화되는 경험을 하게 된 것이다. 이 점과 관련하여 아일레라스는 알룰라가 "식민주의적 응시"의 성적 정치학을 비판하면서도 전쟁, 베일쓰기, 재현 등에 대한 여성들 자신의 경험에 대해서는 대단히 무관심한 태도를 보임으로써 결과적으로 오리엔탈리스트 판타지와 지배를, 그리고 가부장적인 민족주의를 강화하고 있다고 비판한다(26).

알룰라는 로라 멀비의 "남성적 응시" 이론에 힘입어, 노예 혹은 첩들로 보이는 알제리 여성들을 프랑스 남자들의 "남성적 응시"에 의해 사물화된 성적 대상물들로 본다. 이 책에 수록된 알제리 여성들을 모델로 한 사진들 속에서 우리는 우월감과 함께 호색적인 시각으로 여성들을 보는 오리엔탈리스트 응시의 특성을 볼 수 있다.[73] 실제로 사진엽서들은 알제리 여성들을 고용하여 사진작가들이 작업실에서 연출하여 촬영한 것인데, 베일을 벗은 여성들의 모습을 담은 사진엽서들은 접근할 수 없었던 알제리 여성들에 대한 "상상적 복수"an imaginary revenge인 셈이었다(Alloula 122).

바바라 할로우Barbara Harlow는 『식민지 하렘』에 부친 서문에서 알제리 여성들을 재현한 사진엽서들이 알제리적 삶의 특성들을 토착적 맥락으로부터 이탈시키고, 그것들을 동양에 대한 제국주의적 전유의 정치적, 심리적 필요를 충족시켜 주는 틀 속에 다시 등록한다고 비판한다(Alloula xx). 하나의 구체적인 예로서 알룰라는 알제리인 부부와 아이들의 모습을 담은 사진을 주목하고, 그것이 "식민주의 침투에 대한 저항의 핵심"이 되는 "전통적 가족"을 해체해 버리는 것이라고 쓰고 있다(39). 왜냐하면 부부 중심이 아닌 대가족, 씨족, 부족이

---

73 알룰라는 알제리 여성들이 "식민주의적 응시"에 의해 욕망의 대상이 되면서도 결국에는 제거되는 현상, 즉 사진 속의 이미지들이 그 여성들을 "이국적 타자"로 형성하면서 동시에 여성으로 행동하는 주체성을 삭제해 버리는 현상을 본다. 그 사진들에 담긴 여성들의 응시는 수동적이고 소외된 모습 혹은 몽환적으로 마취된 모습으로 나타난다. 그러나 그 사진엽서들 속의 알제리 여성 모델들은 비록 응시는 몽환적이지만, 모든 관습적인 오달리스크들Odalisque의 장치들과 함께 관능적인 신체의 모습을 과감하게 드러내고 있는데, 이것은 대부분의 오달리스크 그림들이 잠재적인 에로티시즘latent eroticism을 보여주는 것과는 대조적이다(Alloula 78).

라는 형태를 토대로 활동하는 알제리인들에게는 부부 중심이라는 구도 자체가 유럽으로부터 유입된 것이기 때문이다. 그와 같은 스테레오타입의 형성이 사이드가 말한 오리엔탈리즘 혹은 동양에 대한 서양의 식민주의적 재현의 특징이다.

동양에 대한 서양의 인식에 대해 언급하면서 사이드는 "사물을 완전히 신기한 것과 이미 완전히 알고 있는 것이라는 두 종류로 나누는 경우, 우리는 판단을 정지하는 경향이 있다. 곧 새로운 중간적 범주가 부상하게 되면, 그 때문에 우리가 처음으로 보는 새로운 사물을, 이미 완전히 알고 있는 사물의 변형에 불과하다고 생각하는 경향이 있다"(사이드, 『오리엔탈리즘』 113)라고 말한다. 그것은 위협적인 것으로 보이는 대상을 사물에 대한 기존 인식의 방식, 즉 사물에 대한 확립된 시각을 통해 제압하고 통제하는 방식이다. 동양에 대한 서양의 재현의 과정에서는 그와 같은 방식이 강화되어 식민지인들을 열등시하고 야만시하는 재현 혹은 표상을 통해 그 식민지인들에 대한 지배를 정당화하는 논리를 형성했다. 사이드는 "본질적으로 종속적 존재로 여겨져 온 것에 관한 표상을 좌우하는" 현대 서양의 제도적 힘에 대해 언급하고 "표상 그 자체는 종속적인 것을 종속적 상태에 그대로 두고, 열등한 것을 열등한 그대로 둔다"(사이드, 『문화와 제국주의』 179)라고 진단한다.

그와 같이 서양이 동양을 종속적 상태에 두고 열등한 존재로 설정하기 위해 만든 관념을 뜻하는 "오리엔탈리즘"은 식민종주국(서양)의 우월성과 식민지(동양)의 열등성이라는 억압적 이분법을 파생시키는 "타자화"의 산물이다. 유럽의 우월성을 확보하기 위해 식민화된 대상들을 열등하게 만드는 이데올로기, 즉 동양을 "덜 인간적, 덜 문명화된, 유치하거나 야만적인, 동물, 혹은 의식 없는 덩어리"(Boehmer 76)

로 보는 관념이 그것이다. 이러한 오리엔탈리즘은 일종의 식민사관植民史觀으로서 철저한 비판적 성찰의 대상이 되어야 한다.74 프란츠 파농Franz Fanon이 말했듯이 "식민주의는 식민지지배 이전의 역사는 야만주의의 역사라는 견해를 원주민의 마음속 깊이 심어주려 노력했다"(『대지』242)라는 점에서 식민사관에 의해 왜곡된 역사관을 오리엔탈리즘과 함께 비판할 필요가 대두되는 것이다.

서양에서 그와 같은 오리엔탈리즘 혹은 제국주의의 확산에 수반된 문화적 변화 양상을 시각과 관련하여 개관해 볼 수도 있을 것이다. 그러한 문화적 변화 양상에 대해 이해하게 되면 시각이 신뢰할 만한 지식을 전달하는 능력이 있는가?라는 물음에 대한 논의와 함께, 또한 시각에 수반되는 폭력의 형식에 대한 넓은 뜻에서의 탈식민주의적 비판을 시도할 수 있게 된다. 시각적 경험이란 "직접적이고 보편적이라기보다는 항상 우리의 지식과 믿음에 의해 매개되며 타자들과의 관계 속에서 이루어지는 사회적, 역사적인 것"(주은우, 『시각과 현대성』20)이라는 점에서 시각은 사회의 이데올로기와 내밀한 관계를 가지게 되는 것으로 보아야 한다. 시각이 "감시와 스펙터클을 통해 사회를 억압한 공모자"(워커, 『비주얼 컬처』49)라는 태도가 "식민주의적 응시"에 관한 논의에서 중시되는 것도 그와 같은 관점에서 이해된다.

식민종주국 사람들의 "식민주의적 응시"는 식민지인들 혹은 토착민

---

74 우리가 식민사관이라고 하는 것은 일제강점기 시대 제국주의 일본이 한국에 대한 식민지 지배의 유지를 용이하게 하고 정당화하기 위해 조작한 역사관을 뜻한다. 예를 들면 한국은 자율적으로 역사를 발전시킬 수 있는 능력이 없다는 타율성론과 한국 사람들은 당파싸움만 일삼아서 근본적으로 단합할 수 없다는 당파성론 등이 대표적인 식민사관이라고 할 수 있는데, 오리엔탈리즘과 함께 식민사관을 비판하고 극복하려는 태도도 우리는 탈식민주의 혹은 탈식민적 삶의 방식이라고 할 수 있다. 그와 같은 삶의 방식은 현재의 우리의 현실에서도 오리엔탈리즘이나 식민사관과 같은 일종의 신식민주의적 이념과 지배구조를 찾을 수 있다는 인식을 기본으로 한다.

들의 삶이나 그들의 생활터전이 되는 땅을 정복하고 해결해야 할 하나의 "문제"로 보지만, 탈식민적 시각은 그것을 "문제"가 아니라 오히려 쓰다듬고 치유해야 할 하나의 "상처"로 본다. 롤랑 바르트Roland Barthes는 그런 시각을 지닌 자를 "감상적感傷的 관찰자"sentimental spectator라고 부른다(*Camera Lucida* 21). 그러므로 식민적 재현과 그것에 대한 탈식민적 저항 사이의 대립은 "식민주의적 응시"와 "감상적 관찰자"의 시각 사이의 대립적 구도라고 할 수도 있다.

예를 들면 들라크루와Eugene Delacroix, 르느와르Pierre Auguste Renoir, 마티스Henri Matisse 등과 같은 유럽의 화가들이 그린 오달리스크Odalisque 그림들, 즉 이슬람 제국의 황제나 내관들의 궁전 은밀한 장소인 하렘Harem에서 시중들던 여인들을 지칭하는 오달리스크들의 자태를 그린 그림들을 "감상적 관찰자"의 시각으로 볼 때, 우리는 서양의 "식민주의적 응시"에 의한 동양의 재현에 담긴 스테레오타입을 제대로 확인할 수 있게 된다.

잉게 E. 보에르Inge E. Boer는 오달리스크 그림들을 동양에 대한 스테레오타입적 재현이라고 보고, 하렘에 대한 묘사가 동양에 대한 제국주의적 지배의 구실로 이용되었다고 진단한다(93). 호색적인 관능과 내밀한 폭력의 장소로 재현된 하렘과 오달리스크들의 이미지는 동양은 자율적인 통치가 불가능한 야만적이고 비합리적인 곳이라는 인식을 주입시킴으로써 서양에 의한 타율적 식민통치를 합법화하는 핑계가 되었다는 것이다. 그 이미지는 "문명화 임무"*mission civilatrice*라는 위장 하에 스테레오타입들을 파괴하기보다 오히려 정교하게 조작했다는 보에르의 설명은 설득력이 있다. 오달리스크 그림들을 그린 오리엔탈리스트 화가들은 동양 여성들과 그들이 사는 공간인 하렘의 베일을 벗겨내는 것에 초점을 두었는데, 이렇게 벗겨내고 침투하려는 욕망에서 생성된 판타지가 결국 동양 전체를 여성적 공간으로 재현함으로써 동양에 대한 억압과 지배를 정식화한 동양의 여성화가 진전된 셈이다.

한편 린다 노츨린Linda Nochlin은 오리엔탈리스트 화가인 들라크루와의 오달리스크 그림들은 역사의 부재와 서양남성의 부재를 특징으로 한다고 분석한다. 오달리스크 그림들이 역사적 맥락을 초월한 것으로 묘사되는 것은 결국 역사적 과정에 의한 변화나 진보의 가능성을 차단해 버리는 것이었으며, 백인남성이 그 그림들 속에 직접 재현되어 있지는 않지만, 내재적으로 현존하고 있는데, "왜냐하면 그의 응시가 통제하는 응시the controlling gaze로서 동양세계를 존재하게 한 응시"(37)이기 때문이다.[75]

유럽제국의 식민주의 이념은 식민화된 타자the colonized Other를 만들고 스테레오타입을 확정하며 재생산하여 결국 그 유럽제국의 확장을 지원해 주는 역할을 한다. 동시에 유럽제국 각 민족의 민족주의적 정체성 형성에도 기여한다. 이 점에서 19세기에 유럽에서 건립되기 시작한 박물관들에 대해 살펴볼 필요가 있다. 식민주의적 군사적, 과학적 탐험의 과정에서 포획하여 식민종주국으로 수송한 식민지 토착민들의 예술작품들이나 생활용품들을 전시하는 박물관들의 건립은 식민화된 문화들이 원시적, 야만적 상태라는 스테레오타입을 강화하는 식민화의 일환이었다고 지적해야 한다. 크리스티나 크렙스

---

75 그것은 18세기 멕시코와 같은 스페인계 아메리카 식민지에서 제작된 카스타 그림들casta paintings이 사회적, 인종적 계층화를 위한 일종의 분류법으로서 백인을 토착민보다 우월시하고 흑인을 최하위에 있게 함으로써 차이를 분명하게 하는 식민주의의 이념을 나타낸 것과 같다. 카스타 그림들의 메시지는 "스페인인들의 인종적 우월성"을 확고하게 하려는 것이었다 (Ishikawa 216).

Christina Kreps가 설명하듯이, 박물관의 역사적 발전이나 에스노그래픽 수집품들ethnographic collections은 식민주의적 맥락에서 검토된다(457-58).

예를 들면 프랑스 학자 실베스트르 드 사시Sylvestre de Sacy는 박물관을 동양에 대한 유럽의 지배를 위한 장치로 설정하고 있는데, 그는 박물관이 "모든 종류의 물품들, 그림들, 원본 서적들, 지도들, 여행기록들 등의 거대한 보관소로서 [동양에 대한] 연구를 하기를 원하는 사람들에게 모두 제공하여 이 학생들 각자가 마치 마법에 걸린 듯 연구대상으로 삼은 것들이 무엇이든, 그곳 한가운데로, 예를 들면 몽고 부족이나 중국 종족 속으로 이전된 것으로 느낄 수 있게 하는 것"(Mitchell, "Orientalism" 498-99)이라고 쓰고 있다. 이와 같은 박물관의 식민주의적 의도는 우리 시대에도 미국이나 유럽의 다양한 박물관들에 진열되어 있는, 아시아, 아프리카, 남아메리카로부터 가져온 문화적 유물들을 통해서도 확인된다.

그런데 새로 발견된 문화들과 관련된 전시품들은 "서양의 재현양식" 혹은 "기독교적 세계관" 안에서 재현되도록 하는 일종의 종교적 식민주의를 확인하게 된다(Burris 12-13). 존 P. 부리스John P. Burris는 서양에서 기독교가 다른 여러 종교들 가운데 "하나의" 종교라는 인식이 가능해진 것은 계몽주의 이후라고 쓰고, 비서양세계 사람들은 획일적인 "기독교적 세계관" 안에서만 이해가능한 존재들이 될 뿐이었다는 것이며, 따라서 서양에서 외국 문화들을 전시하는 역사는 그 외국 문화들이 서양의 재현양식 속으로 포섭되는 방식을 강요하는 종교적 맥락 속에서 일어났다고 설명한다(13).

박물관만이 아니라 동물원도 동양에 대한 19세기 서양의 식민주의의 산물이라고 할 수 있다. 사실 박물관이라는 것을 근대 서양의 문화적 고안물로 보는 서양의 "박물관학"museology의 관점은 비서양 문화권에서는 문화적 유물들을 보호, 관리하는 기구 혹은 박물관적 관리의 실천의지나 능력이 없다고 보는 서양우월주의를 내포한다. 박물관들, 특히 에스노그래픽 구역들ethnographic sections은 전문적, 객관적, 가치중립적 윤리에 의해 통제되는 것으로 제시되긴 하지만, 사실 자세히 들여다보면 그것이 식민 통치에 봉사하는 유용한 도구라는 점이 확인된다. 또한 박물관들의 건립과 같은 맥락에서 1900년과 1910년 사이에 영국이 많은 박람회들을 개최했는데, 겉으로 내세운 것은 과학적 증명이나 대중적 오락을 위한다는 명목이었지만 이 "스펙터클"spectacle들이 제국적 이데올로기의 물리적 구현들이었다는 것이라는 지적도 주목할 만하다(Coombes 232).

기 드보르Guy Debord의 "스펙터클"에 대한 고찰을 이러한 관점에서 살펴볼 수 있다. 물론 드보르가 1967년에 출간한 『스펙터클의 사회』Society of the Spectacle에서의 분석은 모든 사회적 관계가 물신화된 상품들에 의해 이미지화되는 시각중심주의ocularcentrism에 대한 비판적 진단이지만, 식민주의적 시각에 대한 점검을 위해서도 참고할 만하다. 아리스토텔레스는 『메타피지카』Metaphysica의 서두에서 다른 감각들에 비해 시각이 우월한 지위를 부여받을 수 있는 것으로 말했고, 플라톤도 『티메우스』Timaeus에서 시각이 "가장 큰 유익의 원천"이라고 말한 것에서도 드러나듯이 그리스 사상에서의 시각중심주의는 성 오거스틴St. Augustine의 종교적 가르침들과 결합되어 르네상스를 거쳐 16, 17세기까지도 서양의 중심적인 사조였다.

능동적으로 우리가 "보는" 어떤 것이 아니라 "보이는" 어떤 것에 의해 우리가 수동적으로 지배되는 것이 "스펙터클"의 사회이다. 직접적 경험의 대상들이 모두 이미지로 변해 버린 사회, 즉 "직접적인 생체험이 가능했던 모든 것이 재현으로 퇴각해 버렸다"라고 드보르가 진단하고 있는 이 사회에서는 사람들이 삶을 산다기보다 단지 그것을 구경할 뿐이다(Debord, *Society* 7).

드보르는 시각을 "가장 추상적이고 가장 쉽게 기만당하는 감각"이라고 진단하고, "스펙터클"을 "대화의 대립물," 즉 상호주관적 이해를 통해 가능하게 되는 구체적, 일상적 삶을 방해하는 일방적인 시각적 폭력이라고 비판한다. 드보르는 "현실적 세계가 단지 이미지들에 지나지 않는 것들로 변형될 때, 그 단순한 이미지들이 현실적 존재들, 즉 최면적 행위를 위한 직접적 동기들을 제공하는 역동적인 상상의 산물이 된다. 스펙터클이 하는 일은 더 이상 직접적으로 파악할 수 없는 세계를 우리에게 '보여주기' 위해 다양하게 특수화된 중개물들을 사용하는 것이기 때문에 자연히 그것은 시각을 촉각이 한때 차지했던 특별한 상위의 위치로 고양시킨다"(*Society* 11)라고 말한다.

"최면상태의 행위a hypnotic behaviour를 위한 직접적인 동기를 제공하는 역동적인 허구"라고 정의되기도 하는 스펙터클은 이미지들만의 문제가 아니라 "사람들의 행동, 사람들의 실천적인 재고와 교정"을 회피하는 것이라고 비판된다(Debord, *Society* 11). 드보르는 『스펙터클의 사회』가 출간된 지 20년 후에 쓴 『스펙터클의 사회에 대한 논평』*Comments on the Society of the Spectacle*에서 "스펙터클적 지배의 첫 번째 우선 사항은 가장 최근의 과거에 대한 합리적인 정보와 논평에 대한 것들로부터 시작하여, 일반적인 역사적 지식을 제거하는 것이다"(13-14)라고 말한다. 우리는 "역사적 지식"을 교묘하게 제거하고, "최면상태의 행위"만을 가능하게 하는 이런 사회를 시각적으로 식민화된 사회라고 할 수 있을 것이다.

19세기 말에 이르러 이러한 시각적 식민주의가 소비지향적인 식민종주국 내부에서 만연되었는데, 이 시기에 제국주의의 상징적 기호들로 치장된 다양한 인쇄물들과 시각물들이 대량으로 제작되어 유포되었다(Parry 68). 예를 들면 대중소설, 삽화가 들어있는 신문, 잡지, 그림, 사진, 인상적 장면들을 담은 활인화tableau vivants, 그리고 과자, 차, 커피 등의 포장지에 새겨진 제국주의적 주제들이 담긴 로고들 등을 볼 수 있는데, 이러한 구체적인 자료들을 통해 시각적 식민주의의 양태들을 살펴볼 수 있다.[76]

테리 스미스Terry Smith는, 호주에서의 원주민의 시선과 유럽인들의 시각을 비교하는 맥락에서, 식민화의 시각적 체제들visual regimes은 "포구砲口수정"calibration, "삭제"obliteration, "상징화"symbolization라는 3가지 실천들의 삼각망triangulation으로 설명한다(483-84). "포구수정"이란 일반적인 관찰자들이 하는 방식과 같이 식민지 사람들의 성격을 묘사하는 정도의 행위가 아니라 통치권이 미치는 범위나 재산권의 경계들을 설정하고 사람들을 감시하는 것을 포함하여 "지속적인 정교화, 통제의 강요, 질서유지의 과정들"을 통해 진행된다. "삭제"라는 것은 토착민들의 신체적 생존, 관점들, 이미저리, 아비투스the habitus를 제거해 버리는 정치적, 문화적 폭력이다. 그리고 "상징화"라는 것은 경험세계로부터 지엽적인 부분을 선택하여 그것을 그 경험세계의 전체에 대한 재현으로 변형시키는 것을 뜻한다. 특히 "상징화"는 심미화aestheticization의 특성을 지니는데, 이 심미화는 세계를 시각예술 작품들에 의한 재현의 과

---

76 예를 들면 페드와 엘 귄디Fedwa El Guindi가 시각적 인류학visual anthropology에 대해 설명하면서, 식민종주국 사람들에게 식민지인들의 이미지들을 보여주기 위해 작성한 시각적 기록들이 인류학 그 자체에 내재된 식민주의적 유산을 공유한다고 지적한 것을 참고할 수 있다(41). 이것은 이민자들을 시각적으로 분류하는 작업을 통해 일종의 시각적 제국주의visual imperialism라고 할 수 있는 관행을 실행함으로써 생활세계들을 식민화한 양태들에 대한 조사를 통해서도 확인된다(Pease 215).

정들로 단순화하는 것으로서 앞에서 언급한 드보르적 뜻에서의 "스펙터클"과 같이 일종의 시각적 폭력의 방식이라고 볼 수 있다. 스미스는 특히 18, 19세기에 "픽쳐레스크"Picturesque로 알려진 시각체제에 의해 심미화가 가장 심하게 행해졌다고 주장한다(484). 스미스는 "픽쳐레스크"가 "시각적 여행의 개방된 형식, 다른 방식으로는 양립되지 않는 시각과 장소를 결합하는 테크닉"이라고 말하고, 그것이 "식민화에 필수불가결한 것이 되었으며 제국주의의 '인간적 얼굴'이 되었다. 그것은 외국의 풍토에 식민지들을 확립하고, 통제의 체계를 형성하며, 명령된 사회성을 구축하는 등의 도구적 현실성을 은폐하는 화환들로서의 매력적인 외양을 만들었다"(484)라고 설명한다.

　스미스는 구체적인 예로서 유진 폰 게라르Eugene von Guérard의 1864년 작품인 풍경화landscape 혹은 더 정확하게 나타내면 농장화 propertyscape 한 폭(Yalla-y-Poora)에 대해 설명한다. 그는 유럽인들이 차지한 식민지의 지역들을 이상화하여 그린 게라르의 그 그림이 "목가형식 혹은 목농주의pastoralism의 변형적 힘"을 보여주고, "자연의 힘들을 통제하는 일련의 실천들이 너무나도 교묘하게 성공적이라서 그 실천들 자체가 질서화의 원리, 즉 사람들, 동물들, 장소들, 그리고 사물들에 대한 질서화의 원리가 된 것"을 예찬하는 것이라고 지적한다(491). 또한 그는 "자연세계가 하는 모든 일들, 그 자연세계에 인간들이 가하려고 노력하는 모든 일들이 측정하는 눈the measuring eyes에 종속된다. 그러나 얼마나 대단한 눈인가! 토착민들은 한 명도 보이지 않고, 이 장면의 표면 혹은 구조에는 그 어떤 토착적 현존의 흔적들도 없다. 삭제의 과정들이 작동했다"(492)라고 쓰고 있다.

　스미스는 같은 지역에 대한 식민지 원주민들의 재현은 주변의 더 넓은 영역들을 포함하여 그들의 나라가 어떻게 존재하게 되었는가를 환기해 주는 장으로 나타내는 일종의 신성한 의례ritual와 같은 것인데, 식민종주국 화가가 그린 같은 지역에 대한 풍경화는 인간의 시각을 이상화하고, 심미화하여 마치 "현실에서 유리된 눈"a disembodied eye으로 보는 것과 같은 광경을 그리고 있다고 비교한다(492).

그런 "현실에서 유리된 눈"의 인식을 우리는 식민적 시각 혹은 시각적 식민주의의 양태라고 할 수 있다. 즉 식민적 질서를 규정하며, 정당화하는 데에 시각적 재현을 이용하는 식민주의적 시각문화라고 할 수 있는 것이다. 그와 같은 시각적 식민주의는 식민지 원주민들이 자신들의 정체성과 문화적 가치를 결정하는 기준으로 "서양적 응시"the Western gaze를 내면화한 데에서도 보인다. 레이 초우Rey Chow가 중국과 관련하여 지적하듯이, "근대성에서 서구적 응시만이 유일하게 중국과 중국인들에게 그들이 필요로 하는 자존감을 줄 수 있는 것으로 여겨진다"(188)라는 것은 식민지 원주민들이 식민종주국의 시각으로 자신들을 판단하게 된 식민화의 효과라고 할 수 있다.

"서양적 응시"라는 것은 사이드가 "대부분의 문화사가, 그리고 확실히 모든 문학 연구가들은 그 시기 [민족주의와 유럽 국민국가의 발흥, 대규모 산업화의 도래, 부르주아 권력강화의 시기] 서양의 소설, 역사 서술, 철학적 담론의 바탕이 되는 해외 영토의 지리적 기재법, 이론적 조감도, 지도 형성을 주목하지 않았다. 최초로 존재한 것은 유럽인 관찰자—여행자, 상인, 학자, 역사가, 소설가—의 권위이다"(사이드, 『문화와 제국주의』 142)라고 언급하는 "유럽인 관찰자"의 시각적 권력에 의한 식민화의 효과를 뜻한다.

메어리 루이스 프랫Mary Louise Pratt이 제국의 이데올로기적 장치들 가운데 하나가 된 여행기travel writing와 탐험기exploration writing를, 특히 18세기 중엽 이후에 나온 아프리카와 남아메리카 여행기와 탐험기를 분석대상으로 한 책에서 만든 3가지 용어들도 그러한 식민화의 효과에 대한 이해를 위해 살펴볼 수 있다. 첫째는 "접촉지대"contact zone, 즉 지리적으로, 역사적으로 떨어져 있었던 사람들이 서로 만나는 공간인데, 이 공간은 강압, 근본적인 불공평, 그리고 제어할 수 없는 갈등 등을 내포한다. 둘째는 "반-정복"anti- conquest, 즉 유럽 부르주아 주체들이 유럽의 헤게모니를 주장하면서도 동시에 그들의 순수성을 확보하려고 이용하는 재현의 전략이다. 프랫은 이 "반-정복"의 주된 프로타고니스트를 "보는-남자"the seeing-man라고 하는데, 그의 "제국적 눈"imperial eyes이 식민화의 대상을 보면서 결국 그것을 소유한다는 것이다. 그리고 셋째는 "자기민족지학"autoethnography, 즉 식민화된 주체들이 식민화하는 자들의 언어로 자신들을 스스로 재현하는 경우를 가리킨다(6-7).[77]

이 3가지 중에서 2번째와 관련된 "제국적 눈"에 대해서는 식민지 역사를 시적 초월의 비전으로 변형시킨 존 키츠John Keats의 "채프먼 번역 호메로스를 처음 읽고"On First Looking into Chapman's Homer라는 제목의 소넷을 통해서도 확인할 수 있다. 영국 낭만주의 시인인 키츠는 채프먼이 영역한 호머의 서사시를 읽고 처음으로 알게 된 정신의 미개척 영역에 대한 인식을 표현하면서 "독수리 눈eagle eyes을 지닌 채 태평양을 응시했던 때의 굳센 코르테즈Cortez처럼"이라는 직유법을 쓰고 있다. 이 표현을 주목하면서 수비르 카울Suvir Kaul은 "시에서 그[키츠]가 표현한 숭고한 발견과 고양감에 대한 모델이 유럽의 아메리카 정복의 역사와 지리학이라는 점이 분명하다"(163)라고 쓰고 있다. 카울은 키츠의 작품에서 그 은유는 식민화의 원래적 순간

---

77 프랫은 "민족지학적" 텍스트들은 유럽 사람들이 자신들에 의해 정복된 타자들 혹은 타민족들을 재현하는 수단이며, "자기민족지학적" 텍스트들은 그러한 메트로폴리탄 재현들에 대한 반응으로서 그 타자들이 구성하는 텍스트들이라고 비교한다(7).

으로부터 나온 것이라고 말하고, 코르테즈와 그 이전의 바스코 누네즈 드 발보아Vasco Nunez de Balboa가 보았던 비전은 "대양의 광활함"oceanic vastness만이 아니라 유럽의 지배라고 말한다(163). 이것은 흔히 진리와 미美를 동일시하는 형이상학적, 심미적 비전과 관련된 맥락에서 다루어지는 그 낭만주의 시인도 자신의 시대에 만연되었던 제국주의적, 식민주의적 시각의 영향을 받을 수밖에 없었다는 점을 확인할 수 있게 해 준다.

키츠의 작품에 대한 그와 같은 읽기는 사이드가 제시한 대위법적 독법contrapuntal reading이라고 할 수 있다. 사이드는 『문화와 제국주의』Culture and Imperialism에서 문화적 기록보관물들을 읽을 때 동음적으로univocally 읽는 것과 다른 방식인 대위법적으로contrapuntally 읽는 기법에 대해 언급한다(『문화와 제국주의』 129). 예를 들면 제인 오스틴Jane Austen의 『맨스필드 파크』Mansfield Park와 같은 작품을 읽을 때, 그 작품 속의 화려한 무대와 영국 상류층의 특권적 삶의 양상이 서인도의 농장들로부터 획득한, 즉 식민화된 자들에 대한 착취를 통한 이득에 의해 확립된 것임을 읽을 수 있어야 한다는 것이다. 사이드는 "내가 '대위법적 독해'라고 부른 것은, 그것을 실천적인 견지에서 보면, 텍스트를 읽을 때 그 작가가, 가령 식민지의 설탕 대농장을 영국에서의 생활양식을 유지하는 과정에서 중요한 것으로 보여주고 있는 경우 어떤 문제가 숨어 있는가를 이해하면서 읽는 것이다. ... 요컨대 대위법적 해독은 양쪽의 과정, 즉 제국주의 과정과 그것에 대한 저항의 과정을 고려해야 한다는 것이다"(『문화와 제국주의』 156)라고 설명한다. 다시 말하면 문학 텍스트 속에 감추어진 문화적, 정치적 함의들을 찾아내는 것이 중요하다는 것인데, 대위법적 독법이란 문학 텍스트들이 제국주의와 식민화 과정에 깊이 연루되어 있다는 것을 드러내기 위해 읽는 방식을 뜻한다.[78] 즉 대위법적 독해를 통해 "텍스트로부터 강제적으로 배제된 것"을 읽어내야 한다는 것이다(『문화와 제국주의』 156-57).

문학 텍스트 읽기에만 해당되지 않는 이 대위법적 독법은 우리가 시도한 시각적 식민주의의 양태들에 대한 검토에서도 적용될 수 있다. 식민화된 자들이 택해야 하는 원근법 혹은 시각, 즉 바르트가 말한 "감상적感傷的 관찰자"의 시선은 현재의 물질적, 정치적 맥락으로부터 과거의 무력화되고 침묵당한 목소리들을 발굴해 내는 것이라고 할 수도 있다. 그러한 시각은 우리가 지배담론에 의해 왜곡되고 은폐된 식민지의 실상을 식민종주국의 역사와 함께 올바르게 보는 방식을 뜻한다. 그런 독법은 1989년에 애쉬크로프트Bill Ashcroft, 그리피스 Gareth Griffiths, 티핀Helen Tiffin이 공저한 『다시 쓰는 제국: 탈식민주의 문학들의 이론과 실제』*The Empire Writes Back: Theory and Practice in Post-Colonial Literatures*의 제목에 있는 "다시 쓰기" 혹은 "되받아 쓰기"라는 탈식민화 전략과 비슷하다.[79]

---

78 다니엘 마틴 바리스코Daniel Martin Varisco는 사이드가 "서구적 응시"에만 국한하여, 관능적 욕망이 동양을 여행하는 서양의 여행자에게만 특유한 것이라고 보고, 18, 19세기에 유럽을 방문했던 동양의 여행자/관음자voy[ag]eur에 대해서는 무시한 것을 비판한다(163-34). 바리스코에 의하면, 사이드의 대위법적 독법에 관한 논의도 서양의 특정 고전음악 형식을 선호한 그의 음악취향과 관련된 것인데, 그가 실제로 동양의 음악형식들에 대해서는 중시하지 않은 것은 그의 이론의 한계를 드러내는 것이라고 보고, "사이드의 대위법적 독해는 쓰이지 않은 텍스트로부터 제국주의 문화로 이동할 때 미완의 교향곡으로 귀착되고 만다"(207)라고 지적한다.

79 이와 같은 맥락에서, 영국역사가들에 의해 진술된 인도 역사는 사건들에 대한 인도적 시각에서의 재해석을 통해 다시 기록되어야 한다는 주장이 제기되기도 했다. 예를 들면 영국이 명명한 1857년의 "인도 반란"Indian Mutiny이 인도역사가들에 의해 "최초의 인도 독립 전쟁"First War of Indian Independence 혹은 "위대한 인도 모반"Great Indian Uprising으로 명칭이 바뀐 것을 거론할 수 있다.

"되받아 쓰기"란 "동양이나 아프리카에 관해 유럽인이 만든 이야기를 교란시키는 것, 유럽인에 의한 이야기를 그것보다 더욱 유희적이고 더욱 강력한 새로운 이야기 양식으로 바꾸는 것"(『문화와 제국주의』 420)이라고 풀이할 수 있으며, 이 설명에서의 "이야기"를 "이미지" 혹은 "시각적 이미지"로 바꾸어도 틀린 진술이 되지 않는다. 사이드는 대위법적 독법이 "되받아 쓰기"와 같은 양식의 "되받아 읽기"reading back의 일종인가? 라는 질문에 대해 긍정적으로 대답하고, 그것은 "은폐되었거나 다루어지지 않았던 것들"을 찾아내는 것이라고 부연한다(Singh 98). 사이드의 대위법적 시각은 "오리엔탈리즘으로 대표되는 서양학문의 이분법적 시각에 대항하기 위해 특별히 고안된 것"(『문화와 제국주의』 698)이라고 할 수 있다. 사이드는 이것을 "거슬러 가는 여행"voyage in, 즉 주변화되었던 것들을 다시 찾는 노력이라고 표현한다(『문화와 제국주의』 420).

우리가 살펴본 "식민주의적 응시"는 식민지인들 혹은 토착민들을 야만시함으로써 타자화하고 주변화하는 일종의 억압과 폭력인데, 대위법적 시각은 그런 억압과 폭력에 대한 탈식민주의적 비판의 중요한 방식이다. 그것은 앞에서 언급했던 "제국화된 눈"을 치유하기 위해 적용할 수 있는 방법들 중의 하나가 될 수 있다. 그 치유는 대상을 현실로부터 유리시키기 쉬운 "심미화의 유혹"aestheticizing temptation(Alloula 116)에 대한 거부로부터 시작된다고 할 수 있다. 그리고 이 "심미화의 유혹"에 대한 거부는 종교적 이미지의 형상적 기능들 중의 하나로 풀이될 수 있다.

VI

종교와 시각문화

우리는 시각문화를 주제로 한 다양한 책들 중에서 마리타 스트루켄 Marita Sturken과 리자 카트라이트Lisa Cartwright의 『보기의 실천들: 시각문화 안내』*Practices of Looking: An Introduction to Visual Culture* 를 통해 다양한 시각적 이미지들과 함께 시각학Visual Studies과 관련 된 이론들을 개관해 볼 수 있는데, 그들은 서양문화에서의 이미지 생산의 역사를 4시기들로 정리한다(116).

첫째, 1425년 원근법perspective의 개발 이전의 고대예술 시기
둘째, 15세기 중엽의 원근법 시대로부터 바로크Baroch, 로코코 Rococo, 낭만주의Romanticism 시대에 이르는 18세기까지 의 과학혁명과 계몽주의를 포함하는 시기
셋째, 기계화와 산업혁명에 수반되는 기술발전의 근대시기, 사진술 의 발달을 포함하여 18세기 중엽부터 20세기 후반의 시기
넷째, 1960년대 이후 현재까지의 전자기술, 컴퓨터와 디지털 이미 징의 포스트모던 시기

르네상스 이전에 중시되었던 감각은 청각이었으며, 그 다음이 촉각 이었는데, 르네상스 시대 이후 인쇄술과 광학기술의 발달과 함께 확립된 원근법적 인식에 의해 시각이 우위에 오게 되었고 시각중심주

의ocularcentrism가 촉발된 것이라고 할 수 있다. 그런데 존 버거John Berger가 분석한 것과 같이, "르네상스 초기에 확립된 서양 특유의 원근법 시점은 보는 사람의 눈을 중심으로 모든 것을 배치하는 것으로서 마치 등대에서 비추는 광선과 같다. … 원근법은 하나의 눈을 시각적 세계의 중심에 놓는다. 모든 것을 하나의 안구의 초점을 향하여 집중시키기 때문이다. 시각적 세계는 우주가 신을 위하여 형성되었다고 믿고 있었던 시대와 마찬가지로 보는 사람을 위하여 배치하고 구성하였다"(*Sense of Sight* 36-37). 따라서 원근법적 세계인식은 "세계를 소형화시키고 액자 속에 넣으며 소유하고 싶다는 근대 특유의 시각적인 소유욕"(*Sense of Sight* 248)을 생성했고, 이것이 서양의 식민주의와 절대왕권주의와도 연관성을 지닌다는 분석은 설득력이 있다. 같은 맥락에서 마틴 제이Martin Jay는 원근법적 시각체제가 고립된 주체의 부르주아 이데올로기와 공모된 것이라고 본다("Scopic Regimes" 9).

제이는 이러한 원근법주의적 시각 질서로부터 나오는 결과에 대해서 "원근법적 응시the perspectival gaze의 추상적 차가움은 기하학적 도형으로 변한 공간 속에서 묘사된 대상들과 화가의 정서적 연루를 회피하는 것을 뜻했다. 보다 더 흡수적인 시각 양식의 참여적 개입은 비록 완전히 억압된 것은 아닐지라도 관객과 광경 사이의 틈이 벌어짐에 따라 약화되었다"("Scopic Regimes" 8)라고 쓰고 있다.

그런데 바로크와 17세기 네덜란드 회화양식이 데카르트의 원근법적 시각체제에 대한 대응양식이 되었다 데카르트적 원근법주의Cartesian perspectivism에 대한 반대로서 베이컨적 경험주의Baconian empiricism에 입각한 묘사의 기술은 파편적, 세부적으로 분절된 세계의 표면에 주의 깊은 눈길을 던지고, 설명하기보다는 묘사하는 것으로 만족하는 태도이다. 제이는 "바로크 비전의 폭발적 힘"이 데카르트적 원근법주의의 헤게모니적 시각스타일에 대한 대안이라고 본다("Scopic Regimes" 16).[80] 흥미로운 것은 바로크적 시각 경험은 강력한 촉각적tactile, haptic 속성을 가지고 있으므로 데카르트적 원근법주의의 절대적 시각중심주의와 다르다는 점이다. 바로크 비전은 아름다움the beautiful보다 숭고the sublime를 더 추구하는 미적 전통과 근접한다. 욕망이 바로크 시각체제의 요소가 되고, "신체가 돌아와서 탈육화된 데카르트적 구경꾼의 무관심한 응시the disinterested gaze를 폐위시킨다"("Scopic Regimes" 18)라는 것이다.

20세기 초의 모더니즘 예술에서는 원근법적 인식의 관습을 파괴하고, 다원원근법적인multi-perspective 지각의 영역으로 시각을 확장했다. 특히 고정된 시선의 중심을 부정하고 부단한 유동을 특징으로 하는 무비 카메라의 발명에 의해 원근법적 인식 혹은 사람이 사물을 보는 방식에 변화가 오게 되었다고 할 수 있다. 이 변화가 "가시적 시야의 전체성"(버거, 『본다는 것의 의미』 38)을 재현하려는 입체파cubism 미술에서 확인되는데, 입체파 미술은 "지배적인 원근법 모델에 저항하는 스타일"(Sturken 119)로서 인간의 눈이 단일한 점에 결코 고정될 수 없고 부단히 유동한다는 것에 착안하여 대상들이 동시에 여러 가지 다른 앵글로 포착되는 모습을 그리며, 대상들 사이의 시각적 관계에 초점을 맞춘다.

제이는 데카르트적 원근법주의나 베이컨적 묘사기술에 의해 가능하게 된 서양의 과학적 전통, 과학주의scientism의 과잉에 대해 반성

---

80 화려한 이미지들을 이용한 스펙터클의 문화인 바로크도 "절대군주체제가 경제적 변동이 야기하는 정치적 위기 가능성에 대처하고, 발생할 수도 있을 민중의 저항을 무마하기 위해 구사한 문화양식"으로도 이해될 수 있다(주은우 507).

적으로 검토할 수 있다고 말하고, 동양문화에서는 그러한 시각체제가 부재한 것과 토착적 과학혁명이 결여된 것 사이에 연결성이 있을 것 같다고 본다("Scopic Regimes" 19-20).

데카르트적 원근법주의는 세계로부터 벗어난, 비역사적이고 비실체적이며 무관심한 주체를 특권시한 셈인데, 이러한 초월적 주체성a transcendental subjectivity과 보편적 휴머니즘universalist humanism에 대한 비판이 우리의 "속함"embeddedness을 강조하는 관점들에 의해 비판받게 되었다. 김시천이 쓰고 있듯이, "고전문헌에서 '본다'는 것은 눈의 작용이며, 이 눈의 목적어로 흔하게 나오는 말이 '색'이다. ... 그렇다면 색을 본다는 것은 무엇인가? 이 '色'이란 한자는 춘추전국시대의 문헌에서는 상식처럼 여기는 색깔이 아닌 '안색顔色'을 뜻한다. 그래서 공자는 논어論語 계씨季氏에서 '얼굴빛을 살피지 않고서 말하는 장님 같은 행동'의 어리석음을 말한다"(271-72)라는 것은 서양과 다른 동양문화에서의 비非원근법주의의 특성, 즉 "속함"에 대한 강조를 암시한다.

물론 서양사상가들 중에서도 이마뉴엘 레비나스Immanuel Levinas와 같이 "타자의 윤리학"The Ethics of the Other을 내세운 사람은 "타자를 대면하는 가장 좋은 방법은 그의 눈의 색깔조차 주목하지 않는 것이다. 눈의 색깔을 관찰할 때는 타자와 사회적 관계 속에 있지 않는 것이다. 얼굴과의 관계는 분명히 지각작용에 의해 지배될 수 있다. 그러나 그 얼굴이 '특수하게' 뜻하는 바는 지각적인 것으로 환원할 수 없다"(John Drabinski 39)라고 말함으로써, "나"라는 동일자 속으로 폭력적으로 흡수되지 않는 타인의 "특이성"singularity 혹은 "타자성"alterity의 중요성을 인식해야 한다고 주장한다. 하기 케나안Hagi Kenaan이 『시각성의 윤리학』The Ethics of Visuality에서 말하듯이,

"레비나스에 의하면 얼굴[le visage]은 타자의 절대적 타자성의 증거이며, 모든 지각작용을 초월하여 도덕적 명령을 확립하는 초월적 타자성이다"(10).

카렌 제이콥스Karen Jacobs는 『눈의 마음: 문학적 모더니즘과 시각문화』The Eye's Mind: Literary Modernism and Visual Culture에서 20세기 초 모더니즘의 발생과 함께 동반된 3가지 서로 관련된 문화적 변화 양상을 시각을 중심으로 정리한다(2-3).

첫째, 정신분석학, 마르크스주의, 실존철학 등에 의해 장악된 20세기 전반부에서 시각에 대한 회의적인 철학적 담론들의 영향으로 "시각중심주의ocularcentrism의 위기"가 유도된 것

둘째, 사진, 영화와 같은 시각적 테크놀로지와 소비문화의 발전에 의해 지각작용perception에 대한 개념화와 생성방식의 변화가 야기되었다는 것

셋째, 학문분야로서 인류학과 사회학의 출현에 의해 참여적 관찰자 방법을 통한 지식획득의 방식들과 새로운 시각적 기법들이 공고하게 된 것

제이콥스는 그 책에서 랄프 엘리슨Ralph Ellison, 발터 벤야민Walter Benjamin, 블라디머 나보코프Vladimir Nabokov 등이 시각에 불가피하게 수반되는 폭력의 형태들을 어떻게 비판하는가를 다룬다. 그들은 시각이 신뢰할 만한 지식을 전달할 수 없다고 본다는 것이다. 모더니티 프로젝트는 서양에서 르네상스 이후 태동되고 계몽주의에 의해 공고하게 된 것이지만, 모더니즘 예술은 그 모더니티 프로젝트에 대한 단순한 예술적 반응이라기보다 오히려 그것에 대한 비판적 대응

의 면이 강하다. 제이콥스의 정리에서 주목할 부분은 모더니즘이 "시각중심주의의 위기"를 나타내는 특징을 지닌다는 분석이다.

관찰가능한 객관적인 대상으로 세계를 사물화reification하는, 서양의 모더니티 프로젝트에서 강조되었던 시각중심주의적 경향에 대한 비판적 담론이 형성되어 "시각중심주의의 위기"를 보였다고 할 수 있지만, 디지털 혁명의 시대라고 일컬어지는 우리 시대는 사진, 영화, 텔레비전, 애니메이션, 비디오로부터 컴퓨터 게임과 디지털 시네마를 포함한 넓은 뜻에서의 디지털 스토리텔링에 이르기까지 각종 시각매체들을 통해 시각적 경험과 시각적 욕망ocular desire이 강화되고 있는 것 같다.

문자의 발명으로부터 인쇄술의 발명에 이르기까지의 시기를 로고스페르logosphere, 사진 혹은 영화의 등장 시기까지를 그라포스페르graphosphere, 그리고 시각문화의 시대인 우리 시대를 비데오스페르vidéosphere라는 시선의 3시대들로 구분해 볼 수 있는데(드브레, 『이미지의 삶과 죽음』 248), 제이콥스가 정리한 문화적 변화 양상은 이 비데오스페르의 특징을 요약한 것으로 이해할 수 있다. 비데오스페르에서의 시각성에 대한 이해는 인간의 시지각에 대한 성찰을 전제로 한다. 대체로 시각vision은 생리적 작용을, 시각성visuality은 사회적 작용을 뜻하는 것으로 구별될 수 있다. 물론 시각도 단순히 신체적 기관인 눈에 의한 대상의 포착이라기보다 사회적, 역사적 구성이라고 보아야 한다. 왜냐하면 시각도 자연적, 외부적 자극에 대해 순진무구한 상태로 반응하는 눈의 작용이 아니라 능동적이고 해석적인 과정이라고 보아야 하기 때문이다.

시각성은 "사회적 역사적 조건 속에서 구현된 시각"(Stimson 2) 혹은 "시각과 우리가 일상적으로 확인하는 다양한 주의력의 양식들, 즉 보기, 주시, 응시, 구경, 관찰 등이 역사적으로 다르게 구성되는 방식"(Lister 101)이라고 정의되기도 한다. 슈-메이 쉬Shu-mei Shi는 전지구적 자본주의 시대의 시각성의 문제를 다루고 있다(12). 특히 위성TV과 인터넷 등에 의한, 전지구적 자본주의 시대의 특징인 시간과 공간의 단축과 축소를 예증하는 것이 이미지 전달과 확산의 속도와 강도라고 볼 수 있는데, 시각성을 전지구적 자본주의 속에 설정하는 것은 이미지들과 시각적 산물들이 자본의 흐름을 따라 확산되는 것을 강조하는 일이 된다는 것이다.

도널드 로우Donald M. Lowe의 『부르주아의 지각의 역사』*History of Bourgeois Perception*의 관점에 따르면, 20세기 초의 지각의 혁명은 단일 원근법a single perspective의 관습을 파괴하고, 앞에서도 언급했던 "다원 원근법적" 지각 영역으로의 시각의 확장을 야기했는데, 우리 시대에는 눈과 귀를 연장하는 디지털 문화에 의해 이것이 더욱 강화되고 있다(14). 로우의 조사는 비시각적 데이터를 시각화하는 능력 면에서 새로운 패러다임이라고 할 수 있는 우리 시대의 디지털 미디어의 특성에 대한 것도 포함해야 한다. 그와 같은 조사를 통해 시각의 문화적 구성 혹은 "시각체제"visual regime에 대해 이해할 수 있을 것이다. ("담론적 체제"discursive regime와 같이 "시각체제"는 시각적 재현의 형식들 내에서의 자료 배열의 규정을 뜻한다고 추상적으로 정의할 수 있다.)

로우의 정리에 의하면, 감각위계sensing hierarchy의 경우, 커뮤니케이션 수단으로서 구술orality보다 필서chirography가 우위에 있게 된 중세는 촉각을 시각보다 더 중시했고, 필서에서 인쇄typography로 넘어가는 과도기였던 르네상스시대는 시각이 우위를 차지하게 되는 과정이었으며, 사진photography에 의해 인쇄술이 보완된 부르주아 사회에서는 시각의 확장이, 그리고 인쇄술보다 전자기술electronics이 우위를 점한 20세기에서는 시각/청각의 외삽extrapolation, 즉 알려진 자료나 경험을 미지의 영역으로 확장하거나 연장하여 추정적 지식에 도달하는 것을 특징으로 한다(15). 우리 시대에는 시각적 질서의 탈에로스화de-eroticizing와 함께 탈내러티브화de-narrativization와 탈텍스트화de-textualization가 야기되었는데, 글을 읽을 줄 모르는 사람들에게 이야기를 들려주는 것과 같은 그림의 담론적 기능이 약화되고, 형상적 기능이 강화됨으로써 이미지의 자율성이 중시되는 현상을 낳았다고 지적된다.

종교적 이미지의 형상적 기능이라는 주제를 중심으로 시각적 이미지와 시각문화와 관련된 다양한 관점들을 검토하는 과정에서 우리는 또한 시각과 시각성에 대한 이해를 전제로 하는 시각적 리터러시visual literacy의 함양이 중요하다는 점을 알게 된다. 시각적 리터러시는 시각적 이미지들이 의미를 구성하는 방식에 대한 이해력, 심미적이고 실제적인 목적들을 위해 시각적 이미지들을 사용하는 능력, 그리고 시각적 이미지들의 정확성, 정당성, 가치 등에 대해 판단하는 능력이라고 정의할 수 있다.[81] 시각적 리터러시에 대해서는 다음과 같이 4가지로 정리할 수 있다(워커, 『비주얼 컬처』 210-11).

---

[81] "우리의 사회에서 시각적 리터러시의 지위가 (문자적 리터러시보다) 낮은 것은 비주얼 컬처가 시각적인 차에 한정되어 있기 때문이다. 이미지(특히, 사진)는 6천 개가 넘는 인류의 언어 가운데 어느 언어의 단어보다 더욱 간단하게 받아들여지고 보편적인 것이라고 생각된다. 이런 관점은 어느 정도 참이긴 하다. 하지만 이미지를 볼 수 있는 사람들이 반드시 그것의 의미를 이해할 수 있는 것은 아니다. 시각적인 제작물을 제작하는 데 사용되는 코드, 관습, 상징이 반드시 보는 사람에게 친숙하지 않을 수도 있기 때문이다. 그리고 이미지의 주제와 내용을 이해하기 전에 일반적으로 필요한 콘텍스트적—문화적, 역사적—지식이 보는 사람에게 부족하기 때문이기도 하다"(워커 208-9).

첫째, 시각적 리터러시는 시각적 미디어를 이해하기 위한 필요조건
이다. 그런데 그것은 시각적 미디어를 향해 점증적으로 노출
됨으로써 획득될 수 있는 능력이다.
둘째, 시각적 리터러시의 향상은 인지능력을 향상시킨다.
셋째, 시각적 리터러시의 개발 혹은 향상은 시각미디어를 통한 정
신적, 정서적 조작의 메카니즘에 대한 이해를 강화한다.
넷째, 시각적 리터러시의 향상은 미적 감상 능력을 심화한다.

시각적 이미지들이 커뮤니케이션의 지배적인 형식이 된 시각문화
의 세계에서, 특히 셋째에 언급되고 있는 것과 같이 광고와 정치적
캠페인 등에 의한 시각적 조종과 통제에 대해 저항할 수 있는 능력을
배양하는 것이 필요하다. 또한 적절한 시각적 실천의 방식 혹은 시각
윤리visual ethics를 함양하는 것도 중요하다. (이러한 관점에서 "종교
적 시각문화"는 시각, 시각성, 시각적 리터러시, 시각윤리에 관한 연
구를 포괄하는 학문분야로 모색해 볼 가치가 있을 것이다.)
시각윤리는 사람들이 시각적 지각작용을 통해 윤리적으로 관계를
맺는 방식들을 탐구하기 위해 종교학, 철학, 사진/비디오 저널리즘, 시
각예술, 그리고 인지과학 등을 연관시키는 학제적 분야이다. 전통적으
로 윤리학 분야는 인간의 도덕적 행위에서의 시각적 재현의 중요성을
무시해 왔다. 시각적 이미지들의 생산과 수용을 이해하는 방식에 대해
관심을 기울이는 시각윤리는 시각적 생산의 윤리와 시각적 수용의 윤
리라는 2가지의 범주로 대별된다. 그런데 시각적 생산의 윤리는 특히
뉴스 미디어에서의 시각적 재현이 인종, 계층, 젠더와 연관된 문화적
코드를 어떻게 활용하는가를 중시하며, 타인의 이미지를 포착하거나
공유하는 것이 윤리적으로 정당한 것인지도 다루게 된다.

시각적 생산의 윤리와 관련하여, 특정의 이미지와 지배적 이데올로기 사이의 관계에 대해 생각해 보게 만드는 사례가 있다. 이것은 고운孤雲 최치원의 영정들 중에서 가장 오래된 것으로 밝혀진 "운암영당 고운선생영정"과 관련된 일화이다. 건륭 58년(1793년)년에 하동 쌍계사에서 제작되었다는 것을 알게 해 준 화기畵記를 발견하게 된 것인데 경남 시도유형문화재 제187호인 이 영정을 정밀 조사하던 중 적외선 투과 촬영 결과 문방구를 그려놓은 영정 바탕에 동자승으로 추정되는 인물상이 그려져 있다는 사실이 알려진 것이다. 따라서 이 영정은 신선도神仙圖로 기획되었던 것인데 문방구를 갖춘 유학자의 영정으로 변형된 것에 대해 "초상을 쌍계사 밖의 사당과 서원으로 옮기는 과정에서 동자승 흔적을 없애고 그 자리에다가 문방구류를 덧칠했기 때문일 것"이라고 진주박물관 장성욱 학예연구사가 말했다고 한다. 주자성리학이 지배이데올로기였던 조선시대에 불교나 도교의 흔적이 있는 부분들을 삭제하고 유학의 이미지들로 변형시키는 일들이 있었다는 것이다(연합뉴스 2009년 11월 11일 자).

그런데 우리 시대의 시각윤리 논의에서 가장 중시되어야 하는 주제는 앞에서도 언급된 시각중심주의ocularcentrism와 반시각적 담론 antiocular discourse에 대한 것이라고 할 수 있다. 마틴 제이Martin Jay 는 "반시각중심주의적 담론이, 그것이 불신하는 시각성 모델들에 대한 분노에도 불구하고, 결국 암묵적으로 촉진시키는 것이 그 시각성 모델들의 확산이다"(Downcast Eyes 591)라고 말한다. 그는 시각성의 힘은 재현, 감시, 스펙터클 등에 대한 공격들을 이겨내고 있으며, 시각과 시각성이 "통찰"insights, "조망"perspectives, "성찰"speculations, "관찰"observations, "계몽"enlightenments, "조명"illuminations 등을 제공해 주고 있다고 저서의 결론에서 쓰고 있다(Downcast Eyes 594).

우리가 보는 것이 무엇인가? 우리가 보는 것에 대해 의미를 어떻게 부여하는가? 등의 물음을 토대로 하는 조건이 시각성이다. 제이는 드보르의 "스펙터클" 사회에 대한 비판에 대해 논의하면서, 드보르의 비판은 "소외되지 않는 생존의 축제 속에서의 행복에 대한 희망"을 통해 느낄 수 있는 시각적 즐거움과 "눈의 욕망"the lust of the eyes에 대한 금욕적 혐의를 지닌다고 말한다(*Downcast Eyes* 429-30).

제이는 시각중심주의에 대해 설명하면서 서양사상에서 눈에 부여된 전통적인 특권이나 패권이 오히려 시각을 비판하고 다른 감각을 옹호하는 반대 조류를 야기했다고 주장한다. 그리고 시각은 감시와 스펙터클을 통해 사회를 억압한 공모자라고 여겼다. 제이는 20세기의 프랑스 사상가들이 시각이 가장 고귀한 감각이라는 관습적 인식에 대해 근본적으로 도전하고, 서구문화에서의 시각중심주의에 대해 비판한 것을 베르그송Bergson의 시간의 공간화를 비롯하여, 바타이유Bataille의 무두無頭acephatic 신체에 대한 예찬, 사르트르Sartre의 시선the look의 사도-마조히즘sadomasochism 묘사, 라캉Lacan의 거울단계mirror-phase에 의해 생성되는 에고에 대한 폄하, 푸코Foucault의 원형감옥적 감시panoptic surveillance에 대한 혹평, 드보르Debord의 스펙터클 사회에 대한 비판, 바르트Barthes의 사진과 죽음 연결, 메츠Metz의 시네마적 시각체제에 대한 이론, 이리가레이Irigaray의 가부장제도에서 시각적인 것에 부여한 특권화에 대한 분노, 레비나스Levinas의 시각에 정초한 존재론이 윤리를 좌절시키는 것에 대한 비판 등으로 열거한다("Returning the Gaze" 114). 반시각적 담론의 모티프들은, 제이가 말하듯이, "생체험된lived, 시간적으로 의미 있는 경험, 말의 즉시성, 집단적 참여"와 "죽은dead 공간화된 이미지들, 응시의 분리시키는 효과, 개별화된 성찰의 수동성"을 대조하는 데에 있다(*Downcast Eyes* 429).

제이는 우리 시대의 특징이 "반시각중심주의적anti-ocularcentric, 반총체화적anti-totalizing, 반동질화적anti-homogenizing인 것에 대한 예찬, 특수성, 차이, 그리고 타자성에 대한 반메타내러티브적anti-mentanarrative 예찬"("Epilogue" 243) 등에 있다고 본다. 여기서 "반시각중심주의적"이라는 것은 특히 프랑스의 포스트구조주의/포스트모던 이론가들이 보여주는 반시각중심주의적 담론 혹은 시각중심주의에 대한 비판적 논의들과 관련하여 이해해야 한다. 서양의 지배적인 문화적 전통에서 시각성이 차지했던 지위에 대해 근본적인 의문을 제기한 그들의 반시각중심주의적 담론 혹은 눈에 대한 질문제기는 계몽주의 프로젝트와 데카르트적 원근법주의Cartesian perspectivalism를 겨냥한 것인데, 그 이유는 그리스 시대부터 서양의 세계인식의 근본토대가 시각sight이 됨으로써 대상에 대한 사물화와 타자화othering가 심화되었다는 인식 때문이다.

제이가 분석하듯이, "마음의 눈"에 의한 성찰speculation과 "신체의 눈"에 의한 관찰observation이 둘 다 시각중심적인데, 그것은 이성, 합리, 객관적 기준, 그리고 결국 신적 권위에 의한 감시를 함축한다. 서양 계몽주의 전통에서 시각중심주의는 보는 자로서의 주체를 대상으로부터 분리시키고, 그 대상을 객관화 혹은 사물화하는 결과를 초래한다. 분리된 주체가 정적인 대상들의 집합으로서의 세계를 대면하는 것인데, 이것으로부터 방관자적 지식의 양식 혹은 "순수한 객관성"pure objectivity이라는 이상을 상정하게 된다는 것이다.

시각의 헤게모니는 현대적 삶에서의 미디어 이미지들의 지배, 무관심한 방관주의disengaged spectatorship, 인종차별주의racism, 성차별주의sexism 등을 야기한 것으로 진단되기도 한다(McMahan 7). 그런데, 서양의 시각중심주의 혹은 시각적 지각양식은 우리가 시각적 식민주의에 대해 살펴본 데에서도 드러나듯이, 유럽의 식민주의에도 내재되어 있다. "시각적인 것의 우위성과 시각과 지식의 동일시가 식민지 세계에서의 장소에 대한 개념화, 재현, 경험에 심대한 영향을 미친다"(Aschcroft 127)라는 것이다.

버나드 샤라트Bernard Sharatt는 현대문화에 존재하는 4가지 보기 양식에 대해 설명한다(Longhurst 288). 즉 얼핏 보기glimpse, 응시gaze, 탐사scan, 그리고 일별glance이다. 그의 논의를 요약하여 다음과 같이 정리해 볼 수 있다.

첫째, 얼핏 보기는 신성, 권력, 심지어는 성애에 내포된 회피적, 부분적 가시성의 특성이다. 즉 잠재적으로 강력한 것이나 우리가 욕망하는 것들에 대한 부분적 가시성은 은폐된 것이기 때문에 신비롭고 위협적인 것으로 여겨지는 것들의 특징이 된다. 이러한 보기 방식은 전근대적 사회, 즉 권력이 신비와 은폐를 통해 유지될 수 있었던 시대의 특징이다. 감질나게 하는tantalizing 얼핏 보기가 일반인들에게 경외감이나 호기심을 불러일으킨다.

둘째, 응시는 감시와 조사에 의해 유지되는데, 근대사회의 권력관계는 응시를 특징으로 한다. 응시는 얼핏 보기와는 달리 좀 더 오래 뚫어지게 보는 것이다(샤라트는 응시의 3가지 체제를 재현representation, 재생reproduction, 구경꾼적인 것the spectatorial으로 구별한다).

셋째, 탐사는 근대사회에서 권력이 작동하는 방식과 관련된다. 이것은 감시surveillance, 감독supervision, 단속oversight, 검사inspection 등에 관한 푸코의 논의를 통해 요약된다.

넷째, 일별은 순간적인 스쳐 지나가는 보기의 방식인데, "등록의 신속화"a rapidation of registration로서 얼핏 보기나 응시를 연기해 버리는 것이다. 샤라트는 풍경을 보기보다 나중에 다시 천천히 보려는 (실현되는 적이 별로 없는) 계획으로 사진 찍기에 바쁜 포스트모던 시대의 관광객들을 예로 든다. 일별은 이미지들이 범람하는, 미디어 포화의 포스트모던 시대의 특징이다.

그런데 데이빗 모건은 사람들이 취하게 되는 다양한 보기의 방식들과 시각적 소비visual consumption에 대해 논의하면서, "사람들이 예술작품들을 보는 방식을 간과해서는 안 된다. 즉 사람들은 응시하면서gaze, 동시에 얼핏 보고glimpse, 눈을 가늘게 뜨고 보고blink, 곁눈질하며 보고leer, 노려보기glare도 한다"라고 말한다("Art" 485). 이 자리에서 모건은 응시하다gaze는 것을 "보는 자신을 잊어버릴 정도로 하나의 이미지만을 보는 것" 혹은 "공평무사한 응시"the disinterested gaze라는 개념으로도 쓰고 있는데, 이것은 "남성적 응시"라는 개념에서의 응시와는 다른 것으로 보아야 할 것 같다. 모건은 뚫어지게 보기gaze, 스쳐보기squint, 훑어보기scanning, 흘긋 보기glance, 노려보기glare, 모른 체하며 눈을 돌리기ignoring 등으로 "보기"의 목록을 만든다(485).

존 엘리스John Ellis도 영화와 텔레비전을 구별하면서, 영화가 "응시"를 구성요소로 하는 반면에 텔레비전은 그것과 다른 "일별"을 구성요소로 한다고 설명한다(50). 엘리스는 영화는 여성 신체를 관음주의적 호기심voyeuristic curiosity과 물신주의적 매혹fetishistic fascination의 대상으로 만드는 경향이 있는 재현체제라고 분석하기도 한다(49-50). 그것들은 영화적 보기 방식의 2가지 대조적 방향인데, 관음적 호기심은 보는 자와 보이는 대상 사이의 분리를 유지하고, 그 분리에 의존한 다고도 말할 수 있다. 반면에 물신주의적 매혹은 그 분리의 간격을 없애버리려고 한다. 물신주의적 과정은 보기 그 자체를 없애버리는 것이기도 하기 때문이다. 엘리스는 응시는 보는 사람의 보는 행동 자체에 대한 집중을 함축하고, 일별은 보는 행동에 특별한 예외적 노력을 투입하지 않는다고 구별하기도 한다(137).

르네상스 이후 서양에서의 헤게모니적 시각 모델은 앞에서 언급했던 데카르트적 원근법주의인데, 이것이 상정하는 눈은 정적이고, 깜박거리지 않으며, 고정된 것으로서 역동적인 움직임이 결여된 것을 특징으로 한다. 노먼 브라이슨Norman Bryson의 구별에 따르면 이것은 "응시의 논리"the logic of the Gaze로서 "일별의 논리"the logic of the glance와 다르다. 브라이슨의 말을 빌면 "화가의 응시는 현상들의 유동을 정지시키고, 지속의 변동성 외부의 특정의 유리한 시점으로부터, 드러난 현존의 영원한 순간 속에서, 시각장을 관조한다"(Bryson, *Vision and Painting* 94). 브라이슨은 불어에서의 regard와 coup d'oeil에 해당하는 gaze와 glance에 대해 다음과 같이 비교한다. "응시의 활동은 연장되고 관조적이면서도 특정의 초연함과 속박에서 벗어난 태도로 시각장을 평온한 간격을 두고 바라보는 것"이고 "일별의 활동은 주의가 언제나 다른 곳으로 향하고, 슬쩍 보거나 곁눈으로 보며, 이동하여 그 자체의 존재를 감추고, 적의, 공모, 저항, 육욕의 비공식적인 메시지들을 비밀스럽게 운반할 수 있는 활동"이다(*Vision and Painting* 94). 브라이슨은 그림을 보는 시선의 차이를 설명하면서 응시gaze는 성찰의 대상을 객관화하며 보는 주체 자체를 비역사화하는 것이고, 일별glance은 식민화하지 않는 개입된 시선a non-colonizing, involved look이라고 설명한다(*Vision and Painting* 94).[82]

제임스 엘킨스James Eikins는 문화학/문화연구Cultural Studies, 시각문화Visual Culture, 그리고 시각학Visual Studies이라는 3가지 학문분야에 대해 구별하고 있다(*Visaul Studies* 1-5). 그의 설명을 요약하면 다음과 같다.

첫째, "문화학/문화연구"는 1950년대 후반에 영국에서 시작한 것인데, 예술사, 인류학, 사회학, 예술비평, 영화학, 여성학, 저널리즘 등을 포괄하는 학제적 연구의 형태로서 1980년대에 미국, 호주, 캐나다 등으로 확산되었으며, 레이먼드 윌리엄스Raymond Williams, 스튜어트 홀Stuart Hall, 리차드 호가트Richard Hoggart 등의 이론가들로부터 영향을 받았다.

둘째, "시각문화"는 1972년 마이클 바크산달Michael Baxandall이 처음으로 사용한 용어로서 학문분야로서는 1990년대 미국에서 시작했고, 바르트와 발터 벤야민Walter Benjamin의 영향을 받은 것으로 정리된다.

셋째, "시각학"은 1990년대에 로체스터 대학교과 UC-어바인 등에서 시작했다. 1995년에 W.J.T. 미첼W.J.T. Mitchell이 예술사, 문화학, 문학이론을 합류하여 "시각학"이라는 분야를 시작할 수 있다고 말했다고 한다.

---

82 W.B. 예이츠W.B. Yeats는 "내가 로마에 대해 생각하면 언제나 나는 세계를 주시하는world-considering 눈들을 지닌 그 머리들을 보고, ... 아무것도 응시하지 않는gazing at nothing 몽롱한 그리스의 눈들, 송곳으로 상아를 뚫어 만든, 비전을 관조하는staring upon a vision 비잔틴의 눈들, 그리고 중국과 인도의 눈꺼풀, 그 세계와 비전에 지친 가려진, 반쯤 가려진 눈들을 상상력 속에서 비교해 본다"(*A Vision* 277)라고 쓰고 있다.

시각문화는 영화, 사진, 광고, 인터넷 등을 주로 연구대상으로 하는데 비해, 시각학에서는 그것들만이 아니라 애니메이션, 컴퓨터 그래픽, 패션, 디자인, 그래피티, 정원 디자인, 테마파크, 국제공항, 샤핑몰, 비디오설치미술video installation, 그리고 책 삽화, 동화, 지도 등에 대해서도 관심을 기울인다(Elkins 34-35). 즉 시각학은 시각적인 것들의 감각적, 기호학적 특이성에 대한 연구라고 할 수 있는데 종교적 시각문화의 방향에 대한 논의는 이러한 "시각학"의 대상과 방법론을 종교학적으로 응용하고 재조정하는 것을 통해 가능해질 수 있을 것이다. 그의 설명에 의하면 시각학은 시각적인 것들의 감각적, 기호학적 특이성에 대한 연구라고 할 수 있는데, 종교적 시각문화의 방향에 대한 논의는 이러한 시각학의 대상과 방법론을 종교학적으로 응용하고 재조정하는 것을 통해 가능해질 수 있을 것이다. 데이빗 모건 David Morgan은 시각문화 연구는 최소한 5가지 고려사항들을 지닌다고 말한다(*Sacred Gaze* 33-34).

첫째, 시각문화연구가들은 특정의 미나 미학적 가치를 지닌 대상들만이 아니라 고급예술, 대중예술 혹은 예술, 비예술의 구별을 떠나 모든 이미지들을 조사해야 한다.

둘째, 시각문화연구가들은 이미지들만이 아니라 시각적 실천들에 대해 자세히 검토해야 한다.

셋째, 시각문화연구가들은 사회적 관계를 형성하는 이미지들, 실천들, 시각적 테크놀로지, 취향, 예술적 스타일을 조사함으로써 해석의 초점을 생활세계에 맞추어야 한다.

넷째, 시각문화연구가들은 시각이 사회적, 생물학적으로 구성되는 작동이라는 점에 대한 인식을 토대로 시각의 구성요소들을 면밀히 검토해야 한다.

다섯째, 시각문화연구가들은 이미지들이 부수적 현상epiphenomena
이 아니라 설명을 위한 증거로 볼 수 있게 추구해야 한다.
그리고 종교의 시각적 차원ocular dimension에 대해 말해
야 한다.

우리는 이 가능성에 대해서도 살펴보고, 동시에 종교학의 방법론과
성과를 시각학만이 아니라 문학/문화이론 분야, 그리고 시각예술 분
야가 차용할 수 있는 새로운 방법론도 찾아봄으로써 "종교와 시각예
술"이라는 학문분야의 방법론을 모색해 볼 수 있을 것이다.[83]
리차드 빌라데소Richard Viladesau가 신학적 미학theological aesthetics
과 구별한 미학적 신학aesthetic theology 혹은 미학적 종교학의 가능
성도 예상할 수 있다(Theology 167-69). 빌라데소에 의하면 기독교적

---

83 종교적 이미지의 형상적 기능에 대한 연구는 시각적 이미지와 스토리의 결
합인 내러티브 이미지에 대한 연구에서도 하나의 간접적인 참조틀로 활용
될 수 있을 것이다. 내러티브 이미지는 디지털 미디어 기술과 접목된 멀티
미디어 혹은 하이퍼미디어 예술과 컴퓨터 게임에서도 중요한 구성요소가
된다. 그러므로 내러티브 이미지의 이용은 디지털 미디어 기술을 응용하여
텍스트와 이미지를 결합하는 디지털 스토리텔링digital storytelling의 개발을
위해서도 요구된다. 또한 디지털 스토리 혹은 디지스토리digistory의 예술적
제작을 위해서는 정지 이미지, 동영상, 음악 파일들을 접합하는 일종의 통
사론이 필요하다. 시각문화에 의해 생산되고 있는 다양한 이미지들은 디지
털 미디어 기술의 발달에 의해 무한히 증식되고 있다. 그런데 이 이미지들
은 스토리화되기 이전에는 단순한 데이터일 뿐이다. 데이터를 스토리로 변
환시키는 기술 혹은 예술을 스토리텔링이라고 할 수 있는데, 교육, 문학, 정
치, 종교, 광고, 경영 등의 분야에서 스토리텔링 기법의 의의에 대한 연구가
진행되었으며, 스토리텔링학Storytelling Studies이라는 새로운 학문 분야로
발전되고 있다. 종교적 이미지의 형상적 기능에 관한 연구는 그와 같은 스
토리텔링학 분야에서도 도움이 될 수 있을 것이다(정형철, 『영문학과 디지
털문화』 참조).

신학적 미학의 상호관련된 주요 관심사들은 3가지로 요약할 수 있다. 즉 감각적 상징들을 이용하여 계시와 전통을 중재하는 것, 미美와 신神의 관련, 그리고 종교미술의 신학적 정당화가 그것이다("Aesthetics and Religion" 29-30). 미학적 신학은 상징과 은유를 통한 심미적 실천과 종교적 추구의 연관성에 대한 이해를 필요로 한다.

전체적으로 볼 때, 종교와 시각문화에 관한 논의는 우리의 "보기"의 방식에 대한 근본적 반성을 수반한다. "보기"는 코드를 통해 대상을 구성하는 작업이므로 "생동하는 세계와의 직접적인 접촉"(버거, 『본다는 것의 의미』 302)을 오히려 상실케 한다. "눈이 신체나 정신으로부터 분리되어 하나의 자율적인 체계를 구축하게 되었던 것이다. ... 사람은 사물과 기호의 관계를 활용하고 있다기보다 무수한 이미지나 기호적인 관계 속에서 살아가게 된다. 인간은 그 애매모호하고 불명확한 기호체계의 구성 속에 완전히 빠져있는 것이다"(버거, 『본다는 것의 의미』 304). 이와 같은 맥락에서 우리가 발전시켜야 하는 것은 "에코시"Ecosee의 능력인데, 그것은 "사진, 그림, 텔레비전, 비디오게임, 컴퓨터 미디어, 그리고 다른 이미지 기반 미디어의 형태들 속에서 공간, 환경, 생태, 자연에 대한 시각적 제시(재현)의 연구와 생산" (Dobrin 2)의 생태론적인 종합적 방식을 뜻한다.

시각적 경험을 언어 혹은 텍스트로 환원할 수 있는 어떤 것이 아니라 근본적인 인간적 활동으로 보고 중시해야 한다고 보는 모건은 시각문화 연구가에게 그림들은 단지 관념들, 인격들, 민족들[국가들]과 같은 비시각적 이벤트들의 예증이라기보다 그 관념들, 인격들, 민족들[국가들]이 발생하는 하나의 강력한 방식이라고 말한다(Sacred Gaze 33). 헌신, 순례, 기도와 같은 종교적 관행들을 이해하기 위해서는 신자들이 그 관행들을 수행하도록 돕는 보기의 실천을 고려해야 한다. 종교적 이미지의 형상적 기능의 중요한 부분이 초월적인 것들에 대한 시각적 환기인데, 특히 성스러운 응시는 시각적 이미지들의 종교적 잠재력을 현실화함으로써 그 이미지들로 형상화된 실재에 대한 감지와 경험을 가능하게 한다. 그것이 종교적 이미지의 형상적 기능이라고 할 수 있다.

맺음말

*[I. 머리말] 폴 틸리히Paul Tillich는 1차 세계대전이 끝날 무렵 베를린의 카이저 프리드리히Kaiser Friedrich 박물관에서 15세기 화가인 산드로 보티첼리Sandro Bottichelli의 『노래하는 천사들과 함께 있는 마돈나』*Madonna with Singing Angels*라는 그림을 보게 되었을 때 일종의 "계시적 황홀"을 경험했다고 말하고 "오래 전에 화가가 구상해 놓았던 그 아름다움에 흠뻑 젖은 채 내가 그 자리에 서 있었을 때, 모든 사물들의 신성한 원천으로부터 나온 무엇인가가 나에게로 침투해 들어왔다. 나는 전율을 느끼며 돌아섰다"라고 쓰고 있다.[1] 그 그림이 재현하고 있는 표층적 내용Inhalt이라기보다 그 그림의 색채, 형태, 공간적 배치 등을 통해 표현된 심층적 내용Gehalt이 틸리히에게 메타노이아*metanoia* 혹은 개오開悟의 순간과 같은 "계시적 황홀"을 경험하게 한 것이라고 볼 수 있다.

그 그림은 틸리히 자신이 종교를 정의하면서 쓴 "궁극적 관심"으로 그를 인도하는 수단이 되었으며, 그 "계시적 황홀"은 틸리히의

---

* 맺음말은 한신대학교 종교와 문화연구소 발행 『종교문화연구』 제22호(2014년 6월): 275-301에 실린 정형철의 논문 「시각적 이미지와 종교적 경험」을 국문초록, 영문초록, 참고문헌 등만 제외하고 논문의 형식을 유지한 채 재수록한 것이다.

1 Paul Tillich, *On Art and Architecture,* eds., Dillenberger, John and Jane Dillenberger (New York: Crossroad, 1989), pp. 234-35.

삶의 중요한 계기가 된 종교적 경험, 즉 두려움을 일으키는 신비 *mysterium tremendum*와 매혹시키는 신비*mysterium fascinans*를 동시에 지니는 신성한 경험이다.[2] 헨리 나우엔Henri Nouwen도 렘브란트Rembrandt의 『돌아온 탕자』*The Return of the Prodigal Son*에 묘사된 탕자, 그의 형, 그리고 그들의 아버지의 모습을 본 경험에 대해 언급하고 그 그림과의 만남이 자신의 소명에 대한 새로운 이해를 통한 영적 모험을 시작할 수 있게 했다고 말하는데, 그것도 나우엔 자신의 종교적 경험에 대한 고백이라고 할 수 있다.[3] 이와 같이 특정의 시각적 이미지 앞에서 말문이 막혀버리는 뮤티즘mutism 혹은 함묵증含默症은 "종교적 믿음의 시각적 형성과 실천" 혹은 "일상적 삶 속에서 초월성을 찾는 시각의 구성적 작용"이라고 정의되는 "시각적 경건"의 중요한 특징이다.[4]

"시각적 경건"은 특정의 이미지에 대한 시각의 종교적 실천 혹은 종교적 보기에 의해 가능하게 된다. 종교적 보기가 일반적인 보기와

---

2 Paul Tillich, *Systematic Theology*, Vol. 1 (Chicago: University of Chicago Press, 1951), p.40. Rudolf Otto, *The Idea of the Holy: An Inquiry into the non-rational factor in the idea of the divine,* trans., John W. Harvey (Oxford: Oxford University Press, 1958), pp.12-13, p.184. 종교적 경험은 탈현세적인, 즉 이 세상을 벗어난(other- worldly) 것과 같은 요소들을 포함하고 인간의 "수품 보눔"*summum bonum*, 즉 궁극적 지복, 해방, 구원, 이 세상의 사물들을 통해서는 도달할 수 없는 진정한 자아 등을 특징으로 하는 것으로 설명되기도 한다.

3 Henri J.M. Nouwen, *The Return of the Prodigal Son: A Story of Homecoming* (New York: Doubleday, 1992), p.3.

4 Peter de Bolla, *Art Matters* (Cambridge: Harvard University Press, 2001), pp.3-4. p.49. 드 볼라는 어떤 그림들을 보는 감각적, 심미적 경험에 대해 말하면서 그와 같은 순간의 "바라보기는 단순한 시각적 행동과 전혀 다르다. 그것은 현존의 확인 혹은 현존의 느낌, 현존을 위한 느낌과 더 가깝다"라고 쓰고 있다. "시각적 경건"에 대해서는 David Morgan, *Visual Piety: a history and theory of popular religious image* (Berkeley: University of California Press, 1998), pp.1-6 참조.

다른 점은 "믿음, 헌신, 변형에 도움이 되는 환경 속에 설정되는 행동"[5]이라는 점이다. 일반적으로 보기는 보는 사람이 가지고 있는 다양한 전제들, 경향들, 습관들, 그리고 역사적 관련들과 문화적 실천들에 의해 영향을 받을 수밖에 없다. 따라서 종교적 보기만이 아니라 모든 보기는 복잡한 기제이다. 그런데 종교적 보기는 "이미지, 보는 사람, 혹은 보는 행동에 영적인 의의를 부여하는 태도"[6]라고 정의되는 "성스러운 응시"인데, 이것을 우리는 영성靈性을 중시하는 응시라고 할 수 있다.

"문자[를 읽고 쓰는 능력]의 시대"the age of literacy라기보다 "시각성의 시대"the age of visuality라고 할 수 있을 정도로 시각매체들에 의해, 특히 디지털 테크놀로지의 발달에 의해, 다양한 시각적 이미지들이 삶의 공간에 포화되어 있는 우리 시대에 "성스러운 응시"와 같은 종교적 보기의 태도, 즉 영성을 중시하는 시각의 종교적 실천이 회복될 필요가 있다. 비판적 거리를 유지하고 이미지들을 음미할 수 있는 능력을 배양하지 않으면 깊이가 없는 화려한 표면들의 세계에서 방황하게 되고, 또한 영적인 의의가 배제된 물질들이 우리의 삶을 더욱 피폐한 것으로 만들 수 있기 때문이다. 세계와 사물을 지배하고 정복하려는 욕망을 지닌 모더니즘 시대의 이른바 "남성적 응시"male gaze와 마찬가지로 이미지들을 스쳐 지나가며 탐닉하기만 하는 포스트모더니즘 시대의 "일별"glance은 비종교적 보기, 즉 영성을 중시하지 않는 사물화reification의 보기 방식으로서 우리가 지향해야 할 종교적 보기와는 다르다.

---

5 S. Brent Plate, ed., *Religion, Art & Visual Culture: A Cross-Cultural Reader* (New York: Palgrave, 2002), p.11.

6 David Morgan, *The Sacred Gaze: Religious Visual Culture in Theory and Practice* (Berkeley: University of California Press, 2005), pp.3-4.

이와 같은 맥락에서 시각의 종교적 실천과 관련된 넓은 뜻에서의 종교적 시각문화의 올바른 방향을 모색하는 일이 중요하다.[7] 또한 다양한 종교들이, 특히 A.N. 화이트헤드A.N. Whitehead가 "종교를 생성하는 형이상학"이라고 말한 불교와 "형이상학을 요구하는 종교"라고 말한 기독교가 시각적 이미지에 대해 어떤 태도를 가지는지에 대해 체계적으로 고찰할 필요가 있다.[8] 이 논문에서는 그와 같은 모색과 고찰을 위한 예비적 단계로서 종교적 경험을 가능하게 하는 시각의 종교적 실천과 함께 종교적인 시각적 이미지의 특징에 대해 살펴볼 것이다. 이 과정에서 앞으로 진행될 연구에서도 참고할 수 있도록 다양한 이론가들의 논의들을 가능한 한 많이 그대로 인용하면서 검토할 것이다.

[II. 성스러운 응시와 형상성] "성스러운 응시"와 같은 종교적 보기의 방식은 모리스 메를로 퐁티Maurice Merleau Ponty가 "내가 바라보는 그림이 어디에 있는지 말하기는 어려울 것이다. 내가 그림을 바라보는 방법은 사물을 바라보는 방법과는 다르기 때문이다. 나는 그림을 장소에 고정하지 않으며, 내 시선은 큰존재[Être]의 후광 속을 서성이듯 그림 속을 서성인다"[9]라고 한 데에서도 보이는 태도와 상응한다. 퐁티는

---

7 각 종교에 따른 시각매체와 시각성의 구성요소가 구별된다. 즉 기독교의 시각매체는 그림painting이며 구성요소는 이미지/아이콘image/icon, 이슬람교는 서예calligraphy가 시각매체이고, 그 구성요소는 언어-이미지word-image, 불교는 시각매체가 경관 정원landscape garden, 그리고 구성요소는 신체-마음body-mind, 힌두교는 대중미디어mass media가 시각매체이고, 구성요소는 수행적, 상호작용적인performative and interactive인 것들이며, 유대교 건축architecture이 시각매체이고, 구성요소는 기억memory이다. Plate, 앞의 책, p.12.

8 Alfred North Whitehead, *Religion in the Making* (Cambridge: Cambridge University Press, 1926), p.50.

9 모리스 메를로 퐁티, 『눈과 마음: 메를로 퐁티의 회화론』, 김정아 역(서울: 마음산책, 2008), pp.45-46.

"시지각 자체가 광기인데, 회화는 이 광기를 일깨워 극한으로 몰고 간다. 왜냐하면 본다는 것은 거리를 두고 소유하는 것avoir à distance이기 때문이요, 회화는 이처럼 이상한 소유의 형태를 큰존재[Être]의 모든 측면으로 확장하기 때문이다"[10]라고 말한다.

"큰존재[Être]의 후광" 속에서 "시각적 경건"을 통한 종교적 경험을 가능하게 하는 시각적 이미지의 잠재력은 롤랑 바르트Roland Barthes가 사진예술에 대해 설명하면서 "푼크툼"*punctum*이라고 개념화한 것에 의해 활성화된다. 바르트는 루이스 하인Lewis H. Hine의 "어느 시설의 정신박약 아이들"Idiot Children in an Institution이라는 제목의 사진을 예로 들면서 그 사진에서 자신이 보는 것은 작가가 포착한 아이들의 "기형적인 머리와 가련한 옆얼굴"이 아니라 "중심에서 벗어난 세목"인, 소녀의 손가락을 감고 있는 작은 붕대라고 말한다.[11] 그것을 바르트는 일반적인 관련을 뜻하는 "스투디움"*studium*과는 다른, 특별한 예리함을 뜻하는 "푼크툼"이라고 구별한다. 바르트는 보는 사람에게 충격과 감동을 주는 어떤 하찮은 것들의 세부라고 할 수 있는 그 푼크툼이 "번개 같은 영감을 일으켰고, 하나의 작은 흔들림, 사또리, 공空의 스침을 유발시켰다"[12]라고 쓰고 있다. 일상적인 것으로 보였던 것이 갑자기 이상하고 불가사의한 것으로, 즉 지그문트 프로이트Sigmund Freud적 뜻에서의 "운하임리히"unheimlich[13]한 것으로 보이

---

10 위의 책, p.53.

11 롤랑 바르트, 『카메라 루시다』, 소광희 역(서울: 열화당, 1986), p.54. 바르트는 영화를 보는 어떤 흑인들이 전개되는 스토리가 아니라 화면에 보이는 광장의 한 구석을 지나가는 작은 암탉만을 본다는 실험결과를 인용하면서 미국 뉴저지 주 어느 시골 마을의 두 아이가 서 있는 모습을 찍은 그 사진에 대해 언급한다.

12 위의 책, p.52.

13 무엇인가가 친숙하면서도 동시에 낯선 경우 혹은 불편할 정도로 기이한 느

게 만드는 푼크툼은 문화적으로 코드화된, 미리 정해진 보기의 방식에 의존하는 스투디움을 붕괴시킴으로써, "사또리"*satori* 혹은 깨달음悟을 통한 견성見性의 경험을 가능하게 한다고 할 수 있다.

"내가 메즈리츠의 랍비를 만나러 간 것은 그에게서 율법을 배우려함이 아니고 그가 신발끈 매는 것을 지켜보기 위함이었다"라고 유대교 신비주의 하시디즘Hasidism의 어느 성자가 말했다고 한다.[14] 이 말에서 "율법을 배우는 것"은 텍스트적 "읽기"의 차원이고, "신발끈 매는 것을 보는 것"은 이미지적 "보기"의 차원이라고 구별해 볼 수 있는데, 이것을 스투디움과 푼크툼에 대한 바르트의 구별에 적용하면 스투디움이 "율법을 배우는 것"의 영역이고 푼크툼이 "신발끈 매는 것을 보는 것"과 같은 영역이라고 할 수 있다. 바르트도 "나는 미개인, 어린아이 혹은 미치광이이다. 나는 모든 지식, 모든 교양을 추방하며, 다른 사람의 시선을 물려받으려 하지 않는다"[15]라고 덧붙이는데, 이것은 문화적으로 코드화된, 미리 정해진 보기의 방식에 의해 실재實在가 왜곡되는 것에 대한 부정이다.

의미작용signification과 지시작용designation을 구별하는 장 프랑수아 료타르Jean-François Lyotard의 설명에 의하면, 의미작용은 언어적 기호들 간의 변별적 관계를 통해 작동하고, 지시작용은 언어 외부의 시각적 실체들의 세계, 즉 "시각계"라고 지칭할 수 있는 것을 통해 작

껌을 야기하는 것을 뜻하는 프로이트의 개념으로서 1919년에 발표한 에세이 "Das Unheimliche"("The Uncanny")에서 이론화했다. 프로이트는 일종의 불안의 미학an aesthetics of anxiety을 탐구했다고 할 수 있는데, "운하임리히"가 이 불안의 미학의 주제라고 할 수 있다. Nicholas Royle, *The Uncanny* (Manchester: Manchester University Press, 2003), pp. 1-38 참조.

14 틱낫한, 『마음에는 평화 얼굴에는 미소』, 류시화 역(서울: 김영사, 2002), p.15.

15 바르트, 앞의 책, p.54.

동한다.[16] 이 시각계가 코드화 혹은 텍스트화됨에 따라 그것의 고유한 진실은 왜곡되거나 상실되기 쉽다. 이와 같은 코드화 혹은 텍스트화가 "담론적인 것"the discursive이고, 반면에 그 코드화 혹은 텍스트화에 의해 진실이 왜곡되거나 상실되기 이전의 실재라고 할 수 있는 시각계를 "형상적인 것"the figural이라고 구별할 수도 있다. 료타르는 그 "형상적인 것"이 다시 드러나게 되는 것은 "사건" 속에서인데, "사건"은 "라틴어로 랩수스*lapsus*라고 하는 추락, 미끄러짐, 오류"로 나타나며 "현기증의 공간과 시간"의 경험을 야기한다고 지적한다.[17]

틸리히가 보티첼리의 그림을 보았을 때나 바르트가 루이스 하인의 사진을 보았을 때 발생하게 된 것이 그와 같은 뜻에서의 "사건"이라고 할 수 있는데, 그것을 니콜라스 미르조예프Nicholas Mirzoeff가 시각문화를 분석하면서 쓴 용어를 빌어 말하면, "시각적 사건"이라고 할 수도 있다.[18] 시각의 종교적 실천은 담론적 의미화에 의해 상실된 시각계의 진실을, 즉 "형상적인 것"을, "시각적 사건" 속에서 회복하는 계기를 만든다. 실존주의 철학자 칼 야스퍼스Karl Jaspers가 일본의 국보인 목조미륵보살반가사유상木彫彌勒菩薩半跏思惟像을 보게 된 것도 일종의 "시각적 사건"이라고 할 수 있을 것이다. 그는 그것을 대하면서 "인간성의 가장 높은 표현의 완전한 재현"이라고 격찬하고, "수 세기에 걸친 철학자로서의 나의 생애에서 진정한 평화의 느

---

16 Jean-François Lyotard, *The Lyotard Reader,* ed., Andrew Benjamin (Oxford: Blackwell, 1989), pp.82-83.

17 Jean-François Lyotard, *Discours, Figure* (Paris: Klincksieck, 1971), p.135.

18 Nicholas Mirzoeff, *An Introduction to Visual Culture* (London: Routledge, 2005), pp.13-16. 그는 시각적 사건이 "숭고"the sublime, 즉 "현실에서는 고통스럽거나 무서운 것이 될 것들에 대한 즐거운 경험, 인간의 한계와 자연의 힘에 대한 인식으로 인도하는 그러한 경험" 혹은 "인간의 한계와 자연의 힘에 대한 인식으로 인도하는 경험"을 야기할 수 있음을 지적한다.

껌을 그렇게 완벽하게 표현한 예술작품을 결코 본 적이 없다"라고 했다고 한다.[19]

그와 같은 순간의 "시각적 사건"이 유발하는 경험은 존 듀이John Dewey가 설명한 것과 같이 강렬한 미적 지각을 동반하는 종교적 경험이다.[20] 종교적 경험을 가능하게 하는 시각적 이미지는 야스퍼스가 본 목조미륵보살반가사유상과 같이 영기靈氣 혹은 진정성authenticity 의 아우라를 지니는 이미지, 즉 오래틱auratic 이미지이다. 우리 시대에 회복되어야 하는 시각의 종교적 실천 혹은 종교적 보기는 무엇보다도 우선 담론적 의미화에 의해 굴절되지 않는, 그 담론적 의미화를 초월하는, 그러한 진정성의 아우라를 식별하는 것으로부터 시작되어야 한다.

추상적인 개념적 사유와 감각적인 시각적 경험이라는 이분법에서 추상적인 개념적 사유와 연관되는 것이 담론/텍스트/읽기이며, 반면에 형상/이미지/보기는 감각적인 시각적 경험과 관련된다. 형상에 관한 논의는 담론의 질서, 즉 추상적 개념들에 의한 재현의 규칙을 적용하여 제대로 설명할 수 없는 차원이 있다는 것에 대한 인식을 함축한다. 이 논의에서 담론적 의미화 혹은 "담론성"discursiveness에 저항하는 "형상성"figurality이 부각되는데, 종교적 보기는 담론성을 초월하는 그 형상성을 지향하는 것이라고 할 수 있다. 비언어적, 비추상적, 비논리적인 것에 대한 지향과 함께 담론적 의미화의 한계에 대한 인식은 선승禪僧들의 공안公案의 실천을 통해서도 확인할 수 있다.

---

19 조병활, 『불교미술기행』(서울: 아가페, 2005), pp.260-61 참조. 일본에서 1897 년에 국보로 지정한 목조미륵보살반가사유상은 광륭사廣隆寺에 소장되어 있는데 적송赤松으로 된 것으로서 많은 학자들이 신라나 백제에서 건너갔을 것으로 추정하고 있다.

20 John Dewey, *Art as Experience* (London: Penguin Books. Ltd., 1934), p.202.

"무엇이 조사[祖師, 즉 달마]가 서쪽에서 오신 뜻입니까?"
"뜰 앞의 잣나무다." (『趙州錄』 34)

잘 알려진 이 공안에서 "뜰 앞의 잣나무"라는 구체적 이미지의 제
시가 지향하는 것이 담론적 의미화를 해체하는 형상성이라고 할 수 있
으며 그것이 "성스러운 응시"와 같은 종교적 보기가 추구하는 차원이
라고 볼 수 있다. 마틴 제이Martin Jay는 "형상성은 같은 표준으로 잴
수 없는 것들을 하나의 체계적 질서로 회복시키는 것을 방해하면서,
인식할 수 있는 것들과 소통할 수 있는 것들의 한계를 넘어선다. 형상
은 담론적인 것에 대한 대립물, 다시 말하면 의미의 대안적 질서라기
보다는 어떤 질서든지 완전한 정합성으로 그것이 결정화되는 것을 차
단하는 와해瓦解의 원리라고 할 수 있다"21라고 형상성에 대해 설명하
는데, 그 "와해의 원리"는 방榜과 할喝을 포함한 선승들의 파격적, 일
탈적 행동들의 원리와도 같다. 물론 앞으로 계속 탐구해야 하지만, 형
상성은 질 들뢰즈Gilles Deleuze가 "담론들 이전의, 단어들 이전의, 사
물들이 만들어지기 이전의 신체"22라고 부르는 것과 비슷한 차원 혹은
"부모미생전 본래진면목"父母未生前 本來眞面目이라는 화두話頭에서
의 "본래진면목"과 같은 차원을 암시하는 것으로 볼 수 있을 것 같다.
그 차원은 언어적인 용어들로 재설명되기를 거부한다. 즉 형상성은 담
론적 체계 속으로 종속되거나 흡수되는 것을 거부하고 그 자체에 대한
독특한 분석양식을 요구하는 것이라고 할 수 있다.23 그러나 근본적으

---

21 Martin Jay, *Downcast Eyes: The Denigration of Vision in Twentieth-century French Though* (Berkeley: University of California Press, 1994), p.564.

22 Gilles Deleuze, *Cinema 2: The Time-Image, trans.*, Hugh Tomlinson and Robert Galeta (Minneapolis: University of Minnesota Press, 1989), pp.172-73.

23 "형상은 담론체계들을 붕괴하고 의미화작용 일반을 파괴한다." David. Carroll,

로 비담론적인 형상성에 관해 담론적으로 정의를 내리는 것은 어려운 일이 될 수밖에 없다. 형상성은 "동질적 담론에 동화되지 않는 이질성을 도입하는 것"[24]이라고 정의되기도 한다.

들뢰즈는 회화란 "형상"the Figure을 "구상적인 것"the figurative으로부터 추출해 내는 것이라고 정의한다.[25] 이 구별은 "얼굴"face과 "머리"head를 구별하는 것과 관련하여 이해해 볼 수도 있을 것 같다. 즉 프랜시스 베이컨Francis Bacon을 얼굴의 화가가 아니라 머리의 화가라고 평가하고, 베이컨이 초상화가로서 하는 일은 얼굴을 해체하여 그 아래 은폐되었던 머리를 다시 발견하는 것이라고 말하는 들뢰즈는 "얼굴은 머리를 덮고 있는 구조화된 공간적 구성이지만 머리는 신체의 뾰족한 끝으로서 신체에 종속되어 있다"[26]고 구별한다. 얼굴이라는 유기적 구성을 위한 조직화를 와해시키면, 즉 얼굴이라는 구상적인 것이 해체되면 머리라는 형상이 출현하게 된다. 달리 말하면 종교적 보기는 눈, 코, 입, 귀 등의 부분들의 조직화인 얼굴을 와해시키고 미美/추醜와 같은 이분법이 붕괴된 머리를 식별하는 방식이라고 할 수 있다.

"언어를 통해 생각하는 우리의 마음의 부분과 그림을 대하는 우리의 시각적 경험 사이의 상호작용"에 대해 그동안 충분한 논의가 이루어지지 않았다고 말하는 노먼 브라이슨Norman Bryson과 같은 시각 이론가는 이미지가 담론적 양상과 형상적 양상을, 즉 얼굴과 머리를, 동시에 지닌다는 분석으로부터 시작한다. 브라이슨은 이미지의 담론적 양상은 "이미지에 미치는 언어의 영향을 보여주는 특성들"을 뜻하

Paraesthetics: Foucault, Lyotard, Derrida (London: Routledge, 1987), pp.30-31.

24 Martin Jay, 앞의 책, p.564.

25 질 들뢰즈, 『감각의 논리』, 하태환 역(서울: 민음사, 1995), p.18. 여기서 들뢰즈가 말하는 "형상"은 "형상성"과 같은 것으로 볼 수 있다.

26 위의 책, p.39.

고, 이미지의 형상적 양상은 "언어로부터 독립된 시각적 경험인 이미지에 속하는 특성들"을 뜻하는 것으로 구별한다.[27]

예를 들면 캔터베리 대성당Canterbury Cathedral의 착색유리stained glass는 이미지의 독자적인 기능보다는 종교적 교육이라는 목적을 더 강화하는 면이 있는데, 종교적 교육이라는 목적이 강조되면 이미지의 담론적 양상이 부각됨으로써 상대적으로 이미지의 형상적 양상이 약화될 수 있다.[28] 일반적으로 중세시대 성당의 착색유리는 형상성보다 담론성을 더 중시했다고 볼 수 있지만, 틸리히가 보티첼리의 성화聖畵를 보았을 때의 그 "계시적 황홀"은 종교적 내러티브에 의한 담론성보다 종교적인 시각적 이미지에 의해 구체화된 형상성을 틸리히 자신이 "성스러운 응시"를 통해 경험했던 것이라고 할 수 있다. 이 점은 틸리히 자신이 "그 그림을 응시하며 올려다보고 있을 때, 나는 황홀에 근접한 상태를 느꼈다. 그 아름다운 그림 속에 아름다움Beauty 그 자체가 있었다. 그것이 중세교회의 착색유리를 통과한 햇빛이 빛날 때 물감과 색채들을 통해 빛났다"[29]고 쓰고 있는 데에서도 암시된다.

물론 보티첼리의 『노래하는 천사들과 함께 있는 마돈나』를 포함한 성화들이 재현하고 있는 종교적 내용과 관련된 담론성의 가치를 부정할 수 없지만 "궁극적 실재"의 매개물이 되는 능력, "보다 더 중심적인 어떤 곳"으로 관찰자를 데려갈 수 있는 능력, 그리고 C.S. 루이스C.S. Lewis가 "기쁨"Joy이라고 말한 것을 경험할 수 있게 하는 능력 등을 보다 더 직접적으로 구현할 수 있는 것은 담론성보다 형상성

---

27 Norman Bryson, *Word and Image: French Painting of the Ancient Régime* (Cambridge: Cambridge University Press, 1981), p.6.

28 위의 책, pp.4-5.

29 Paul Tillich, *On Art and Architecture*, pp. 234-35.

을 강화하는 종교적 이미지들이라고 볼 수 있다.[30] 그렇지만 그와 같은 시각적인 종교적 이미지의 잠재적 능력은 모더니즘 시대의 "응시"나 포스트모더니즘 시대의 "일별"이 아닌 "성스러운 응시"와 같은 종교적 보기를 통하지 않고서는 발휘될 수 없을 것이다.

[III. 종교적 이미지의 기능과 코포세틱스] 미국 위스콘신 주 매디슨Madison 시내의 "우리 구주의 교회"Church of the Holy Redeemer 라는 가톨릭교회에 『영원한 도움의 성모』*Our Lady of Perpetual Help* 라는 제목의 성화聖畫가 있는데, 그 마을 사람들은 한국전쟁 때 파견된 그 지역의 병사들이 전쟁이 끝난 후 대부분 무사히 귀환할 수 있었던 것은 그 그림의 영험력과 그 그림 앞에서 기도한 부모들의 믿음 때문이었다고 믿는다고 한다.[31] 성 프란체스코St. Francis of Assisi도 십자가에 매달린 그리스도의 이미지를 오랫동안 응시했는데, 이 이미지가 그 자신에게 말을 하는 것을 보는 경험을 했다고 한다. 성 프란체스코는 산 다미아노San Damiano에서 두 눈에 눈물이 가득 고인 채 그 십자가상을 보고 있을 때 그 십자가상으로부터 들려오는 그리스도의 목소리를, 즉 무너져가는 교회를 다시 복구하라고 말하는 음성을 들었다고 한다.[32] 이 일화도 종교적인 시각적 이미지가 지니는 특별한

---

30 Robert K. Johnston, *Reel Spirituality: Theology and Film in Dialogue* (Grand Rapids: Baker Academic, 2006), p.106. 루이스는 "기쁨"은 "그 어떤 충족보다도 그 자체로서 더 욕망의 대상이 되는, 충족되지 않는 욕망"의 특성을 지닌 것이라고 말한다. C.S. Lewis, *Surprised by Joy: The Shape of My Early Life* (Orlando: Harcourtbooks, 1955), pp.17-18.

31 신준형, 『천상의 미술과 지상의 투쟁: 가톨릭개혁의 시각문화』(서울: 사회평론, 2007), pp.318-19.

32 St. Francis of Assis, *The Little Flowers of St. Francis* (London: Dent, 1963), p.311. "산 다미아노 십자가"로 명명된 그 십자가상은 12세기에 이름이 알려지지 않은 이탈리아 움브리안Umbrian 지역 화가가 그린 것으로서 지금

힘에 대한 믿음을 보여준다.

미르체아 엘리아데Mircea Eliade는 "구석기 시대의 도상과 기호가 의례적 기능을 수행했다는 사실을 확인할 수 있다. ... 우리는 그러한 구석기시대의 표상들을 이미지의 상징적(곧 "주술-종교적") 가치를 나타내는 코드, 동시에 다양한 '이야기들'과 연관된 의례에서의 기능을 나타내는 코드라고 볼 수 있다"[33]라고 쓰고 있다. 구석기시대에서도 그러한 "의례적 기능"은 도상과 기호, 즉 특정 시각적 이미지의 일종의 주술적 힘에 대한 믿음을 토대로 수행되었을 것이다.

『삼국유사』 제3권의 "분황사 천수대비 맹아득안"芬皇寺 千手大悲 盲兒得眼 이야기는 분황사의 관세음보살 상을 그린 벽화의 영험력과 관련된 경험을 보여준다. "경덕왕 때에 한기리에 사는 여자 희명希明의 아이가, 난지 5년 만에 갑자기 눈이 멀었다. 어느 날 그 어머니는 아이를 안고 분황사 좌전 북쪽에 그린 천수관음千手觀音 앞에 나아가서 아이를 시켜 노래를 지어 빌었더니, 마침내 눈을 뜨게 되었다"[34]는 것이다. 이 그림은 솔거率居가 그린 천수천안관음보살도千手千眼觀音菩薩圖라고 한다.[35] 솔거는 중국 당나라의 사실주의 양식의 영향을 받은 것으로 보이는데, 비록 상상의 존재이긴 해도 관세음보살의 형상을 살아있는 듯한 모습으로 그렸을 것이므로 그 그림을 그 보살의 현신으로 보았을 것이며, 그것이 영험력에 대한 믿음의 토대가 되었을 것이다.[36]

은 이탈리아 아시스에 있는 성 클라레의 바실리카Basillica of Saint Clara에 원본이 걸려있다고 한다.

33 미르치아 엘리아데, 『세계종교사상사 1』, 이용주 역(서울: 이학사, 2005), p.51.
34 일연, 『삼국유사』 2, 이재호 역(서울: 솔, 1997), pp.113-14.
35 김정희, 『불화: 찬란한 불교미술의 세계』(서울: 돌베개, 2009), p.64.
36 무한한 자비심으로 중생을 구제하고 극락정토로 인도하는 보살로 믿어진

그 이야기에서의 관세음보살도와 같은 종교적인 시각적 이미지는 단순한 상상적 초상화라기보다는 주술적 힘을 지닌 부적과 같은 것이라고 할 수 있다. 특히 실물 같은 착각을 일으키는 그림, 즉 "트롱프 레이유"trompe l'oeil를 그리는 화가였던 솔거의 사실화는 피그말리온 Pygmalion적 욕망을 담고 있는 것이라고 볼 수 있다. 모든 시각적인 종교적 이미지의 창조 혹은 제작의 동기는 본래 이러한 욕망과 관련된다. 피그말리온은 마음속에서 그리는 여인의 형상을 실물로 만들어 내려고 조각하는 과정에서 그 형상과 사랑하게 되는데, E.H. 곰브리치E.H. Gombrich는 이 신화에 대해 설명하면서 그것이 "더 앞선 시대의 더 외경스러운 미술의 기능, 즉 미술가의 목적이 단지 하나의 닮은 초상을 만드는 것이 아니고 실물에 필적할 만한 것을 창조해 내는 데 있었던 때의 이야기"[37]라고 쓰고 있다.

그런데 트롱프레이유, 즉 "실물에 필적할 만한 것"이 되는 특정의 시각적 이미지는 그것이 지닌 영험력에 대한 믿음 때문에 숭배의 대상이 됨으로써 때로는 오히려 파괴되어야 할 위험한 우상idol으로 간주되기도 한다. 마크 C. 테일러Mark C. Taylor가 지적하듯이, "기독교 역사를 통해, 숭배를 유도하고 증진시키는 종교적 이미지들의 능력이 인정되었는데, 다양한 시대와 장소에서 이미지의 힘은 효능이거나 아니면 위험으로 여겨졌다."[38] 종교적 이미지들을 위험한 것으로 본 역

관세음보살Avalokitesvara을 소재로 한 불화佛畫는 천수천안관음보살도 외에도 수월관음도水月觀音圖, 양류관음도楊柳觀音圖, 백의관음도白衣觀音圖, 십일면관음도十一面觀音圖 등 다양하다. 이 중에서 십일면관음도에 대한 일화는 『삼국유사』 제3권의 "삼소관음 중생사"三所觀音 衆生寺 편에서도 보인다. 일연, 앞의 책, pp.53-54.

37 E.H. 곰브리치, 『예술과 환영: 회화적 재현의 심리학적 연구』, 차미례 역(서울: 열화당, 2003), p.110.

38 Mark C. Taylor, *Critical Terms for Religious Studies* (Chicago: University of

사적 예는 8세기 비잔틴제국에서의 성상파괴운동iconoclasm에서도 보인다. 이미지가 재현하는 그 프로토타입prototype보다도 이미지 그 자체에 집착하게 될 수 있는 가능성에 대한 인식이 있었던 것이다.39

불교에서도 초기 불교도들은 깨달은 자로서 열반Nirvana에 도달한 석가모니와 그의 완전한 경지를 시각적으로 표현하는 것은 단지 탑과 같은 추상적 형태로만 가능한 것으로 여겼는데, 제도화된 종교로서의 불교에 대한 사람들의 요구가 강해짐에 따라 교리에 대한 시각적 보조물로서의 아이콘들이 필요하게 되었다. 조병활은 "현재 남아있는 증거로 볼 때, 부처님 입적 후 500년간은 불상은 존재하지 않았다. 이 시대를 흔히 '무불상 시대'로 부르는데, 이때에는 보리수, 빈대좌, 법륜, 불족적 등으로 부처님을 표현했다. … 모양相으로 부처님을 재현한다는 것이 금기시됐다. 육신과 감각의 세계를 초월해 열반의 세계에 들어간 존재를 다시 현상계의 모습으로 재현한다는 것도 쉽게 받아들이기 어려웠을 것이다"라고 쓰고 있다.40 신성神性에 대

Chicago Press, 1998), p.167.

39 자넷 소스키스Janet Soskice는 "비록 우리가 기독교전통을 '반시각중심적' antiocularist 혹은 보다 일반적으로는 반감각적antisensual인 것으로 해석하지만, 중세 성당들, 다성음악, 혹은 초기 르네상스 회화 등의 화려함을 보면 이 관점을 옹호하기는 어렵다. 우리 시대의 유럽 신학자들은 대부분 모든 감각들이 기만당할 수 있는 것과 마찬가지로 그것들은 합당하게 질서화되면 모두 우리를 신의 현존으로 인도할 수도 있다고 믿는 교부教父의 인도를 따른다"라고 말한다. Janet. Soskice, "Sight and Vision in Medieval Christian Thought." *Vision in Context: Historical and Contemporary Perspectives on Sight.* Eds. Teresa Brennan and Martin Jay (London: Routledge, 1996), p.36. 성상옹호주의의 관점에서는 가시적 물질 속에서의 신의 육화incarnation라는 개념 자체가 가시적 물질을 통한 시각적 형상화를 정당화하는 것으로 이해된다. 예를 들면 출애굽기 25:18-22에서 모세에게 신이 케루빔 cherubim 智天使 형상을 황금으로 만들라는 명령을 준 것도 이점을 예증한다는 것이다.

40 조병활, 앞의 책, p.164.

한 시각적 재현을 금지했던 초기 기독교도들과 마찬가지로 불교도들도 부처의 존재를 직접적으로 재현하는 것 대신에 족적이나 빈 왕좌 등으로 표현했는데, 로마제국과 교류하게 된 인도에서 불상을 만든 것은 신을 나타내는 시각적 이미지들을 만드는 것에 대해 거리낌이 없었던 그리스 예술가들이었다.[41]

물론 불교에서의 시각화는 명상의 기법들 중의 하나로 인정되는 점도 있다. 이 시각화라는 것은 "특정의 이미지 혹은 아이콘, 즉 부처 혹은 보살의 신체적 형태, 정토淨土의 특징들, 혹은 단지 어떤 물리적 대상이나 색채에 대해 집중적으로 상상하는 것"을 뜻한다.[42] 그러나 불교적 명상이 추구하는 경지들 중의 하나가 "무상삼매"animitta-samādhi이고, 『금강경』金剛經에서도 척파해야 할 것으로 거론되는 "니밋따"相가 "마음에 어떤 것이 형상화visualization된 것"[43]이라고 풀이되듯이, 기독교와 마찬가지로 불교에서도 시각 혹은 시각적 이미지는 효능과 위험이라는 이중성을 지닌다.

힌두이즘에서는 순례자가 신성한 이미지를 보기 위해 순례하는 것만이 아니라 이 이미지 속에 깃든 신에게 자신을 보여주려는 것이 순례의 목적이라고 한다. 다이아나 L. 에크Diana L. Eck는 "힌두이즘의 이해에서는 신[혹은 신성]은 이미지 속에 현존하므로, 그 이미지의 시각적 이해가 종교적 의미로 충전된다. 이미지를 보는 것이 숭배 행위이고, 눈을 통해 신의 축복을 받는다"[44]라고 말한다. 인도의 종교

---

41 Edwyn Bevan, *Holy Images: An Inquiry into Idolatry and Image-Worship in Ancient Paganism and in Christianity* (London: George Allen & Unwin, 1979), pp.102-3.

42 Kevin Trainor, *Buddhism: The Illustrated Guide* (Oxford: Oxford University Press, 2001), p.86.

43 각묵, 『금강경역해: 금강경 산스끄리뜨 원전 분석 및 주해』(서울: 불광출판사, 2006), p.94.

적 숭배에서 하나의 중요한 형태인 "다르샨"darśan은 "신이나 성자의 이미지를 보는 행동을 통해 신성을 체험하는 것"을 뜻한다.[45]

시각적인 것이 종교적 상상력 혹은 믿음을 약화시키는가, 아니면 오히려 종교적 경험을 더욱 더 강화하는가? 라는 물음이 있을 수 있는데, 라이트의 설명에 따르면 인도의 경우 "다르샨" 개념에 내포된 것은 시각적인 것이 영적인 것과 상충된다고 보는 관점과는 다르다. "성스러움에 대한 시각적 지각"이라고 정의될 수 있는 "다르샨"을 중시하는 힌두이즘에서는 이미지와 우상의 혼동이 없기 때문이다. 힌두이즘에서의 순례행위는 신성의 이미지에 대한 "다르샨"적 욕망의 산물인데, 이 점에서는 기독교에서의 성상파괴주의적 견해와는 다른 것이라고 볼 수 있다.

그런데 신이나 성자를 그린 그림들만이 아니라 엘리아데가 "돌, 바위, 조약돌에 담긴 역현力顯 kratophanie신적인 힘의 드러남과 성현聖顯 hierophanie(성스러움의 드러남)"[46]에 대해 언급하는 데에서도 암시되듯이, 우리가 감각기관을 통해 지각하는 이미지들과 사물들 속에서 그와 같은 힘이나 성스러움 혹은 신성의 현현顯現을 확인할 수 있게 해 주는 성사적 비전sacramental vision을 회복할 수 있게 하는 것, 그리고 그렇게 함으로써 종교적 경험을 심화시킬 수 있게 하는 것이 종교적인 시각적 이미지의 중요한 기능이라고 할 수 있다.

종교적 경험은 해석적interpretive, 유사감각적quasi-sensory, 계시적revelatory, 재생적regenerative, 누미너스numinous, 그리고 신비적

---

44 Diana L. Eck, *Darśan: Seeing the Divine Image in India* (New York: Chichester, 1998), p.3.

45 Melanie J. Wright, *Religion and Film: An Introduction* (London: I.B. Tauris, 2007), p.151.

46 엘리아데, 앞의 책, p.26.

mystical이라는 6가지 범주들로 나눌 수 있다.[47] 특히 신비적 경험의 특징인 "말로 할 수 없음"ineffability이 모든 종교적 경험의 범주들에 해당된다.[48] 그런데 "말로 할 수 없음"은 역설적으로 에스세틱스 aesthetics와 대립되는 코포세틱스corpothetics의 의의를 부각시킨다고 할 수 있다.

크리스토퍼 피니Christopher Pinney가 이미지와 관찰자 사이의 분리를 특징으로 하는 에스세틱스와 대립되는 개념으로 쓴 코포세틱스는 이미지와 관찰자를 결합시키고, 효능을 가치의 중심적인 기준으로 보면서, 이미지들에 대한 신체적 개입과 감각적 수용을 추구한다.[49] 코포세틱스는 "신체를 배제해 버린 비전의 초월적 지점"[50]을 중시하는 추상적인 미학, 즉 에스세틱스와 다르다. 이러한 코포세틱스의 태도로 기독교의 성상聖像들과 함께 불상佛像과 같은 불교적 이미지들을 보면, 즉 촉각적으로 혹은 "감흥적으로"affectively 보면, 그 이미

---

47 Caroline Franks Davis, *The Evidential Force of Religious Experience* (Oxford: Oxford University Press, 1989), pp.164-79.

48 위의 책, p.174.

49 Christopher Pinney, "Piercing the Skin of the Idol" in *Beyond Aesthetics: Art and The Technologies of Enchantment,* eds., Christopher Pinney and Nicholas Thomas (New York: Berg Publishers, 2001), p.158. Christopher Pinney, *Photos of Gods: the printed image and political struggle in India* (London: Reaktion Books, 2004), p.200. 바와 무하이야던 펠로우쉽(Bawa Muhaiyaddeen Fellowship)이라는 현대의 수피Sufi 집단은 1986년에 사망한 바와 무하이야던의 사진, 의자, 침대, 설교 녹음테이프, 그가 그린 그림 등을 그를 시각화하여 기억하기 위해 이용하는데, 그를 "보는" 것이 아니라 "만지고, 냄새 맡고, 듣고, 맛보게" 하는 몸의 모든 감각기관을 활용하는 그와 같은 행위에서 코포세틱스적 지각의 방식을 찾아볼 수 있다. Frank J. Korom, "The Presence of Absence: Using Stuff in a Contemporary South Asian Sufi Movement," *AAS Working Papers in Social Anthropology,* 2012, Volume 23: 1-19.

50 Norman Bryson, *Vision and Painting: The Logic of the Gaze* (New Haven: Yale University Press, 1983), pp.106-7.

지들에 의해 구체화된 형상성을 감지할 수 있을 것이다. 불상이나 성상과 같은 종교적인 이미지들을 촉각적으로 혹은 "감흥적으로" 본다는 것은 담론적 개입에 의해 왜곡되지 않은 이미지의 형상적 양상을 강조한다는 뜻으로 이해될 수 있다.

바르트의 푼크툼은 시각적인 것이라기보다 촉각적인 것인데, "보기"는 만지기도 하고 움직일 수도 있는 "내장內臟경험"visceral experience이라고 말하고 "촉각적 비전"haptic vision이라는 개념을 부각시키는 연구가도 있다.[51] 그것은 다른 감각들로부터 시각을 독립시키는 시각중심주의적 시각체제an ocularcentric scopic regime를 비판하는 코포세틱스적 개념이다. 코포세틱스적 지각은 일상적 삶과 자연세계의 평범한 사물들에 대한 종교적 인식을 강화시킬 수 있다. 마가렛 마일스 Margaret R. Miles는 "종교는 단지 비유적인 뜻에서만 보기의 방식이 아니다. 종교적 '보기'는 감각적 세계의 특성에 대한 지각, 즉 다른 사람들이나 자연세계, 그리고 대상들이 충만한 아름다움 속에서 변형되는 신비numinosity, 그 '언뜻 보는 빛'에 대한 지각을 함의한다"[52]라고 쓰고 있다. 존 칼빈John Calvin이 "의인"義認, justificatio을 "소생시키는 것"vivificatio, 즉 지각의 나태, 무감각, 마비, 타성 등을 극복하고 자연세계를 본래적인 진정한 상태로 식별할 수 있는 지각의 예민함을 회복하는 것으로 설명했는데,[53] 종교적인 시각적 이미지의 효능도 코포세틱스적 지각의 예민함을 전제로 한다고 볼 수 있다.

그러한 지각의 예민함은 이른바 엥프라-멩스infra-mince와 같은, 초

---

51 Stephen Pattison, *Seeing Things: Deepening Relations with Visual Artefacts* (London: SCM Press, 2007), p.47, 41.

52 Margaret R. Miles, *Image as Insight: Visual Understanding in Western Christianity and Secular Culture* (Boston: Beacon Press, 1985), p.2.

53 위의 책, p.157.

미립자이지만 완전히 비실체적인 것은 아닌 대상도 식별할 수 있는 능력을 함축한다. 엥프라-멩스는 규정할 수는 없지만 구체적인 예들에 의해 묘사될 수는 있는데, 깨끗한 셔츠와 단지 한번 입은 동일한 셔츠의 부피의 차이와 같은 촉각적인 것이다. 엥프라-멩스는 "식별불가능한 차이들"에 대한 관심으로부터 나온 개념이다.[54] 아주 작은 것을 보다 더 분명하게 볼 수 있게 해 주는 것이 예술이라고 할 수 있겠지만, 종교적인 시각적 이미지에 대한 종교적 보기의 태도도 "식별불가능한 차이들"에 대한 코포세틱스적 지각, 즉 촉각적 시각의 예민함을 필요로 한다. 그러한 예민함이 결여되면 영성의 회복이 불가능할 것이기 때문이다.

[IV. 맺음말] 다양한 사회적 영역들에서 우리가 접하게 되는 시각적 이미지들은 오늘날 회화, 인쇄, 사진, 영화, 텔레비전, 비디오, 컴퓨터 등을 통해 생산되고 소비된다. 특히 디지털 테크놀로지의 발달에 수반된, 포스트모던 문화에서의 시각적인 것들의 범람에 대해 프레드릭 제머슨Fredric Jameson은 비판적으로 검토하는데, 그는 가시적인 것들은 포르노그래피적인 것으로 변질될 가능성이 많다고 말하고, 그것은 "분별없는 매혹" 속으로 우리를 침잠하게 하는 위험이 있다고 진단한다.[55] 이러한 위험을 극복하기 위해서도 시각의 종교적 실천이 요구된다고 할 수 있다. 중국으로 기독교의 이콘들이 전파되었을 때 그것을 부적처럼 사용하는 경우들이 많아서 우리나라의 천주교회에서는 그것을 지칭하는 "상본"像本이라는 새로운 낱말을 만들었다고 한다. "형상

---

54 David Hopkins, *Marcel Duchamp and Max Ernst: The Bride Shared* (New York: Oxford University Press, 1998), p.88.

55 Fredric Jameson, *Signatures of the Visible* (New York: Routledge, 1992), p.1.

의 근본"을 생각하라는 의미의 신조어였던 것이다. 이것도 시각의 종교적 실천의 한 예로 생각해 볼 수 있다.

　서양에서 르네상스 이전에 중시되었던 감각은 청각이었으며, 그 다음이 촉각이었는데, 르네상스 이후 인쇄술과 광학기술의 발달과 함께 확립된 원근법perspective을 토대로 하는 인식에 의해 시각이 우위에 오게 되었으며, 그 이후 사진, 영화, 텔레비전 등의 발달에 의해 시각중심주의ocularcentrism가 강화되었다. 시각중심주의는 "보는" 자로서의 주체를 "보이는" 대상으로부터 분리시키고, 그 대상을 사물화reification하는 결과를 초래한다. 시각중심주의가 우리 시대에 "시뮬라크라"simulacra, 즉 실체가 없는 미디어 이미지들의 범람을 야기하고, 구체적 사물들이나 사람들과의 공감적 접촉을 회피하게 함으로써, 방관주의와 인종차별주의, 성차별주의 등도 파생시킨 것이라고 볼 수 있다. 눈에 부여된 특권, 즉 시각이 "가장 고귀한 감각"이라는 인식과 시각중심주의가 우리 시대에는 디지털 테크놀로지에 의해 더욱 심화된 면이 있는데, 이러한 문화적 조건 속에서 더욱 부각되는 것이 시각의 종교적 실천에 의한 종교적 경험의 중요성이다.

　데이비드 맥마한David L. McMahan은 대승불교에 관한 저서에서 "서구세계의 시각성과 같이 불교적 시각성도 미혹과 지배를 위한 잠재가능성을 지니지만, 동시에 억압적인 인지적, 사회적 구조들로부터의 해방을 위한 희망도 지닌다"[56]라고 쓰고 있는데, 그는 불교적 시각성이 서양의 시각중심주의의 한계와 위험에 대한 해독제가 될 수 있을 것인가? 라고 자문한다. 보는 자와 보이는 것 사이의 단절과 분

---

56 David L. McMahan, *Empty Vision: Metaphor and Visionary Imagery in Mahayana Buddhism* (London: Routledge, 2002), p.196.

리가 아니라 상호작용, 상호교환, 상호통합을 추구하는 불교적 시각성은 서양의 시각중심주의와 다르다. 서양의 시각중심주의가 대상으로부터의 주체의 분리와 소외를 야기한 반면에, 상호의존성에 대한 불교의 강조는 그것과는 대조적이기 때문이다. 또한 근본적으로 반反시각적인 기독교의 청각중심적 사유의 존재양식도 시각중심주의와는 다르다.57 따라서 불교와 기독교에서의 시각과 청각에 대한 이해를 통해 시각중심주의의 폐단을 극복할 수 있는 방안들을 모색해 볼 수도 있을 것이다.

　종교적인 시각적 이미지에 대해 알아보는 일은 결과적으로 생리적 작용인 시각vision과 사회적, 역사적 조건 속에서 구현된 시각을 뜻하는 시각성visuality에 대한 이해를 전제로 하는데, 시각과 시각성에 관한 연구를 포함하여 "종교적 시각문화"라는 주제를 탐구할 수 있을 것이다. 또한 특정의 종교를 이해하기 위해서는 그 종교와 관련된 다양한 예술 영역들에 대한 진지한 연구도 반드시 수반되어야 한다는 점에서, "종교적 시각예술"도 "종교적 시각문화"라는 주제의 일부가 된다.58

---

57 시각혐오적ocularphobic 태도가 지배적이었던 중세 기독교 문화에서도 시각이나 눈에 대해 전적으로 적대시한 것만은 아니지만, 기독교 전통에서 항상 우위를 차지한 것은 청각이었다. 비잔틴 제국의 성상파괴운동만이 아니라 종교개혁가들도 "반시각적 사유"를 표출했다. 임철규, 『눈의 역사, 눈의 미학』(서울: 한길사, 2004), p.279.

58 S. 브렌트 플레이트S. Brent Plate는 종교적 시각문화를 조사할 수 있게 해주는 시각성visuality의 6가지 구성요소들을 구분한다. (1) 지각perception, 눈과 마음의 관계에 대한 이해. (2) 이미지/아이콘image/icon, 즉 보이는 이미지의 묘사와 해석. (3) 말-이미지word-image, 문화적, 종교적 이해와 커뮤니케이션에서 말과 이미지가 어떤 역할을 하며, 그 둘 사이의 관계는 무엇인지 조사하는 것. (4) 몸-마음body- mind, 시각적 지각이 어떻게 몸 속에 설정되는지를 강조하는 것. (5) 상호작용적, 수행적interactive and performative, 보는 주체는 "봄"과 동시에 "보임"이다. (6) 기억memory, 우리

한스 알마Hans Alma는 "시각예술을 논의하는 신학적, 종교학적 기준들은 아직 없다. … 신학과 종교학이 이미지, 상징, 의례에 대해 점점 더 많은 관심을 기울이게 되었다"라고 말하고 "다중학제성"multidisciplinarity의 방법으로 시각예술과 종교에 대해 연구해야 한다고 주장하고 있다.59 이와 같은 맥락에서 종교와 시각문화 혹은 종교와 시각예술 분야에 대한 이른바 통섭 방식의 연구가 진행될 수 있을 것이다. 또한 신학적 미학theological aesthetics과 구별되는 미학적 신학aesthetic theology 혹은 미학적 종교학도 발전시킬 수 있을 것이다.60

영성spirituality을 약화시킨 우리 시대의 포스트모던 문화적 조건, 특히 깊이가 없는 화려한 표면들의 세계에서 시각적 이미지와 종교적 경험에 대한 심층적인 이해를 통해 새로운 학문과 삶의 창조적 가능성을 모색할 수 있다. "종교적"이라는 것은 "절대적인 의존성의 느낌"Friedrich Schleier- macher, "성스러운 것 혹은 신성한 것과 대면할 때 생기는 느낌"Rudolf Otto, "속俗과 대조적인 성聖과의 관련"Mircea Eliade, "사회적 억압의 산물"Marx, "전능한 아버지의 부재를 견디기 위한 신경증적 시도" Freud, 그리고 "궁극적 관심에 대한 헌신"Paul Tillich 등과 같이 다양하게 설명된다.61 특히 우리는 클리포드 기어츠Clifford Geertz가 종교를 정의하면서 쓴

가 어떻게 보는가 하는 것은 우리의 개인적, 문화적 환경과 역사, 그리고 시각매체의 역사에 의존한다. Plate, 앞의 책, pp.11-12.

59 Hans Alma, Marcel Barnard, Volker Kuster, eds., *Visual Arts and Religion* (New Brunswick: Transaction Publishers, 2009), p.vii.

60 Richard Viladesau, *Theology and the Arts: Encountering God through Music, Art and Rhetoric* (New York: Paulist, 2000), pp.167-69.

61 John C Lyden, *Film as Religion: Myths, Morals, and Rituals* (New York: New York University Press, 2003), pp.37-38.

"사실성의 아우라"an aura of factuality라는 것에 대해 주목할 필요
가 있다.62

　영어 단어 "religiously"를 영한사전에서 "종교적으로"만이 아니라
"독실하게, 경건하게, 양심적으로, 충실히, 엄격히"라고 정의하듯이,
그와 같은 뜻에서 "종교적으로" 진행해야 하는 종교문화와 관련된 우
리의 연구들을 통해, "사실성의 아우라"와 함께, "종교적으로" 사물
과 사람, 그리고 세계를 보는 태도의 회복을 지향하는 시각의 종교적
실천의 중요성을 인식할 수 있다.

---

62 Clifford Geertz, *The Interpretation of Cultures: Selected Essays* (New York: Basic
　　Books, 1973), p.90.

인용문헌

각묵. 『금강경역해: 금강경 산스끄리뜨 원전 분석및 주해』. 서울: 불광출판사, 2006.

곤잘레스-크루시 F. 『보이는 것, 보이지 않는 것, 그리고 추한 것』. 김종돈 역. 서울: 모티브북, 2009.

곰브리치, E.H. 『예술과 환영: 회화적 재현의 심리학적 연구』. 차미례 역. 서울: 열화당, 2003.

김달진. 『대승기신론소 별기 외』. 서울: 동국역경원, 1992.

김시천. 「표정, 기와 정을 통해 본 '몸의 현상학'」. 조동일 외. 『기학의 모험 2』. 서울: 들녘, 2004. 236-84.

김용옥. 『도올 김용옥의 금강경 강해』. 서울: 통나무, 2001.

_____. 『길과 얻음』. 서울: 통나무, 2002.

김우창. 「영상과 장소: 박재영의 설치미술에 대한 반성」. 『포에티카』 (1997년 여름): 174-225.

_____. 『풍경과 마음: 동양의 그림과 이상향에 대한 명상』. 서울: 생각의 나무, 2006.

김윤수. 『불교의 근본원리로 보는 반야심경·금강경 읽기』. 서울: 마고북스, 2005.

김정희. 『불화: 찬란한 불교미술의 세계』. 서울: 돌베개, 2009.

김현희 등. 『독서치료』. 서울: 학지사, 2001.

남명자. 「한국의 불교영화: '만다라'와 '달마가 동쪽으로 간 까닭은?' 소고」. 『비교한국학』 9 (2001): 77-98.

나파르스텍, 벨루스. 『가이디드 이미저리』. 정형철 역. 서울: 한국학술정보(주), 2011.

도미노, 크리스토프. 『베이컨: 회화의 괴물』. 성기완 역. 서울: 시공사, 1998.

드브레, 레지스. 『이미지의 삶과 죽음』. 정진국 역. 서울: 시각과 언어, 1994.

들뢰즈, 질. 『감각의 논리』. 하태환 역. 서울: 민음사, 1995.

로저스, 나탈리. 『인간중심표현예술치료: 창조적 연결』. 이정명 등 역. 서울: 시그마프레스, 2007.

멀포드, 프렌티스. 『생각이 실체다』. 정형철 역. 서울: 이담북스, 2010.

메를로-퐁티, 모리스. 『눈과 마음』. 김정아 역. 서울: 마음산책, 2008.

미르조에프, 니콜라스.『비주얼컬처의 모든 것』. 임산 역. 서울: 홍시, 2009.

바르트, 롤랑.『카메라 루시다』. 소광희 역. 서울: 열화당, 1986.

박성수.『들뢰즈』. 서울: 이룸, 2004.

박용숙.『한국미술의 기원: 미술사의 근본 문제』. 서울: 예경산업사, 1990.

버거, 존.『본다는 것의 의미』. 박범수 역. 서울: 동문선, 2000.

변학수.『통합적 문학치료』. 서울: 학지사, 2006.

보그, 로널드.『들뢰즈와 시네마』. 정형철 역. 서울: 동문선, 2006.

비알로스토키, 얀.「도상학의 역사」. 에케하르트 캐멀링 편.『도상학과 도상해석학』. 홍진경 역. 서울: 사계절, 1997. 17-70.

사이드, 에드워드.『오리엔탈리즘』(개정증보판). 박홍규 역. 서울: 교보문고, 2009.

_____.『문화와 제국주의』. 박홍규 역. 서울: 문예출판사, 2005.

성기옥 외.『조선후기 지식인의 일상과 문화』. 서울: 이화여자대학교출판부, 2007.

신준형.『천상의 미술과 지상의 투쟁: 카톨릭개혁의 시각문화』. 서울: 사회평론, 2007.

_____.『파노프스키와 뒤러』. 서울: 시공사, 2004.

아른하임, 루돌프.『미술과 視知覺』. 김춘일 역. 서울: 기린원, 1988.

_____.『시각적 사고』. 김정오 역. 서울: 이화여자대학교출판부, 2004.

액터버거, 진.『상상과 치유』. 신세민 역. 서울: 상담과 치유, 2005.

앳킨스, 샐리, 레슬리 더긴스 윌리엄스.『표현예술치료소스북』. 최은정 외 역. 서울: 시그마프레스, 2010.

엘리아데, 미르치아.『세계종교사상사 1』. 이용주 역. 서울: 이학사, 2005.

_____.『세계종교사상사 2』. 이용주 역. 서울: 이학사, 2005.

_____.『세계종교사상사 3』. 이용주 역. 서울: 이학사, 2005.

올라노프, 앤 벨포드, 베리 올라노프.『치유의 상상력』. 이재훈 역. 서울: 한국심리치료연구소, 2005.

워커, 존 A., 사라 채플린.『비주얼 컬처』. 임산 역. 서울: 루비박스, 2004.

은정희. 역주.『원효의 대승기신론 소. 별기』. 서울: 일지사, 1991.

이경원.『한국의 종교사상: 궁극적 실재의 제문제』. 서울: 문사철, 2010.

이동민.『문학치료와 수필』. 서울: 수필과 비평사, 2009.

이윤희.『선의 미학으로 살펴 본 한국영화미학: <만다라>와 <달마가 동쪽으로 간 까닭은?>을 중심으로』. 동국대학교대학원 연극영화학과 석사학위논문, 1998.

일연.『삼국유사』. 이재호 역. 서울: 솔출판사, 2007.

임철규. 『눈의 역사 눈의 미학』. 서울: 한길사, 2004.

장언원 외. 『중국화론선집』. 김기주 역주. 서울: 미술문화, 2002.

전홍준. 『완전한 몸, 완전한 마음, 완전한 생명』. 서울: 에디터, 1998.

정운채. 『문학치료의 이론적 기초』. 서울: 문학과 치료, 2006.

정형철. 『영미문학과 디지털문화』. 부산: 부산외국어대학교 출판부, 2008.

조병활. 『불교미술기행』. 서울: 아가페, 2005.

존 버거. 『본다는 것의 의미』. 박범수 역. 서울: 동문선, 2000.

주은우. 『시각과 현대성』. 서울: 한나래, 2003.

진중권. 『진중권의 서양미술사: 고전예술편』. 서울: Humanist, 2008.

채필근. 『비교종교론』. 서울: 대한기독교서회, 1960.

틱낫한. 『마음에는 평화 얼굴에는 미소』. 류시화역. 서울: 김영사, 2012.

_____. 『틱낫한 스님이 읽어주는 법화경』. 박윤정 역. 서울: 명진출판, 2004.

콘즈, 에드워드 외. 『불교사상과 서양철학』. 김종욱 편역. 서울: 민족사, 1990.

퀸스틀레, 칼. 「기독교 미술의 상징 사용과 도상학: 기독교 도상학의 방법」. 에
    케하르트 캐멀링 편. 『도상학과 도상해석학』. 박지형 역. 서울: 사계절,
    1997. 71-89.

파노프스키, 에르빈. 「도상학과 도상해석학」. 에케하르트 캐멀링 편. 『도상학과
    도상해석학』. 노성두 역. 서울: 사계절, 1997. 139-60.

파농, 프란츠. 『대지의 저주받은 사람들』. 남경태 역. 서울: 그린비, 2004.

폭스, 존. 『시치료』. 최소영 등 역. 서울: 시그마프레스, 2005.

퐁티, 모리스 메를로. 『눈과 마음』. 김정아 역. 서울: 마음산책, 2008.

홍윤식. 『한국의 불교미술』. 서울: 대원사, 2008.

Alloula, Malek. *The Colonial Harem*. Trans. Myrna Godzich & Wlad Godzich.
    Minneapolis: U of Minnesota P, 1986.

Anderson, C. Alan, *Healing Hypotheses: Horatio W. Dresser and the Philosophy of
    New Thought*. New York: Garland Publishing, Inc., 1993.

Anderson, John Benjamin. *New Thought: Its Lights and Shadows*. Boston: Sherman,
    French & Co., 1911.

Apostolos-Cappadona, Diane. "Visual Arts as Ways of Being Religious." *The
    Oxford Handbook of Religion and the Arts*. Ed. Frank Burch Brown. New
    York: Oxford UP, 2014. 220-37.

Aronov, Igor. *Kandinsky's Quest*. New York: Peter Lang Publishing, Inc., 2006.

Asad, Talal. *Genealogies of Religion: Discipline and Reasons of Power in Christianity
    and Islam*. Baltimore: Johns Hopkins UP, 1993.

Ashcroft, Bill, Gareth Griffith, and Helen Tiffin. *The Empire Writes Back: Theory and Practice in Postcolonial Literatures.* London: Routledge, 2002.

Atkins, E. Taylor. *Primitive Selves: Koreana in the Japanese Colonial Gaze. 1910-1945.* Berkeley: U of California P, 2010.

Atkinson, William Walkern. *The Law of the New Thought: A Study of Fundamental Principles and Their Application.* Chicago: The Psychic Research Co. 1902.

Baert, Barbara. *To Touch with the Gaze: Noli Me Tangere and the Iconic Space.* Eindhoven: Sintjoris, 2011.

Barasch, Mosche. "The Blind in the Early Christian World." *Visual Sense: A Cultural Reader.* Ed. Elizabeth Edwards and Kaushik Bhoumik. New York: Berg, 2008. 43-50.

Barthes, Roland. *Camera Lucida: Reflections on Photography.* Trans. Richard Howard. New York: Farrar, Straus and Giroux, Inc., 1981.

_____. *Image-Music-Text.* Trans. Stephen Heath. New York: Hill and Wang, 1977.

Bataille, George. *The Tears of Eros.* Trans. Peter Connor. San Francisco: City Lights Books, 1989.

Bennington, Geoffrey. *Lyotard: Writing the Event.* Manchester: Manchester UP, 1988.

Berger, John. *Sense of Sight.* London: Vintage, 1993.

_____. *Ways of Seeing.* London: Penguin, 1972.

Bevan, Edwyn. *Holy Images: An Inquiry into Idolatry and Image-Worship in Ancient Paganism and in Christianity.* London: George Allen & Unwin, 1979.

Bilimoria, Purushottama and Andrew B. Irvine, eds. *Postcolonial Philosophy of Religion.* Springer, 2009.

Blier, Suzanne Preston. "Vodun Art, Social History and the Slave Trade." *The Visual Culture Reader.* 2nd ed. Ed. Nicholas Mirzoeff. London: Routledge, 2002. 525-30.

Blizek, William L. and Michele Desmarais. "What are we teaching when we teach 'Religion and Film'?" Ed. Gregory J. Watkins. *Teaching Religion and Film.* London: Oxford UP, 2008. 17-33.

Boehmer, Elleke. *Colonial & Postcolonial Literature.* London: Oxford UP, 2005.

Boer, Inge E. *Disorienting Vision: Rereading Stereotypes in French Orientalist Texts and Images.* New York: Rodopi, 2004.

Bogue, Ronald. *Deleuze on Music, Painting, and the Arts*. New York: Routledge, 2003.

Braden, Charles S. *Spirits in Rebellion: The Rise and Development of New Thought*. Dallas: Southern Methodist University P, 1963.

Brinker, Helmut. *Zen in the Art of Painting*. New York: Viking Penguin, 1987.

Brown, Catrina and Tod Augusta-Scott, eds. *Narrative therapy: Making meaning, making lives*. London: Sage Publications Ltd., 2007.

Bryson, Norman. *Vision and Painting: The Logic of the Gaze*. New Haven: Yale UP, 1983.

_____. *Word and Image: French Painting of the Ancient Régime*. Cambridge: Cambridge UP, 1981.

Buci-Glucksmann, Christine. *The Madness of Vision: On Baroque Aesthetics*. Trans. Dorothy Z. Baker. Athens: Ohio State UP, 2013.

Burris, John P. *Exhibiting Religion: Colonialism and Spectacle at International Expositions 1851-1893*. Charlottesville: U of Virginia P, 2001.

Campbell, Joseph. *The Mythic Image*. Princeton: Princeton UP, 1974.

Carroll, David. *Paraesthetics: Foucault, Lyotard, Derrida*. London: Routledge, 1987.

Carruthers, Mary. *The Craft of Thought: Meditation, Rhetoric, and the Making of Images 400-1200*. Cambridge: Cambridge UP, 2000.

Casetti, Francesco. "Filmic Experience." *Screen* 50.1 (2009): 56-66.

Cho, Francisca. "The Art of Presence: Buddhism and Korean Films." Ed. S. Brent Plate. *Representing Religion in World Cinema: Filmmaking, Mythmaking, Culture Making*. New York: Palgrave Macmillan, 2003. 107-20.

_____. "Imagining Nothing and Imaging Otherness in Buddhist Film." Ed. S. Brent Plate and David Jasper. Imag(in)ing *Otherness: Filmic Visions of Living Together*. Atlanta: Scholars Press, 1999. 169-96.

_____. "Buddhism, Film, and Religious Knowing: Challenging the Literary Approach to Film." Teaching Religion and Film. Ed. Gregory J. Watkins. Oxford: Oxford UP, 2008. 117-28.

Chow, Rey. *The Protestant Ethnic and The Spirit of Capitalism*. New York: Columbia UP, 2002.

Clark, Susie C. "Is Mental Science Enough?" *The Spirit of the New Thought*. Ed. Horatio W. Dresser. New York: Thomas Y. Crowell Co., 1917.

Clark, Stuart. *Vanities of the Eye: Vision in Early Modern European Culture*.

Oxford: Oxford UP, 2007.

Coogan, Michael David. *Eastern Religions: Origins, Beliefs, Practices, Holy Texts, Sacred Places.* Oxford: Oxford UP, 2005.

_____. ed. *World Religions.* New York: Metro Books, 2003.

Coombes, Annie E. "Museums and the Formation of National and CulturalIdentities." Ed. Carbonell, Bettina Messias. *Museum Studies: An Anthology of Contexts.* Malden: Blackwell Publishing, 2004. 231-46.

Corrigan, Timothy. *A Cinema Without Walls: Movies and Culture After Vietnam.* New Bruswick: Rutgers UP, 1991.

_____. ed. *The Films of Werner Herzog: Between Mirage and History.* London: Methuen, 1986.

Crawford, Paul, Brian Brown, and Rhianon Crawford. *Storytelling in therapy.* Cheltenham: Nelson Thomes Ltd., 2004.

Crome, Keith and James William, eds. *The Lyotard Reader & Guide.* New York: Columbia UP, 2006.

Darroch, Fiona. *Memory and Myth: Postcolonial Religion in Contemporary Guyanese Fiction and Poetry.* New York: Rodopi, 2009.

Davenport, Leslie. *Healing and transformation through self-guided imagery.* Berkeley: Celestial Arts, 2009.

Davis, Caroline Franks. *The Evidential Force of Religious Experience.* Oxford: Oxford UP, 1989.

de Bolla, Peter. *Art Matters.* Cambridge: Harvard UP, 2001.

de Man, Paul. *Allegories of Reading.* New Haven: Yale UP, 1979.

_____. *The Resistance to Theory.* Manchester: Manchester UP, 1986.

Debord, Guy. *Comments on the Society of the Spectacle.* Trans. Malcolm Imrie. London: Verso, 1988.

_____. *Society of the Spectacle.* Trans. Ken Knabb. London: Rebel, 1983.

Deleuze, Gilles and Félix Guattari. *Anti-Oedipus.* Minneapolis: U of Minnesota P, 1983.

_____. *A Thousand Plateaus.* Minneapolis: U of Minnesota P, 1987.

Deleuze, Gilles. *Cinema 1: The Movement-Image.* Trans. Hugh Tomlinson and Barbara Habberjam. Minneapolis: U of Minnesota P, 1986.

_____. *Cinema 2: The Time-Image.* Trans. Hugh Tomlinson and Robert Galeta. Minneapolis: U of Minnesota P, 1989.

_____. *Francis Bacon: The Logic of Sensation.* Trans. Daniel W. Smith.

Minneapolis: U of Minnesota P, 2002.

Dewey, John. *Art as Experience.* London: Penguin Books. Ltd., 1934.

Dillenberger, John. *A Theology of Artistic Sensibilities: The Visual Arts and the Church.* New York: Crossroad, 1986.

Dixon, John W. Jr. *Images of Truth: Religion and the Art of Seeing.* Atlanta: Scholars P, 1996.

Dobrin, Sidney I and Sean Morey, eds. *Ecosee: Image, Rhetoric, Nature.* Albany: State U of New York P, 2009.

Dorst, John. "Postcolonial Encounters: Narrative Constructions of Devils Tower National Monument." *Postcolonial America.* Ed. C. Richard King. Chicago: U of Illinois P, 2000. 303-20.

Dossett, Wendy. "Japanese Religions." *Picturing God.* Ed. Jean Holm and John Westerdale Bowker. Continuum International Publishing Group, 1994. 208-16.

Doy, Gen. *Black Visual Culture: Modernity and Postmodernity.* New York: I.B. Tauris, 2000.

Drabinski, John E. *Levinas and the Postcolonial: Race, Nation, Other.* Oxford: Oxford UP, 2011.

Dresser, Horatio W. *A History of the New Thought Movement.* New York: Thomas Y. Crowell Co., 1919.

_____. *The Spirit of the New Thought.* New York: Thomas Y. Crowell Co., 1917.

Dulles, Avery Robert. *Models of the Church.* New York: Doubleday, 2002.

Dyrness, William A. *Visual Faith: Art, Theology, and Worship in Dialogue.* Grand Rapids: Baker Academic, 2001.

Eck, Diana L. *Darśan: Seeing the Divine Image in India.* New York: Chichester, 1998.

Edwards, Elizabeth, Chris Gosden, Ruth Bliss Phillips, eds. *Sensible Objects: Colonialism, Museums and Material Culture.* New York: Berg, 2006.

Ehrlich, Linda C. "Closing the Circle: *Why Has Bodhi-dharma Left for the East?*" Ed. Frances Gateward. *Seoul Searching: Culture and Identity in Contemporary Korean Cinema.* Albany: State U of New York P, 2007. 175-88.

Eileraas, Karina. "Disorienting Looks, *Ecarts d'identie.*" *After Orientalism: Critical Entanglements and Productive Looks.* Ed. Inge E. Boer. New York: Rodopi, 2003. 23-44.

Eisenhofer, Stefan. "Beyond Arcadia: The San and the 'Colonial Gaze'" Hella

Rabbethge-Schiller. *Memory and Magic*. Johannesburgh: Jacana Media, 2006. 9-12.

Elkins, James. *Visual Studies: A Skeptical Introduction*. New York: Routledge, 2003.

_____ and Maja Naef, eds. *What is an Image?* University Park: Pennsylvania State UP, 2011.

Ellenbogen, Josh, and Aaron Tugendhaft. "Introduction." *Idol Anxiety*. Ed. Josh Ellenbogen and Aaron Tugendhaft. Stanford, CA: Stanford UP, 2011. 1-18.

Ellis, John. *Visible Fictions: Cinema, Television, Video*. revised edition. New York: Routledge, 1992.

Evans, Warren Felt. *The Divine Law of Cure*. Boston: H.H. Carter & Co. Publishers, 1884.

Finney, Paul Corby. *The Invisible God: The Earliest Christians on Art*. New York: Oxford UP, 1994.

Fleming, John V. "The Personal Appropriation of Iconographic Forms: Two Franciscan Signatures." *Image and Belief*. Ed. Colum Hourihane. Princeton: Princeton UP, 1999. 205-12.

Francis of Assis, St. *The Little Flowers of St. Francis*. London: Dent, 1963.

Freedberg, David. *The Power of Images: Studies in the History and Theory of Response*. Chicago: U of Chicago P, 1989.

Friedlander, Jennifer. *Feminine Look: Sexuation, Spectatorship, Subversion*. Albany: State U of New York P, 2008.

Geertz, Clifford. *The Interpretation of Cultures: Selected Essays*. New York: Basic Books, 1973.

Grieve, Gregory Price. *Retheorizing Religion in Nepal*. New York: Palgrave Macmillan, 2006.

Griffith, R. Marie. *Born Again Bodies: Flesh and Spirit in American Christianity*. Berkeley: University of California P, 2004.

Guindi, Fedwa El. *Visual Anthropology: Essential Method and Theory*. Walnut Creek: AltaMira P, 2004.

Hahn, Cinthia. "Interpictoriality in the Limoges Chasses of Stephen, Martial, and Valerie." *Image and Belief*. Ed. Colum Hourihane. Princeton: Princeton UP, 1999. 109-20.

Haynes, Deborah J. "Creativity at the Intersection of Art and Religion." *The Oxford Handbook of Religion and the Arts*. Ed. Frank Burch Brown. New

York: Oxford UP, 2014. 91-106.

Herzog, Werner. *Herzog on Herzog.* Ed. Paul Cronin. London: Faber & Faber, 2002.

Hinnells, John R. "Religion and the Arts." *The Routledge Companion to the Study of Religion.* 1'st ed. Ed. John R. Hinnells. New York: Routledge, 2005. 509-24.

Honour, Hugh and John Fleming. *A World History of Art.* London: Laurence King Publishing Ltd., 2005.

Hopkins, David. *Marcel Duchamp and Max Ernst: The Bride Shared.* New York: Oxford UP, 1998.

Hussey, Andrew. *The Inner Scar: The Mysticism of George Bataille.* Atlanta: Rodopi, 2000.

Huyler, Stephen P. *Meeting God: Elements of Hindu Devotion.* New Haven: Yale UP, 2002.

Ishikawa, Chiyo. *Spain in the age of exploration, 1492-1819.* Lincoln: U of Nebraska P, 2004.

Jacobs, Karen. *The Eye's Mind: Literary Modernism and Visual Culture.* Ithaca: Cornell UP, 2001.

Jacoby, Jolande, ed. *Paracelsus: Selected Writings.* London: Pantheon Books, 1951.

Jaensch, E.R. *Eidetic Imgery and Typological Methods of Investigation.* London: Routledge, 1999.

James, William. *The Varieties of Religious Experience.* Cambridge: Havard UP, 1985.

Jameson, Fredric. *Signatures of the Visible.* New York: Routledge, 1992.

Jay, Martin. *Downcast Eyes: The Denigration of Vision in Twentieth-century French Thought.* Berkeley: U of California P, 1994.

_____. "Returning the Gaze: The American Response to the French Critique of Ocularcentrism." *Travelling Theory: France and the United States.* Ed. Ieme van der Poel and Sophie Bertho. London: Associated UP, 1999.

_____. "Scopic Regimes of Modernity." *Vision and Visuality.* Ed. Hal Foster. Seattle: Bay Press, 1988. 3-23.

_____. "Epilogue: Visual Worlds, after 9/11." *Visual Worlds.* Ed. John R. Hall, Blake Stimson, and Lisa Tamiris Becker. New York: Routledge, 2005.

Jensen, Robin M. *The Substance of Things Seen: Art, Faith, and the Christian Community.* Cambridge: Wm Eerdmans, 2004.

_____. Kimberly J. Vrudny, eds. *Visual Theology: Forming and Transforming the*

    Community through the Arts. Collegeville: Liturgical P, 2009.

Johnston, Robert K. *Reel Spirituality: Theology and Film in Dialogue*. 2nd ed. Grand Rapids: Baker Academic, 2006.

Jones, Eileen Helen. *Bibliotherapy for bereaved children*. London: Jessica Kingsley Publishing Ltd., 2001.

Kaul, Suvir. *Eighteentury British Literature and Postcolonial Studies*. Edinburgh: Edinburgh UP, 2009.

Kelly, Karen. "The Secret of *the Secret*." *Unlocking the Mysteries of the Runaway Bestseller*. New York: St. Martins P, 2007.

Kenaan, Hagi. *The Ethics of Visuality: Levinas and the Contemporary Gaze*. New York: Palgrave, 2013.

Kessler, Herbert L. *Spiritual Seeing: Picturing God's Invisibility in Medieval Art*. Philadelphia: U of Pennsylvania P, 2000.

King, Richard. "Mysticism and Sprituality." *The Routledge Companion to the Study of Religion*. 2nd ed. Ed. John Hinnells. London: Routledge, 2010. 323-38.

_____. "Orientalism and the Study of Religions." *The Routledge Companion to the Study of Religion. Second Edition*. Ed. John Hinnells. New York: Routledge, 2010. 291-305.

Kirklin, Deborah and Ruth Richardson, eds. *The healing environment: Without and within*. London: Sarum ColourView, 2003.

Knill, Paolo J. "Foundations for a theory of practice." Paolo J. Knill, Ellen G. Levine, and Stephen K. *Principles and Practice of Expressive Arts Therapy: Toward a Therapeutic Aesthetics*. London: Jessica Kingsley Publishers, 2005. 75-170.

Korom, Frank J. "The Presence of Absence: Using Stuff in a Contemporary South Asian Sufi Movement." *AAS Working Papers in Social Anthropology*. Volume 23 (2002): 1-19.

Kreps, Christina. "Non-Western Models of Museums and Curation in Cross-cultural Perspective." *A Companion to Museum Studies*. Ed. Sharon Macdonald. Malden: Blackwell Publishing, 2006. 457-72.

Kritzman, Lawrence D, ed. *The Columbia History of Twentieth-Century French Thought*. New York: Columbia UP, 2006.

Kuriyama, Shigehisa. *The Expressiveness of the Body and the Divergence of Greek and Chinese Medicine*. New York: Zone Books, 1999.

Lachman, Charles. "Buddhism-Image as Icon, Iamge as Art." *The Oxford Handbook of Religion and the Arts.* Ed. Frank Burch Brown. New York: Oxford UP, 2014. 367-78.

Lao Tsu. *Tao Te Ching.* Trans. Gia-fu Feng and Jane English. New York: Vintage Books, 1972.

Lapsley, Robert and Michael Westlake. *Film Theory: An Introduction.* 2nd ed. Manchester: Manchester UP, 2006.

Larimore, Walter L and Donald O'Mathuna. *Alternative medicine: The christian handbook.* Grand Rapids: Zondervan Publishing, 2007.

Lee, Hyangjin. *Contemporary Korean Cinema: Identity, Culture, Politics.* London: Manchester UP, 2001.

Levine, Michael P. *Pantheism: A non-theistic concept of deity.* London: Routledge, 1994.

Levine, Stephen K.. "Introduction." Paolo J. Knill, Ellen G. Levine, and Stephen K. Levine. *Principles and Practice of Expressive Arts Therapy: Toward a Therapeutic Aesthetics.* London: Jessica Kingsley Publishers, 2005. 9-74.

Lewis, C.S. *Surprised by Joy: The Shape of My Early Life.* Orlando: Harcourtbooks, 1955.

Lister, Martin, et als. *New Media: A Critical Introduction.* New York: Routledge, 2003.

Longhurst, Brien, et als. *Introducing Cultural Studies.* New York: Routledge, 2013.

Louth, Andrew. *Three Treatises on the Divine Images: St. John of Damasus.* Crestwood: St. Vladimir's Seminary P, 2003.

Lowe, Donald. M. *History of Bourgeois Perception.* Chicago: O of Chicago P, 1982.

Lutz, Catherine and Jane Lou Collins. *Reading National Geographic.* Chicago: U of Chicago P, 1993.

Lyden, John C. *Film as Religion: Myths, Morals, and Rituals.* New York: New York UP, 2003.

Lynch, Gordon. "Religion, media and cultures of everyday life." *The Routledge Companion to the Study of Religion.* 2nd ed. Ed. John Hinnells. New York: Routledge, 2010. 543-57.

Lyotard. Jean-François. *Discourse, Figure.* Trans. Antony Hudek and Mary Lydon. Minneapolis: U of Minnesota P, 2011.

_____. *The Lyotard Reader.* Ed. Andrew Benjamin. Oxford: Blackwell, 1989.

Marks, Laura U. "Haptic Cinema." *Visual Sense: A Cultural Reader.* Ed. Elizabeth

Edwards and Kauxhik Bhoumik. New York: Berg, 2008. 43-50.

Martin, Eva. *Prentice Mulford: "New Thought" Pioneer*. London: William Rider & Son Ltd., 1921.

Mason, Peter. *Infelicities: representations of the exotic*. Baltimore: Johns Hopkins UP, 1998.

Massumi, Brian. *Parables for the Virtual: Movement, Affect, Sensation*. Durham: Duke UP, 2002.

Mazza, Nicholas. *Poetry therapy: Theory and practice*. New York: Brunner-Routledge, 2003.

McMahan, David L. *Empty Vision: Metaphor and Visionary Imagery in Mahayana Buddhism*. London: Routledge, 2002.

McNiff, Shaun. *Integrating the Arts in Therapy: History, Theory, and Practice*. Springfield: Charles C. Thomas Publisher, 2009.

Melton, J. Gordon. "Beyond Millennialism: The New Age Transformed." *Handbook of New Age*. Ed. Daren Kemp and James R. Lewis. Boston: Brill, 2007.

Metz, Christian. *The Imaginary Signifier: Psychoanalysis and the Cinema*. Trans. Celia Britton et al. Bloomington: Indiana UP, 1982.

Miles, Margaret R. *A Complex Delight: The Secularization of the Breast, 1350-1750*. Berkeley: U of California P, 2008.

_____. *Image as Insight: Visual Understanding in Western Christianity and Secular Culture*. Boston: Beacon, 1985.

_____. *Seeing and Believing: Religion and Values in the Movies*. Boston: Beacon P, 1996.

_____. "The Virgin's One Bare Breast." *The Female Body in Western Culture: Contemporary Perspectives*. Ed. Susan Rubin Suleiman. Cambridge: Harvard UP, 1986. 193-208.

Mirzoeff, Nicholas. *An Introduction to Visual Culture*. London: Routledge, 2005.

Mitchell, Timothy. "Orientalism and the Exhibitionary Order." *The Visual Culture Reader*. 2nd ed. Ed. Nicholas Mirzoeff. New York: Routledge, 2002. 495-505.

Mitchell, W.J.T. *Picture Theory: Essays on Verbal and Visual Representation*. Chicago: U of Chicago P, 1994.

_____. *What Do Pictures Want?: The Lives and Loves of Images*. Chicago: U of Chicago P, 2005.

Mondzain, Marie-Jose. *Image, Icon, Economy*. Stanford: Stanford UP, 2005.

Morgan, David. *Visual Piety: a history and theory of popular religious images*.

Berkeley: U of California P, 1998.

_____. *The Sacred Gaze: Religious Visual Culture in Theory and Practice.* Berkeley: U of California P, 2005.

_____. "Art, Material Culture, and Lived Religion." *The Oxford Handbook of Religion and the Arts.* Ed. Frank Burch Brown. New York: Oxford UP, 2014. 480-97.

Mosley, Glenn R. *New Thought, Ancient Wisdom: The History and Future of The New Thought Movement.* London: Templeton Foundation P, 2006.

Mulford, Prentice. *Thoughts are Things.* London: G. Bell and Sons, 1908.

_____. *The Gift of Understanding: A Selection from the Essays of Prentice Mulford.* London: William Rider and son, 1908.

_____. *The Gift of the Spirit: A Selection from the Essays of Prentice Mulford.* London: William Rider and son, 1908.

_____. *The White Cross Library: Your Forces, and How to Use Them.* Vols. 2-6. New York: F.J. Needham, 1890-1892.

Naparstek, Belleruth. *Staying Well with Guided Imagery.* New York: Wellness Central, 1994.

Needham, Joseph, Lin Wang, and Gwei-djen Lu.. *Science and civilization in China.* Vol. 5:2. Cambridge: Cambridge UP, 1974.

Neville, Robert Cummings. ed. *Ultimate Realities: A Volume in the Comparative Religious Ideas Project.* Albany: State U of New York P, 2001.

Nochlin, Linda. *The Politics of Vision: Essays on Nineteenth-Century Art and Society.* New York: Thames & Hudson, 1991.

Nouwen, Henri J.M. *The Return of the Prodigal Son: A Story of Homecoming.* New York: Doubleday, 1992.

Otto, Rudolf. *The Idea of the Holy: An Inquiry into the non-rational factor in the idea of the divine.* Trans. John W. Harvey. Oxford: Oxford UP, 1958.

Packert, Cynthia. *The Art of Loving Krishna: Ornamentation and Devotion.* Bloomington: Indiana UP, 2010.

Palamas, Gregory. *Gregory Palamas: The Triads.* Trans. Nicholas Gendle. Mahwah: Paulist, 1983.

Panofsky, Erwin and Gerda S. Panofsky. *Studies in Iconology: humanistic themes in the art of the Renaissance.* Boulder: Westview, 1972.

Perry, Benita. "Directions and Dead Ends in Postcolonial Studies." *Relocating Postcolonialism.* Ed. David Theo Goldberg and Ato Quayson. Malden:

Blackwell, 2002. 66-81.

Pasolini, Pier Paolo. *Heretical Empiricism*. Trans. Ben Lawton and Louise K. Barnett. Washington D.C.: New Academia Publishing, 2005.

Pattison, Stephen. *Seeing Things: Deepening Relations with Visual Artefacts*. London: SCM, 2007.

Pease, Donald E. "US Imperialism: Global Dominance without Colonies." *A Companion to Postcolonial Studies*. Ed. Henry Schwartz and Sandeeta Ray. Malden: Blackwell, 2000.

Pennington, Brian K. *Was Hinduism Invented? Britons, Indians, and Colonial Construction of Religion*. New York: Oxford UP, 2005.

Perry, Elizabeth. "Art." *Colonialism: An International Social, Cultural, and Political Encyclopedia*. Ed. Melvin E. Page. Santa Barbara: ABC Clio, 2003. 29-32.

Pinney, Christopher. *Photos of Gods: the printed image and political struggle in India*. London: Reaktion Books, 2004.

_____. "Piercing the Skin of the Idol." *Beyond Aesthetics: Art and The Technologies of Enchantment*. Ed. Christopher Pinney and Nicholas Thomas. New York: Berg Publishers, 2001. 157-80.

Plate, S. Brent. "Filmmaking and World Making: Re-Creating Time and Space in Myth and Film." Ed. Gregory J. Watkins. *Teaching Religion and Film*. London: Oxford UP, 2008. 219-31.

_____. "Introduction: Filmmaking, Mythmaking, Culture Making." *Representing Religion in World Cinema*. Ed. S. Brent Plate. New York: Palgrave, 2003.

_____, ed. *Religion, Art & Visual Culture: A Cross-Cultural Reader*. New York: Palgrave, 2002.

Poirier, Lisa J.M. "Religion." *Colonialism: An International Social, Cultural, and Political Encyclopedia*. Ed. Melvin E. Page. Santa Barbara: ABC Clio, 2003. 496-97.

Powell, Anna. *Deleuze, Altered States and Film*. Edinburgh: Edinburgh UP, 2007.

Prager, Brad. *The Cinema of Werner Herzog: Aesthetic Ecstasy and Truth*. London: Wallflower, 2007.

Price, Robert M. *Top Secret: The Truth Behind Today's Pop Mysticisms*. Amherst: Prometheus Books, 2008.

Pratt, Mary Louise. *Imperial Eyes: Travel Writing and Transculturation*. London: Routledge, 1992.

Price, Robert M.. *Top Secret: The Truth Behind Today's Pop Mysticisms*. Amherst: Prometheus Books, 2008.

Readings, Bill. *Introducing Lyotard: Art and Politics*. London: Routledge, 1991.

Reeves, Gene, trans. *The Lotus Sutra*. Boston: Wisdom Publications, 2008.

Ricoeur, Paul. *Time and Narrative*. Vol. 1. Trans. Kathleen McLaughlin and David Pellauer. Chicago: U of Chicago P, 1984.

Rieder, John. *Colonialism and the Emergence of Scientific Fiction*. Middletown: Wesleyan UP, 2008.

Rodowick, David. N. *Reading the Figural, or, Philosophy after the New Media*. Durham: Duke UP, 2001.

Rose, Gillian. *Visual Methodologies: An Introduction to the Interpretation of Visual Materials*. 2nd ed. London: Sage, 2007.

Rossman, Martin L. *Guided imagery for self-healing: An essential resource for anyone seeking wellness*. Novato: New World Library, 2000.

Rothenberg, Tamar Y. *Presenting America's World: Strategies of Innocence in National Geographic Magazine, 1888-1945*. Burlington: Ashgate Publishing, 2007.

Rotman, Andy. *Thus Have I Seen: Visualizing faith in early Indian Buddhism*. Oxford: Oxford UP, 2009.

Royle, Nicholas. *The Uncanny*. Manchester: Mancherster UP, 2003.

Rubin, Lawrence C, ed. *Popular culture in counseling, psychotherapy, and play-based interventions*. New York: Springer Publishing Company, 2008.

Rushton, Richard. "Deleuzian Spectatorship." *Screen* 50.1 (2009): 45-53.

Said, Edward. *Orientalism*. New York: Random House, 1978.

Schoor, R.j.M. van de. *The Irenical Theology of Théophile Brachet de La Milletière (1588-1665)*. Leiden: E.J. Brill, 1995.

Scribner, Robert W. *Religion and Culture in Germany (1400-1800)*. Ed. Lyndal Roper. Leiden: Brill, 2001.

Shi, Shu-mei. *Visuality and Identity: Sinophone articulations across the Pacific*. Berkely: U of California P, 2007.

Sim, Stuart, ed. *The Lyotard Dictionary*. Edinburgh: Edinburgh UP, 2011.

Singh, Amritjit and Bruce G. Johnson. *Interviews with Edward W. Said*. Jackson: UP of Mississippi, 2004.

Smith, Craig and David Nylund, eds. *Narrative therapies with children and adolescents*. New York: The Guilford P, 1997.

Smith, Terry. "Visual Regimes of Colonization." *The Visual Culture Reader*. Ed.

Nicholas Mirzoeff. London: Routledge, 2002. 483-94.

Sontag, Susan. *On Photography*. New York: Doubleday, 1977.

Soskice, Janet. "Sight and Vision in Medieval Christian Thought." *Vision in Context: Historical and Contemporary Perspectives on Sight*. Ed. Teresa Brennan and Martin Jay. London: Routledge, 1996. 31-43.

Stimson, Blake. "Introduction: Visual Cultures and Visual Worlds." *Visual Worlds*. Ed. John R. Hall, Blake Stimson, and Lisa Tamiris Becker. New York: Routledge, 2005.

Stoddard, Charles Warren. "Passing of Prentice Mulford." *The National Magazine: An Illustrated American Monthly*. Vol. XXIV. April- September 1906. Boston: The Chapple Publishing Co. Ltd., 1906.

_____. "Prentice Mulford: The New Gospeler." *The National Magazine: An Illustrated American Monthly*. Vol. XXIV. April-September, 1905. Boston: The Chapple Publishing Co. Ltd., 1905.

Street, Linda. *Veils and Daggers: A Century of National Geographic's Representation of the Arab World*. Philadelphia: Temple UP, 2000.

Stringer, Julian. "Global Cities and International Film Festival Economy." *Cinema and the City: Film and Urban Societies in a Global Context*. Ed. Mark Shiel and Tony Fitzmaurice. Oxford: Blackwell, 2001.

Sturken, Marita and Lisa Cartwright. *Practices of Looking: An Introduction to Visual Culture*. Oxford: Oxford UP, 2001.

Taylor, Eugene. "Some Vicissitudes of Constructing a Cross-Cultural Comparative Psychology of Mystical States." Ed. Jacob A. Belzen and Antoon Geels. *Mysticism: A Variety of Psychological Perspectives*. New York: Rodopi, 2004. 179-212.

Taylor, Mark C. *Critical Terms for Religious Studies*. Chicago: U of Chicago P, 1998.

Thompson, Rosemary A. *Counseling techniques: Improving relationships with others, ourselves, our families, and our Environment*. New York: Brunner-Routledge, 2003.

Tillich, Paul. "Art and Ultimate Reality." *Art, Creativity, and the Sacred: An Anthology in Religion and Art*. Ed. Diane Apostolos-Cappadona. New York: Crossroad, 1984. 219-35.

_____. *On Art and Architecture*. Ed. John Dillenberger and Jane Dillenberger. New York: Crossroad, 1989.

_____. *Systematic Theology.* Vol 1. Chicago: U of Chicago P, 1951.

Trainor, Kevin. *Buddhism: The Illustrated Guide.* Oxford: Oxford UP, 2001.

Turner, Victor and Edith Turner. *Image and Pilgrimage in Christian Culture.* New York: Columbia UP, 1978.

Tyrrell, George Nugent Merle. *Perspectives in Psychical Research.* New York: Arno Press, 1975.

Varisco, Daniel Martin. *Reading Orientalism: Said and the Unsaid.* Seattle: U of Washington P, 2007.

Vertov, Dziga. *Kino-Eye: The Writings of Dziga Vertov.* Ed. Annette Michelson, Trans. Kevin O'Brien Berkeley: U of California P, 1984.

Viladesau, Richard. "Aesthetics and Religion." *The Oxford Handbook of Religion and the Arts.* Ed. Frank Burch Brown. New York: Oxford UP, 2014. 25-43.

_____. *Theology and the Arts: Encountering God through Music, Art and Rhetoric.* New York: Paulist, 2000.

Wang, Youxuan. *Buddhism and Deconstruction: Towards a Comparative Semiotics.* Richimond: Curzon, 2001.

Watkins, Gregory J. "Introducing Theories of Religion through Film: A Sample Syllabus." *Teaching Religion and Film.* Ed. Gregory J. Watkins. London: Oxford UP, 2008.

White, Hayden. "The Value of Narrativity in the Representation of Reality." *On Narrative.* Ed. W.J.T Mitchell. Chicago: U of Chicago P, 1980. 1-24.

Whitehead, Alfred North. *Religion in the Making.* Cambridge: Cambridge UP, 1926.

Wilson, Jeff. "Pure land iconography and ritual intent: a comparative study of the visualization texts Kuan Wu-Liand-Shou-Fo Ching and Amitabha Sadhana." *Pure Land* 22 (2006): 167-86.

Woodhead, Linda, ed. *Religions in the Modern World: Traditions and Transformations.* London: Routledge, 2002.

Wright, Melanie J. *Religion and Film: An Introduction.* London: I.B. Tauris, 2007.

Yeats, W.B. *A Vision.* New York: Macmillan, 1937.

정형철

고려대학교 대학원에서 근대영문학 전공으로 박사 학위를 받았으며,
미국 University of Georgia에서 비교문학 전공으로 박사학위를 받았다.
현재 부산외국어대학교 명예교수이다.
저서로는 『영미문학과 디지털 문화』(2008년 문화관광부 우수학술도서)와
『종교와 트랜스휴머니즘』(2018년 한국연구재단 저술출판지원 선정) 등이 있으며,
역서로는 『비평적 실천: 포스트구조주의 문학이론의 이해와 적용』과
『들뢰즈와 시네마』 등이 있다.

시각적 이미지와 종교적 경험
종교적 이미지의 형상적 기능

초판인쇄 2022년 3월 14일
초판발행 2022년 3월 14일

지은이   정형철
펴낸이   채종준
펴낸곳   한국학술정보㈜
주 소   경기도 파주시 회동길 230(문발동)
전 화   031) 908-3181(대표)
팩 스   031) 908-3189
홈페이지 http://ebook.kstudy.com
E-mail 출판사업부 publish@kstudy.com
출판신고 2003년 9월25일 제406-2003-000012호

ISBN 979-11-6801-411-4 93200